亚太研究论丛

第十辑

北京大学亚洲-太平洋研究院 编

北京大学出版社
PEKING UNIVERSITY PRESS

图书在版编目(CIP)数据

亚太研究论丛.第10辑/李谋,吴杰伟执行主编;北京大学亚洲-太平洋研究院编.—北京:北京大学出版社,2013.12

(亚太研究论丛)

ISBN 978-7-301-23696-3

Ⅰ.①亚… Ⅱ.①李… ②吴… ③北… Ⅲ.①亚太地区-研究-文集

Ⅳ.①D730.0-53

中国版本图书馆CIP数据核字(2014)第003472号

书　　名:亚太研究论丛·第十辑

著作责任者:北京大学亚太研究院　编　李　谋　吴杰伟　执行主编

责 任 编 辑:胡利国

标 准 书 号:ISBN 978-7-301-23696-3/C·0973

出 版 发 行:北京大学出版社

地　　址:北京市海淀区成府路205号　100871

网　　址:http://www.pup.cn

新 浪 微 博:@北京大学出版社

电 子 信 箱:ss@pup.pku.edu.cn

电　　话:邮购部62752015　发行部62750672　编辑部62753121
出版部62754962

印 刷 者:北京大学印刷厂

经 销 者:新华书店

730毫米×980毫米　16开本　17.75印张　282千字

2013年12月第1版　2013年12月第1次印刷

定　　价:36.00元

亚太研究论丛

第 十 辑

北京大学亚太研究院　编

执行主编　李　谋　吴杰伟

北京大学出版社
PEKING UNIVERSITY PRESS

目　录

专　论

东北亚研究

东南亚研究

拉丁美洲研究

学术著作评介

岁月回眸

Contents

专论

素质教育与大学的社会责任

吴志攀

【内容提要】 素质教育是一种人格教育，有助于对学生创新能力的培养，使学生善于动手实干。而现代大学已成为创新的主体，比以前承担着更重的社会责任。开展大学素质教育，要主动适应科技发展带来的环境变化；主动地应用新技术；应与社会经济发展状况紧密结合；应与田野实践应用相结合；要与全球化的进程相适应；应与可持续发展密切相关。

【关键词】 素质教育；大学；社会责任

首先需要阐释两个概念，第一，什么是“素质教育”？我认为，这个概念的内涵是很宽泛的，素质教育应该是一种人格教育，要帮助受教育者养成完整的人格，要引导和构建符合社会主流、符合常识、符合人类基本伦理的价值观念体系，同时，素质教育也是与“应试教育”相对的一个概念，在中国，考试有着两千多年的漫长历史，考试在很大程度上决定了人的命运，这当然具有相当的合理性，有助于维护社会的公平，但这种体制对我们的教育有很大的负面影响，使教育在很大程度上附属于考试，考试成为了教育的目的。所以，我们认为，素质教育必须有助于学生创造力、想象力的提升，有助于训练学生的创新思维能力。此外，素质教育还应该是一种实践教育，要让我们的学生不仅会写、会说，更要善于动手实干，能够与社会的发展变迁相适应。

第二个概念，什么是现代大学的社会责任？我们知道，传统的大学，主要是培养人才、传播和创造知识，这也是大学永恒的核心使命。但随着社会的发展变化，大学在社会体系中的地位越来越重要，现代大学承担着比以往时代更多的社会责任，比如，大学成为了创新的主体之一，大学通过创新来服务社会经济的发展，包括为产业的发展提供指引和支撑，应该为解决区域和全球问题、实现人类文明的可持续发展贡献力量，等等。

上述两个概念，对现代大学而言，应该是紧密结合在一起的。也就是说：我们要提倡素质教育，就应该承担与大学的社会责任密切结合；我们要实现大学对社会的责任，也离不开素质教育的开展。

下面我通过一些例子来进一步说明：

比如，我们开展素质教育，应该主动适应科技发展所带来的教育环境变化，并且主动地应用新技术。

科学技术的发展已经深刻改变了大学教育的环境，甚至教育的形式与内容。今天中国的大学里，当然还有粉笔和黑板，但更多的是电子多媒体设备；我们不仅要阅读书本上的、看上去更体系化的知识，还要接收网络上的海量的碎片信息；大学生们不仅要学习自己专业领域的知识，还不得不扩展自己的知识面，因为交叉学科兴起了，传统的学科划分已经不能适应知识的扩张。今天，知识更新的速度更快、获得知识的成本更低，与此同时，学生独立思考和挑战传统观念和权威的意识也有了明显增强，大学已经不仅仅是传授知识的场所，更成为一个为各种知识、各种信息提供交流机会的空间。所以，大学的素质教育也要与这一环境变迁相适应，与时俱进地更新理念和体系，适应技术进步和观念更新带来的新要求。

又比如，素质教育应该与社会经济发展状况紧密结合。

一国的社会经济发展状况，其实在很大程度上决定了大学的办学行为。例如 20 世纪 50—60 年代，中国还是一个工业化水平很低的国家，我们最开始的工业基础，主要来自于苏联的援助，但主要是重工业领域。当时全国人口增长很快，从 4.5 亿人很快增长到 8 亿人，为了满足这 8 亿人最起码的穿衣需求，国家成立了一批专门的纺织学院——比如上海是当时全国的轻工业特别是纺织工业中心，就在上海建立了纺织工学院（今天改名为“东华大学”）。当然，这些专门的学院，按照英国的标准，它们可能还不能算是“大学”，但在当时的中国，它们却是具有重大社会意义并且也非常成功的大学。它们培养了大批专业人才，当时这些大学的教育，我认为也体现了“素质教育”的某些理念，它们鼓励大学生与工业生产实践相结合，要求大学生“向工农兵学习”，服务人民利益而不计个人得失。

最近三十年来，中国的经济发生了巨大变化。纺织中心转移到了山东和浙江，上海成为了金融与科技中心。原来的纺织工学院，现在的东华大学，在原来的化工材料技术学科基础上，发展了航空专用的碳纤维技术，为上海的航空工业服务。这个大学的学科越来越多元化，建立起了很不错的社会科学学科和理科，它的学生也不再是纺织技术专家，而是有宽广知识基础的复合型人才。整个上海地区，很多这样的大学都进行了快速而成功的转型，这其中有政府的主导因素，更有大学自身面向经济社会变迁所作出的努力。大学为社会提供了更好的服务，大学的教育水平也取得了进步。

第三个例子，素质教育应该与田野实践应用相结合。

素质教育是要帮助大学生走出象牙塔，并且让他们不再单纯依赖于课堂教学，而是要用知识来指导实践，要更多地面对真实的世界。因此，现代大学的素质教育，应该与田野实践应用相结合，带来更多的实际成果，改造现实世界。毛泽东主席有过非常激进的“教育革命”思想，他曾经要求把大学搬到农村去，教育要与工厂、农村密切结合，这样的思想和实践确实太激进了，也带来了许多严重的问题，但我们不能否认，这其中也包含着某些合理性。

我在这里举一些例子：疟疾在东南亚以及非洲很多国家，曾经是非常严重的疾病。中国于1969年开始抗疟药的研究。历经380多次鼠疟筛选，1971年10月取得中药青蒿素筛选的成功。1972年从中药青蒿素中分离得到抗疟有效单体，命名为青蒿素，对鼠疟、猴疟的原虫抑制率达到100%。这种药物非常便宜，在东南亚和非洲，青蒿素的推广挽救了无数生命。而这种药物的发明，很大程度上要归功于中国的研究者深入到了农村，从中国农村传统的民间验方中得到了启发。

2011年9月，青蒿素的研究者屠呦呦——她是北京大学的毕业生，获得了美国纽约拉斯克奖，这是中国科学家首次获得这一国际医学大奖。

北大徐光宪院士的稀土萃取技术，就是上个世纪70年代兰州的稀土企业为了解决萃取效率而发明的新工艺，后来获得了全国科学技术一等奖；华罗庚先生提出的优选法，是60年代末他在大学讲学与工农业实践的过程中提出并广泛应用的；还有袁隆平的杂交水稻，也是70年代他在海南三亚的农场里才找到了突破口，他培育的良种，帮助中国以及世界上很多国家实现了大规模粮食增产，造福无数人民。所以，尽管我们未必要赞同毛泽东主席的“教育革命”思想，但大学素质教育必须与社会生产生活实际相结合，我认为这是没错的。如果我们的大学生不善于在社会生活中去发现问题、研究问题并解决问题，那大学教育很难说是成功的。

第四，素质教育要与全球化的进程相适应。

近二十年来，新能源、气候变化、环境与生态保护以及文化多元性等全球问题受到越来越广泛的关注，大学也在全球化进程中扮演着越来越重要的角色。大学本身就是一个跨越国界、超越不同文明背景的学术共同体，大学的国际化程度，也影响着素质教育的形式、内容与质量。当前，大部分欧美名校的外国留学生比例都在15%以上，耶鲁大学的留学生比例达到了17.5%，哈佛大学则达到29.1%。在中国的优秀大学，留学生人数也在不断增加，香港大学的留学生比例就达到了10.2%，北京大学的留学生比例也达到了7%。大学集合了来自不同国度的学者与学生，它的教学和科研就不应该只关心一国的问题，而应该重点关注全球性问题。所以，北大在本科教育阶段，就增设了一些有关环境、气候的全校性课程，在研究生阶段，又给予学生资助，鼓励他们关注全球性问题并参与了各类国际论坛、国际组织之中。

第五，素质教育还应该与可持续发展密切相关。

人类的科技发展不仅能够带来美好的生活，也消耗了大量的不可再生资源。如果发展是可持续的，这是全人类的福祉，相反，则可能给子孙后代带来毁灭性灾难。因此，坚持可持续发展战略，提倡节俭、环保，并努力使享受物质财富的权利更加公平，尤其是要对那些生活在不发达国家和地区的人口提供帮助，让那里的孩子有清洁的饮用水，有良好的教育环境和就业岗位等，这都是现代大学的重要社会责任。进一步讲，这些理念以及实践能力，更应该成为每位教授和学生所需要剧本的基本素质。只有这样的人，才能在现在和将来的社会上成为各领域的领导者。以北京大学为例，2009年4月，北大成立了校园规划与可持续发展办公室，大力倡导绿色校园建设。我们的校长亲自领导这一计划，并要求每个院系都研究和制订自己的节能减排指标。此外，北大还在中国贵州省的贵阳市，与政府机构、国际组织共同创办了生态文明贵阳会议，2012年已经是第四届，北大校长每年都出席论坛并发表演讲，讨论全球的环境和可持续发展问题，英国的前首相布莱尔先生也不止一次到这个论坛上演讲。北大还与台湾大学、云南大学共同在云南省腾冲市共建了“学生社会服务基地”，鼓励三校学子到现场体验绿色和可持续发展的具体项目，并参与服务。

以上我列举了好几个方面的事例，用以说明我对“素质教育与现代大学社会责任”这一主题的理解。中国人讲究“知行合一”，知识应该与实践相结合，我也想传递这样的教育理念，因为只有勇敢地担负起自己的责任，教育才可能是有意义的。

（本文作者系北京大学常务副校长、北京大学亚太研究院院长、教授）

Quality Education and Social Responsibility of the Universities

Wu Zhipan

Abstract: Quality education is one part of personality education. It contributes to the students' creative ability and industrious behavior. The modern university has become the main body of innovation and social responsibility. In order to carry out quality education, the universities need to take the initiative to adapt to changing circumstances, to use the new technology in education to closely integrate with socio-economic development, to combine with practical application field, to adapt with the process of globalization, to related to sustainable development.

Key words: Quality Education; University; Social Responsibility

东北亚研究

美国“重返亚洲”战略与东北亚安全局势的发展

张小明

【内容提要】 对美国“重返亚洲”战略进行了分析，论述了“天安号”事件等突发因素对于美国重返亚洲政策的促进性影响，认为：美国“重返亚洲”战略的提出与实施，在一定程度上导致了东北地区安全局势趋于紧张；美国只是导致东北亚安全局势变化的外因，东北亚地区内部存在的问题和矛盾是影响本地区安全局势发展的内因；美国“重返亚洲”战略的主要目标是应对中国的崛起，中美关系在很大程度上影响着东北亚局势的发展，中国也将长期面临来自美国以及某些周边国家的压力。

【关键词】 美国；“重返亚洲”战略；东北亚；安全局势

美国“重返亚洲”战略

2009年初上台的美国奥巴马政府对外政策中比较引人注目的方面之一，就是其所谓的“重返亚洲”战略（亚太“再平衡战略”为其另外一种表述方式）的提出与实施。2009年初以来，国务卿希拉里·克林顿的一系列对外政策讲话以及奥巴马总统的国情咨文等等，都一再提到美国要“重返亚洲”。值得注意的是，美国人所说的“亚洲”概念，常常与“亚太”“东亚”等概念混用。

从2009年初至今美国在东亚的一系列行为与做法来看，“重返亚洲”的表现看上去的确很明显，我们可以列出很多说明美国“重返”的例子。首先，在2009年2月，希拉里·克林顿国务卿在她就任新职不久后，就把东亚四国（日本、韩国、中国、印尼）之行作为她首次出访目的地国家。其次，奥巴马政府对亚太地区多边合作采取了比较积极介入的态度，包括希拉里国务卿从2009年7月开始出席每年召开的东盟地区论坛会议和美国—东盟外长会议(美国前国务卿赖斯曾两次缺席东盟地区论坛),美国启动“美国—东盟首脑峰会”机制(奥巴马总统2009年11月赴新加坡出席第一次美国—东盟峰会),希拉里·克林顿国务卿在2009年7月代表美国签署了《东南亚友好合作条约》,为美国正式参加东亚峰会创造了条件,她于次年10月以主席国客人的身份出席在越南河内举行的第五次东亚峰会,美国还在2011年11月正式参加东亚峰会。第三,美国进一步强化与其东亚盟友(日本、韩国、菲律宾等)之间的军事合作关系,包括在东亚海域频繁进行双边或多边的军事演习。最后,美国高调介入中国与东南亚国家之间的南中国海争端以及中国与日本之间的钓鱼岛领土争端之中,并且明显地偏袒、支持东南亚有关国家以及日本。2009年初,美国海军测量船与中国船只在南中国海的对峙,拉开了奥巴马政府与中国在南中国问题上发生争执的序幕。希拉里·克林顿国务卿在出席2010年7月在越南河内举行的东盟地区论坛会议上,就南中国海问题对中国发难,强调维护南中国海航行自由关系到美国的国家利益。当年9月,美国派出航母进入南中国海并访问越南,美越海军进行联合海军演习,美越军事关系得到了实质性发展。在2012年4月开始的中菲黄岩岛争端中,美国也很明显地为菲律宾撑腰。与此同时,在2010年9月7日中日钓鱼岛撞船事件发生之后,美国国务卿明确表示,《美日安保条约》适用于钓鱼岛,高调为日本撑腰。据报道,日方2010年5月27日表示,钓鱼岛是日本领土,如果日中两国围绕钓鱼岛发生军事冲突,美国也将根据《日美安保条约》共同应对。美国国务卿希拉里·克林顿曾表态说,美国在钓鱼岛主权问题上不持预设立场,但是2010年10月28日,她在与日本外相前原诚司会见后又表示,美日安保条约适用于钓鱼岛。希拉里明确重申,尖阁群岛(钓鱼岛)属于《日美安保条约》第5条的适用范围。在2012年4月开始的日本“购岛”风波以及当年9月日本政府实施钓鱼岛“国有化”政策期间及其之后,美国政府虽然表示在中日领土争端中不选边站,但是实际上采取了一系列强化日本军事同盟关系的具体措施,向中方施加压力。

如上所述,奥巴马政府如此高调地表达美国“重返亚洲”的意愿,并且采取了一些高调的介入行为。但事实上,自从1784年“中国皇后”号到达广州之后,美国人从来就没有离开过东亚,甚至在第二次世界大战结束以后,成为了东亚地区国际舞台上一个主导国家。[①] 由此看来,根本就不存在

① 张小明:《美国与东亚关系导论》,北京大学出版社2011年版。

美国“重返亚洲”现象。在我看来，奥巴马政府提出“重返亚洲”的口号，更多地表达了其更加重视东亚、极力维持美国在该地区的主导地位的强烈意愿。从这个意义上说，“继续留在东亚”或者“继续主导东亚”比“重返亚洲”更准确地表述奥巴马的东亚战略。

奥巴马政府的此种政策调整，在很大程度上是为了应对冷战后，特别是进入21世纪之后，东亚地区国际体系（结构与进程）所发生的重要变迁。众所周知，美国在第二次世界大战之后，通过缔结一系列双边军事同盟条约，以及在某些国家和地区拥有基地、常驻军队，加上其强大的经济实力以及政治影响力，成为了东亚地区国际舞台上一个最为重要的角色，在苏联解体之后，它更成为了该地区唯一的超级大国。因此，有一位韩国学者指出，“现今美国在东亚可以说是无所不在，而且我们似乎也很难摆脱这种现实”。① 然而，随着冷战以后中国综合实力的持续增长、东亚区域合作的蓬勃发展，以及美国因为发动多场以反恐为名的海外战争、金融危机而导致实力地位相对下降，美国逐渐产生了担心自己在东亚地区的主导地位受到挑战的焦虑。用一位学者的话来说，“至少在安全、军事方面依然具有压倒优势的美国，也开始担心自己是否会在东亚受到排斥，因此东亚秩序的未来，必然会在美国单边的主导权与东亚多边的地域统合努力之间的妥协与竞争过程中展开。虽然会不安定，但是摆脱中心、多中心主义的步伐已经迈出。”②

与此同时，在东亚地区国际体系变迁的背景之中，一些东亚国家也产生了焦虑感，希望借助于美国这一外部力量，从而给美国进一步介入本地区事务提供了条件。而美国则特别注意利用中国同东亚邻国之间的矛盾与冲突，应对中国的崛起，以巩固其在东亚的主导地位和获取经济利益。面对正在崛起并且同一些邻国有领土争端的中国，一些东亚国家也把美国视为可以充当地区平衡者的国家，特别是希望美国在南中国海争端中发挥更大的作用，同时它们又不希望因此损害与中国的关系，特别是与中国的经济关系，不欢迎美国遏制中国，更不愿意卷入中美对抗之中。有东南亚学者指出，“大体而言，东盟诸国一致认为美国有必要维持其在东南亚的存在。但对于在中国崛起的大背景下，美国对东南亚事务的参与是否足以平

---

① 〔韩〕白永瑞：《思想东亚：朝鲜半岛视角的历史与实践》，三联书店2011年版，《序》第6页。

② 同上书，第20页。

衡中国的影响这一问题，各国尚未达成一致意见。虽然美国是东盟重要的出口市场，但相对于中国市场其重要性已经有所下降。各国也对美国对本地区的不重视感到失望。”[①]她也提到了东盟制衡行为的脆弱性：一方面希望接纳中国的崛起，另一方面也希望维持美国的制衡。[②] 最近菲律宾外长公开表示欢迎美国“回家”。东北亚的日本在一定程度上说也是这样的。日本对中国日渐增强的自信表示担忧。2010 年中国的 GDP 总量超过日本，这属于历史性变化，由此引发日本的战略焦虑，而中国的自信心也在增强。日本学者田中均指出：“钓鱼岛撞船事件只是中国在东亚的自信心正在逐渐增强这一大趋势的表现之一。这种自信源于美国力量的相对衰落和中国日益觉醒的大国意识。这一趋势的其他表现还包括中国人民解放军海上作战能力的增强，中国海洋能源开发活动的增多和‘南海是中国的核心利益’的政策表态。上述行为已引发多国关切，尤其是主张公海航行自由的美国，以及与中国有领土纠纷的本地区其他国家，如菲律宾和越南。”[③]

总之，奥巴马政府的“重返亚洲”战略旨在维持美国在东亚地区的主导地位，应对东亚地区国际体系的变迁。

美国战略调整与东北亚安全局势的发展

第二次世界大战以后，美国在东北亚地区国际舞台上一直占据着主导地位，其重要表现包括同日本、韩国建立其同盟关系，并且在这两个国家领土上常驻军队。美国“重返亚洲”战略的首要内容就是，强化美国在东亚地区所构筑起来的双边军事同盟体系，包括美日、美韩同盟关系，以应对所谓的东亚国际体系结构的变迁（权力转移）。美国的相关政策调整自然对东北亚地区的安全局势发展产生了重要影响，使得东北亚安全局势趋于紧张。

自从 2009 年初以来，朝鲜半岛先后发生的一系列突发性事件（包括朝鲜第二次核试验、“天安号”事件、延坪岛炮击等等），给美国介入该地区事务创造了良机。其中，2010 年 3 月“天安号”事件从一定意义上更成为了美

① 〔新加坡〕苏珊娜·卡迪尔：《对力量与忠诚变迁的地区反应：东盟与印尼》，载《国际政治研究》2011 年第 1 期，第 24 页。

② 同上。

③ 〔日〕田中均：《地区反应：变动中的力量与忠诚》，载《国际政治研究》2011 年第 1 期，第 30 页。

国“重返亚洲”的一个重要转折点。中日钓鱼岛争端也有类似的作用。

在国际关系史中，某个偶发事件常常产生巨大与持久的影响。2010 年 3 月 26 日发生的“天安号”事件，就对朝鲜半岛、乃至整个东北亚安全局势的发展产生了极大的影响。这个事件是否为进入 21 世纪之后东北亚安全局势发展中的一个转折点呢？有中国学者就认为，在“天安号”事件之后，东北亚和中美关系均出现了“逆转趋势”：“当前，东北亚安全形势与中美关系不约而同地出现了逆转趋势。一方面，一度因六方会谈合作而大有希望的东北亚安全机制的构建以及东北亚地区的大国合作局面，因朝核僵局、‘天安号’事件、中日‘钓鱼岛风波’、俄日‘北方四岛问题’而风云突变，使得东北亚格局有重回冷战状态的风险，构筑一个和平稳定的东北亚格局似乎渐行渐远。另一方面，自‘9 · 11’事件以来享有长达八九年时间稳定状态的中美关系，也突然出现转向。中美之间围绕对台军售、达赖、谷歌、人民币汇率、南海等问题的博弈，使得两国关系呈现出全面竞争的态势。不少国际观察家甚至预言，中美有走向“新冷战”的风险。尽管胡锦涛主席访美使这一趋势得到遏止，但中美结构性矛盾升级和潜在冲突失控的风险性在增大。”①

最重要的是，这一突发事件给奥巴马政府“重返亚洲”战略的实施提供了一个重要契机。“天安号”事件之后，东北亚安全局势发展的一个突出表现，无疑就是美国长期在东北亚所构筑与维持的双边同盟体系得到了强化。具体表现在美国与日本、韩国等东北亚国家的双边同盟关系得到加强，其中包括美韩、美日频繁举行军事演习。“天安号”事件发生之后，韩国公布了“天安号”调查结果，认为是朝方鱼雷击中该舰，随后把“天安号”事件提交联合国安理会审议。紧接着美韩举行了历史上首次两国外长和国防部长联席会议（“2 +2 会议”），并开始在日本海、黄海举行多轮的、大规模的军事演习，美日也举行了军事演习。值得指出的是，2010 年 9 月发生的中日钓鱼岛撞船事件、2010 年 11 月发生的延坪岛炮击事件、2012 年 4 月开始的中日钓鱼岛争端，更进一步促进了美日、美韩同盟关系增强的这一发展趋势。有人甚至认为，美日、美韩双边同盟未来可能演变成为美日韩三边同盟，尽管日韩之间的历史问题与领土争端阻碍了美日韩三边军事合作关系。

“天安号”事件之后的中美关系也出现了一些变化，尽管不能把中美关

---

① 袁鹏：《寻求“双重稳定”——中美关系与东北亚局势紧张的相关性及破解之道》，载《中国战略观察》2011 年第 2—3 期，第 4 页。

系的变化归咎于(或者主要归咎于)这个不幸的事件。其实早在“天安号”事件发生之前的2010年伊始,中国与美国就已经出现了一系列双边争议,比如美国决定向台湾地区出售先进武器(2010年1月)、谷歌撤出中国事件(2010年1—3月)、奥巴马总统在白宫会见达赖喇嘛(2010年2月)等等。但是,自从2010年3月以后,包括“天安号”事件在内一系列突发事件的确在很大程度上对中美国关系产生了负面影响,使中美关系陷于困境之中,显示出这一双边关系的脆弱性,它极易受第三方事件的影响。美国人埋怨或指责中国在“天安号”事件、延坪岛炮击事件上偏袒朝鲜、没有承担足够的国际责任,在南中国海争端以及中日撞船事件等问题的处理上行为过于“傲慢”(assertive),其危机感与防范中国的意识在明显增强。而中国人则倾向于认为,美国对“天安号”事件等突发事件的反应过激,美国与其盟国在中国周边海域频繁、大规模的军事演习,以及高调介入中日钓鱼岛争端、插手中国与东南亚国家的南中国海争端等行为,显然具有防范甚至遏制中国之目的。其结果是,中美彼此之间较劲、角力、斗气,使得2010年成为中美关系中极为不平坦的一年,由此造成的后遗症将难以很快消除。“天安号”事件等一系列突发事件无疑给美国奥巴马政府“重返亚洲”提供了重要借口,中国因此面临来自美国的强大压力。

“天安号”事件以及其后发生的一系列突发事件,对中国与东北亚邻国关系的影响也是巨大的。“天安号”事件对中韩关系的影响最直接,也最为严重。韩国人普遍对中国在“天安号”事件与后来的延坪岛炮击事件上的立场表示不满和失望,并倾向于加强与美国的关系,从美国“购买安全保险”,也有韩国媒体炒作美国航母到靠近中国的黄海海域参加演习。韩国政府在延坪岛炮击事件之后,拒绝了中国方面提出的召开六方会谈团长紧急磋商会议的建议。与此同时,中国人也普遍对美韩频繁的军事演习表示担忧,并认为美韩军演不完全是针对朝鲜的,有向中国施加压力的考虑。可以说,在“天安号”事件之后的中韩关系中存在着很明显的互不信任、甚至相互对立的情绪,延坪岛炮击事件进一步强化了这种情绪。“天安号”事件似乎并没有对中日关系产生直接的冲击,但是此后发生的钓鱼岛撞船事件让中日关系进入比较紧张的状态之中,直至2011年春天的“地震救援外交”在一定程度上使得双边关系有所缓和,但是2012年4月开始的钓鱼岛争端再次导致中日关系陷于僵局之中。在另外一方面,中朝之间的高层往来在“天安号”事件之后似乎有所增多。朝鲜最高领导人分别在2010年5

月和8月以及2011年5月访问中国并与中国领导人会晤。中共中央政治局常委周永康、中央军委副主席郭伯雄、国务委员戴秉国等人也在2010年10—11月访问朝鲜,国务院副总理李克强2011年10月访问朝鲜和韩国。与此同时,朝鲜与俄罗斯的关系也得到加强,其重要表现是朝鲜领导人金正日在2011年夏天访问俄罗斯,与俄领导人会晤。2011年底金正日突然去世、其子金正恩继任朝鲜最高领导人,朝鲜完成了政治继承过程。

简言之,包括“天安号”事件、钓鱼岛争端在内的一系列突发事件,正是在美国提出和实施“重返亚洲”战略的大背景之下发生的,它们也可能开启东北亚安全局势发展的一个新阶段,为美国实施“重返亚洲”战略创造了一个重要条件。

有关东北亚安全局势发展的几点结论

第一,美国“重返亚洲”或者“亚太再平衡”战略的提出与实施,在一定程度上导致了东北地区安全局势趋于紧张。这足以说明美国在该地区的影响力之大。二战结束以后,美国通过其在该地区所构筑起了的双边军事同盟体系,在很大程度上成为本地区国际关系的主导者。美国“重返亚洲”战略的提出与实施,旨在维持美国的此种主导地位,并且已经取得了很大成功。但是,如果东北地区局势过于紧张而失控,就很可能把美国卷入一场自己不希望看到的军事冲突之中,所以它试图掌控该地区安全局势的发展进程,特别是要阻止因为领土争端而导致的局部战争。

第二,从根本上说,美国只是导致东北安全局势变化的外因,东北亚地区内部存在的问题和矛盾是影响本地区安全局势发展的内因。东北亚地区长期存在的问题,包括朝鲜核问题、历史认识问题,以及中日、俄日、韩日领土争端,使得本地区国家之间相互信任度很低,也给美国实施其继续主导本地区国际关系的战略创造了好条件。特别是东北亚地区某些突发事件的发生,包括朝鲜半岛局势的发展以及中日钓鱼岛争端,给美国实施“重返亚洲”战略提供了重要契机。如前所述,包括“天安号”事件在内的一系列突发事件无疑对东北亚安全局势的发展产生了很大的影响,也给美国“重返亚洲”创造了条件。在国际关系中,突发事件的作用常常是巨大的,也往往不能为大国所控制和左右,甚至还容易把相关大国卷入其中。

第三，美国“重返亚洲”战略的主要目标是应对中国的崛起，中美关系在很大程度上影响着东北亚局势的发展，中国也将长期面临来自美国以及某些周边国家长期压力。如前所述，美国自第二次世界大战结束以后，一直是东亚地区国际体系中的主导国家，它在该地区有着重大利益诉求，必将努力维持自己在东亚的此种地位。中国的崛起被认为挑战美国在东亚的主导地位，促使美国采取相应的应对措施，包括强化其在东北亚与东南亚的双边同盟关系。与此同时，中国的崛起也导致其东亚某些邻国的焦虑，为美国利用矛盾、介入当地事务中创造了条件。有韩国学者指出周边国家由于历史记忆而对中国崛起的忧虑：“最近大家所关注的且具有更大的复活可能性的还是中国。回顾历史，在19世纪末随着中华帝国的没落，东亚秩序也陷入了多中心相互竞争的不安定局面。在一个世纪以后的今天，中国重新崛起，东亚地域秩序也再次进入激变期，中国在东亚的地域政治地位是如此重要。”①他认为，“随着中国国力的增强，为确立自己的自信心，具有攻击性的民族主义日益膨胀，在提出和平的外交战略的另一面，我们也不可忽视这样一个事实，即中国的这种新民族主义也造成了中国与周边国家之间的矛盾对立。”②他担心，“中国不是从民主主义，而是以复活大一统的历史记忆的方式来追求权力的正当化，将民族主义作为发展的动力，埋头于近代化模式，但是在制定国家发展战略的过程中，中国却没有能够注意到如何通过内部改革来促进东亚和平问题，这么说来也就存在周边国家将中国视为一种威胁的潜在可能性。”③

从某种程度上说，维护东北亚安全局势的稳定，需要大国关系的协调，特别是中美协调相互关系。相关国家特别需要维护朝鲜半岛的稳定以及促进朝鲜的政治变革朝积极方向发展，同时妥善处理领土争端等双边冲突。中国没有必要从零和思维方式看待美国“重返”问题，实际上对中国来说，最重要还不是美国这个外来力量的影响力，而是中国自身如何处理与东亚邻国关系、获得它们信任的问题。与此同时，中、日、韩作为东北亚主要国家，应该加强政策协调与多边合作。

（作者系北京大学国际关系学院教授）

① 〔韩〕白永瑞：《思想东亚：朝鲜半岛视角的历史与实践》，第23页。

② 同上书，第32页。

③ 同上书，第33页。

U. S. “Back in Asia” Strategy and the Development of the Security Situation in Northeast Asia

Zhang Xiaoming

Abstract: This paper mainly focuses on the analysis of the U. S. “Back in Asia” strategy. By discussing the Cheonan incident and other unexpected incidents which has promoting effects to the U. S. “Back in Asia” strategy, I will draw such conclusions: 1. Carrying out and implementing the strategy, to some extent, led tension to the security situation of Northeast Asia; 2. the U. S. strategy is only the external cause of the changes in the security situation in Northeast Asia, while the internal cause lies to the problems and contradictions within this area; 3. The main target of the strategy is the China in rise, because the relationship between United States and China plays an important role in the situation of Northeast Asia, thus China will be under great and long-term pressure coming from U. S. and neighboring countries.

Key words: United States; “Back in Asia”; Northeast Asia; Security Situation

试析东北亚能源合作中的平台缺失

吴　强

【内容提要】　东北亚地区的能源合作，在近二十年来取得了一定的进展。伴随着ESPO管道及中俄原油管道的建成运营，以及萨哈林岛LNG出口数量的稳定增长，本地区的能源合作已经形成了初步的基础。不过，与欧洲等能源关系较为成熟的地区相比，东北亚的能源关系仍缺乏坚实的利益纽带支持，特别是覆盖多国的地区性油气管网体系的缺失，使其仍不具备实施广泛的地区性能源合作的基本平台，从而直接影响到本地区能源合作的深入发展。

【关键词】　东北亚；能源合作；平台缺失

关于东北亚能源合作问题的讨论，自上世纪90年代至今已相当的丰富，不仅有大量相关的专著论文、协议声明，还有一些专门的政策与行动。然而，经历数十年的努力之后，我们今天依然可以认为，东北亚地区的能源合作取得的进展仍是较为有限的。那么原因究竟在哪里？除了有众多研究者指出的地区整合问题、文化与社会发展差异问题、地区安全问题、国际竞争问题等之外，是否还有其他的因素在发挥作用？与世界上其他地区能源合作相对较好的地方相比，东北亚地区主要欠缺了什么？

长期以来，有关国际能源问题的研究，一直存在着两种不同的视角：一种是从国际问题的角度，探讨相关的政治关系、政策关系、社会文化发展等问题，由此寻求地区能源合作的可能性；另一种则是从能源工业的角度，研究相关的贸易投资关系、勘探开发能力、加工炼制水平以及运输分销系统等状况，以寻求地区能源合作的可行性。依笔者的管见，尽管在推动东北亚地区能源合作问题上前期应当以第一种视角为主，首先构建起地区性的合作共识，去除或减弱阻碍地区合作的种种负面因素，奠定合作的基础。但是，真正的能源合作的开展，还是应当从各国能源业的发展需求出发和展开。也就是说，只有在符合能源工业本身发展规律的基础上，才能合理地逐步推动这类合作的前行。然而，就东北亚地区目前的状况而言，恰恰是能源工业本身合作中的若干要素缺失，才使得这一被众口称道和期待的合作关系迟迟无法深入地进行下去。在这些缺失的要素中，既包括资源勘探的不确定性、投资与开发程度的相对低下，也包括部分地区炼制加工能力的相对不足、相关国家的政策环境不甚理想等，而最重要的缺失，则应当是地区性油气管网体系的严重缺乏。正是由于这一缺失的存在，使得整个地区的能源合作失去了最基本的平台依托，因而始终无法大步向前推进。

一、东北亚地区的资源与油气管网状况

东北亚地区的能源资源丰富。作为本地区主要资源输出地的俄罗斯，其油气储产量在世界上均占据着重要的位置。按照《BP 世界能源统计 2012》的数据，截至 2011 年底，俄罗斯的石油探明储量 882 亿桶，占全球总储量的 5.3%；原油产量 5.114 亿吨，占全球总产量的 12.8%；天然气探明储量 44.6 万亿 m^3，占世界总储量的 21.4%，产量 6070 亿 m^3，占总产量的 18.5%[①]，从而具备了雄厚的地区性资源合作基础。另一方面，本地区的中、日、韩等国市场需求旺盛，同时相关各国均实行能源多元化政策，对地区能源合作抱有期待。所有这些，均构成了较为充分的互补型合作的基础。这一点在诸多论著中都有详细列举，本处不做赘述。

尽管有着基本的资源与市场契合基础，然而本地区油气管网体系的严重不足，却使得两者之间长期缺少连接的纽带。

管网交易是国际能源交易中的一种重要手段。在早期石油工业的发展过程中就是不可或缺的一个关键性环节，而当年的洛克菲勒正是借此成就了庞大的标准石油公司这一石油帝国。

能源资源，尤其是石油和天然气，作为一种储藏分布极不均衡的资源，需要巨大的勘探开发投入与先进技术，并通过加工、运输体系，才能最终投入市场，成为人们能够使用的商品。长期以来，石油的输送就一直存在公

---

① 《BP 世界能源统计 2012》，www. bp. com/statisticalreview。

路、铁路的罐装运输、海运及管道运输这三大基本方式,其中第一类运输方式的运量小、费用高,主要用于短途及地区分销运输;而海运在第二次世界大战后随着巨型船舶技术的发展大为兴盛,其运价低、运量大,且市场方向灵活,是最重要的全球性能源交易方式。管道运输则是运量大、运费低,但建造价格相对较高,存在一定的地缘风险,主要用于地区性的能源交易及国内市场分销。二战以后,以欧洲、北美、中东及苏东地区为代表,管道运输曾受到高度重视,各自建立起了庞大的管网体系。到冷战结束后,随着全球一体化时代的到来,特别是许多新兴经济体的兴起发展以及许多新的资源地的开发利用,国际油气管网建设出现了一波新的建设高潮,许多冷战时期被相互隔离的地区也因此重新连接起来。而天然气的广泛使用,更是将其作用推上了一个新的台阶。与石油不同,管输天然气在经济上更为合理,虽然它不如 LNG 那样便于寻求全球市场交易,但是在地区性交易中的经济性则是最高的。因此,各种类型的地区性管网体系的建设,成为近三十年来国际能源工业中的一个重点环节。无论是在欧洲、北美,还是在中东、拉美、南亚地区,各类的地区性油气管网建设热潮一直持续不断,并构成了新的地区性能源关系乃至国际政治、经济关系的重要基础。

反观东北亚地区,油气管网建设的状况却始终无法令人乐观。

就整个东北亚地区而言,早期的地区性管网体系是不存在的,已有的管网主要是各自的国内管网。日本、韩国这两个较早实现现代化的国家,二战后建设了大量的国内管道,用于运输分销油气产品,中国在改革开放前,煤炭一直占据能源结构中的主导。所以,当时中国的能源运输,其构成的骨架不是其他国家常见的油气管网,而是铁路与公路,主要承担的是煤炭运输。国内尽管进行了一些石油管线的建设,但还远远谈不上构成网络,气网更少。而朝鲜、蒙古以及俄罗斯远东地区,均基本呈空白状态。

冷战结束后,特别是 90 年代中期后,以俄罗斯为资源输出地的东北亚地区性能源合作思想逐渐被传播和接受,并开始设计、讨论一些地区性跨国油气管道的建设,如中俄管道、俄中韩管道等,不过一直动作缓慢。这一方面是 90 年代的国际油价偏低,跨国长输管道的投资回收期过长;另一方面是国际市场供应充裕,相关消费国均缺乏合作的动力。因此,在整个 90 年代,我们还没有看到有一条东北亚的跨国管道建成使用。

进入新世纪后,随着国际油价的不断攀升、中国能源消费需求的高速增长，以及从内部“开源”与“节流”解决能源短缺的方案均未能达成理想结果，使得从经济以及能源安全的角度寻求能源来源多元化以及供给可靠性的呼声开始升高①。2003 年前后，中国成为国际原油需求增长最主要的推动力量②，中国国内关于能源安全的讨论也骤然增加，从过去主要是政府部门、学术机构的研究变成一场社会性的论题。政府也开始从战略层面着手实施能源安全与能源外交政策。在这其中，能源运输安全也是热议主题之一，对源自俄罗斯与中亚的进口管线的关注随之陡然上升（尽管当时看成本很高），将这些跨国管线视为确保资源的一种战略手段。2004 年，国际油价仍不断上涨，当年中国进口原油 1.2 亿吨，对外依存度上升至 40%。国内连续爆发电荒、油荒与气荒，能源恐慌情绪向全社会传递。而石油成本的上涨的联动效应不断显现，推动了中国生产价格指数（PPI）达到了过去 7 年来的最高值③。2005 年，这一状况没有任何改观，能源竞争成为全球性重大问题，国际油价创出 70 美元/桶的历史新高，而中国南方再度爆发油荒，并引发多年未现的大规模“抢购”风潮。与此同时，关于“能源危机”与“能源安全”的讨论充斥各种媒体，国内上上下下都充满了战略焦虑感以及对石油的渴望。

正是在这一时期，中国开始积极推动中俄、中哈等原油管道的建设，而日本对当时已较为成熟的中俄远东管线方案的竞争，进一步激发了中国国内公众对能源安全及能源外交的关注，使国人首次体验到跨国管道的重要性以及国际能源竞争的残酷性（也使中国社会对日本的看法出现全面的改变趋势）。

这一时期俄罗斯能源政策及其能源外交方式的变化，包括其在能源输出管道设计与建设方面态度的转变，成为能否奠定东北亚地区能源新格局的关键所在。

俄罗斯曾在冷战后经历了十年的混乱与衰退，在此期间，俄罗斯尽管资源储量丰富，但由于长期对勘探开发及能源基础设施投入不足，加之国际油价持续不振，能源变现能力较弱，对外部的资金与市场均有较大期待，使俄罗斯能源出口一直处于相对弱势地位，各种合作重点主要在欧洲与里海地区。虽然从 1994 年起就开始与东北亚国家讨论一些跨国性管道的设

---

① 胡鞍钢：《全球化条件下中国的能源政策》，《国情报告》2000 年第 40 期。

② 《华盛顿邮报》2003 年 11 月 15 日。

③ 《金融时报》2004 年 11 月 16 日。

计建造，但总体上仍将亚洲视为补充性的潜在市场。

然而，2000年普京上台之后，对能源战略的重视前所未有，又恰逢国际油市出现根本性逆转。经过数年的油价上涨后，到2004年前后，俄罗斯的财政状况与国际油市均已发生重大改变，这使得俄罗斯在国内以铁腕完成对部分私有油企的改造整合后，在对外能源政策上有了新的信心与目标。从现实的变化看，俄罗斯逐渐开始着力构筑三个以其为中心（起源地）的地区性（洲际）跨国能源供求管网体系：1. 欧洲—俄罗斯油气网络；2. 东北亚地区油气网络；3. 里海地区油气网络。若上述网络建设能够顺利完成（主体约需30年左右），俄就会成为另一个真正在商业与战略意义上可以与海湾比肩的能源输出中心（而海湾能源输出的主要方式是船运）。

在坐看自2002年之后中日之间持续数年的贴身肉搏之后，俄罗斯最终于2004年12月31日确定了远东管道的走向。2009年4月远东管道中国支线开工建设，2011年1月1日，经历14年艰苦谈判与建设的中俄原油管道终于全线贯通并正式运营（年输送能力1500万吨）；2012年12月25日，俄罗斯东西伯利亚—太平洋管道（ESPO）全线贯通投产。至此，东北亚地区才完成了第一条真正具有地区意义的管道，尽管它的主体仍在俄罗斯境内，不过却形成了巨大的地区辐射效应。而其他的跨国管线方案，包括从2004年就开始正式洽谈的中俄天然气东线与西线的最终方案，虽经过多年谈判，仍未最后一锤定音[①]。这使东北亚的能源合作始终处于一个较低的水平上。当然，尽管推进缓慢，这些管道的谈判与建设运营，还是形成了地区能源合作的初步基础。

二、目前东北亚地区已建待建管道状况及其未来效能

虽然目前东北亚地区已建成的管道并不多，但是处于规划、谈判中的待建管道仍有一些。我们可以通过对这些管道基本状况的梳理，对其未来效能进行初步的分析。

---

① 2013年3月23日，俄气与中石油就俄中天然气管道项目达成谅解，确定了每年的供气量（380亿立方米，以后可增至600亿立方米）、供气时间（2018年起）、供气周期（30年）等问题，但仍有部分问题没有解决，并非最终协议。

以东北亚地区(中国东北部、朝鲜、韩国、日本、蒙古、俄罗斯西伯利亚与远东地区)作为规划主体的管道计划中,已经建成并投入运营的主要是俄罗斯"东西伯利亚—太平洋"输油管道(ESPO)和中俄石油管道。

ESPO 脱胎于最早 1994 年中俄之间开始讨论建造的中俄原油管道(安大线),后因日本的介入,最终在 2004 年底确定为目前的管道方案,并分两期施工完成。管道一期工程从泰舍特至斯科沃罗季诺,于 2009 年 12 月正式投入运营;二期工程从斯科沃罗季诺至太平洋港口科济米诺湾(Kozmino),2012 年 12 月 25 日建成投产。整个管道全线长 4130 公里,耗资超过 250 亿美元,目前的输出能力为 3000 万吨/年(以后可以逐步提高至 4500 万吨/年,最高输出能力可以达到 8000 万吨/年)[①]。它的运营使俄罗斯第一次拥有了面向整个亚太地区的强大输出能力。按照俄罗斯石油运输公司(Transneft)总裁托卡列夫在管道启用典礼上的说法,新输油管道的出口目的地将是多元化的:"科济米诺原油有 35% 将供应美国市场。约 30% 会输往日本,28% 会输往中国。其余会运到新加坡、马来西亚和韩国。"[②]从这两年的具体交易情况看,美国、日本和韩国三国的确购买了 ESPO 供应原油的 60%。与此同时,这条管道的运营也可以使俄罗斯具有更为强大的欧亚出口平衡能力及更为有利的价格谈判立场。

中俄石油管道在历经多年的艰苦谈判后,最终于 2009 年 4 月开始在 ESPO 一期工程的基础上建设"斯科沃罗季诺—漠河"支线,并进一步延伸至中国的大庆,形成一条全长 997.25 公里(俄罗斯段 72 公里,中国段 925.25 公里)、设计年输油量 1500 万吨(最大年输量 3000 万吨)的原油管道,于 2011 年 1 月 1 日正式输油。经过两年的平稳运行后,2013 年 3 月,两国又达成原油增供协议,并于当年 6 月 21 日由俄罗斯石油公司同中石油正式签署相关贸易合同。根据增供合同,俄罗斯将在目前中俄原油管道(东线)1500 万吨/年输油量的基础上逐年向华增供原油,到 2018 年达到 3000 万吨/年,增供合同期 25 年,可延长 5 年;通过中哈原油管道(西线)于 2014 年 1 月 1 日开始增供原油 700 万吨/年,合同期 5 年,可延长 5 年。俄方还承诺在中俄合资天津炼厂建成投运后,每年向其供应 910 万吨原油。未来中国石油进口俄罗斯原油量将达到 4610 万吨/年[③]。

---

① 《中国石化报》2013 年 1 月 7 日。
② http://www.china-russia.org/news.php? id=6773.
③ 《中国石油报》2013 年 6 月 24 日。

除上述管线外，曾经设计与谈判的主要地区性油气管道还有：

1. 中俄天然气管道：中俄天然气管道分东、西两线，在经年累月的谈判之后，仍未修成正果。

中俄两国曾在 1999 年由中石油与俄气公司达成了一项天然气出口协议，但仅具有意向性。虽然相关的具体问题谈判一直断断续续地进行，不过并没有取得实质性的进展。2004 年双方签订了一项相关的贸易协议，但离具体实施仍有较大的距离。2009 年 6 月，中俄以“贷款换石油”的方式，推动两国政府草签了《关于天然气领域合作的谅解备忘录》，后又于当年 10 月再由两国政府签署对该备忘录的补充（路线图），构成了以后谈判的基础性文件，至 2010 年底对西线供气的主要条件达成一致，但 2011 年胡锦涛主席访俄时，外界寄予厚望的天然气管道谈判仍陷僵局。2012 年 6 月普京访华，对这一协议依然无法达成最终共识。到 2013 年 3 月习近平主席访俄时，双方由俄气与中石油再度签署备忘录，决定实施中俄天然气管道的西线建设①。尽管如此，该备忘录仍不意味着这场旷日持久的谈判最终尘埃落定。

中俄西线天然气管道是双方天然气贸易谈判中较为成熟的一部分。它设计始于俄罗斯西伯利亚的乌连戈伊，经阿尔泰进口中国新疆，设计长度 2700 公里，年输气量 300 亿 m^3，造价约 140 亿美元。东线则起于俄罗斯科维克塔气田，最终进入中国东北，年设计输送能力为 300 亿 m^3。若两条管线能够顺利完成，那么到 2020 年，俄罗斯向中国的输气总量可达 680 亿 m^3。

双方对这两条管线的争议焦点在 2009 年后逐渐集中于供气价格上，并迄今始终无法达成一致。这种状况，与 ESPO 管道建设时的政治决断，有着较大的不同。

2. 俄朝韩天然气管道。

早在 2001 年时，韩国就已讨论经由中俄管道引入俄罗斯伊尔库茨克天然气的问题。到 2004 年，由一家美、俄、韩合资公司的 KORUS 天然气公司正式提出了由俄罗斯远东符拉迪沃斯托克出发，穿越朝鲜直达韩国的俄朝韩管道方案。在其总长 1100 公里的管道中，将有 700 公里在朝鲜境内，其设计输气能力为 100 亿 m^3/年，投资 25 亿美元。

---

① 《华尔街日报》2013 年 3 月 23 日。

与其他更具商业性的管道项目不同的是，这条管道方案一经公布，就被视为具有浓厚的政治色彩。人们对这条管道关注的，主要并不是其需要的投资与技术，以及其气源供应能力和终端购买能力，而是朝鲜及俄罗斯如何保障其输送安全问题。人们普遍认为，这将是一条既有商业价值，也具有地缘政治价值的管道。正是由于有太多的政治因素存在，对其的推动也几乎均以政治行为为主。

2008 年 10 月，在李明博政府的极力推动下，韩国天然气公社与俄气签署了确定这一项目方案的《谅解备忘录》。到 2011 年 8 月朝鲜领导人金正日访俄时，与俄方正式商定了将共同开发建设天然气管道项目的决定，并为此签署了谅解备忘录，答应为修建这条管道提供便利并承诺给予安全保证[①]。作为交换，韩国和俄罗斯将支付朝鲜政府每年 1 亿美元的管道过境费用，并同意朝鲜分享部分天然气。从而使项目进展获得重大推进。当年 11 月，俄罗斯总统梅德韦杰夫与韩国总统李明博就建设此项目获得共识，均认为它将大大加强俄韩两国的战略合作，并将有助于促进朝鲜半岛早日实现统一，同时还将打开俄罗斯向亚太地区出口天然气的大门[②]。

然而，随着金正日 2011 年 12 月的突然去世，关于这条管道的讨论戛然而止，被迫搁置下来。

3. 俄中韩天然气管道。

在 1999 年 1 月中俄确定开展从俄伊尔库茨克州科维克金气田向中国及可能的第三国用户供气合作项目后，韩国表现出了浓厚的兴趣，并于 2000 年 1 月达成韩国加入该项目的可行性研究协议[③]。2003 年 11 月俄中韩三国的油气企业在莫斯科正式签署了关于建设俄中韩天然气管道的协议，商定以科维克金气田为气源地，修建经赤塔、满洲里、沈阳、大连至韩国平泽的输气管道，全长 4887 公里，其中俄罗斯段 1943 公里，中国段 2408 公里，大连至平泽的海底管道 536 公里，最终年输气能力 300 亿 m^3，持续供气 30 年，总投资约 170 亿美元。

这一项目在当时被认为将对塑造东北亚地区的能源新格局发挥重要作用。然而不久之后，该方案就因为种种原因，主要是俄罗斯国内的某些

---

① 中国驻俄罗斯使馆经商参处 2011-8-26。

② http://intl. ce. cn/specials/zxxx/201111/18/t20111118_22848900. shtml.

③ http://www. mofcom. gov. cn/article/i/jyjl/j/200207/20020700024779. html.

原因,而被无限期搁置。

4. 萨哈林 LNG 出口设施。

萨哈林岛是俄罗斯最重要的油气资源聚集地区之一,拥有极为丰富的油气储量(约 450 亿桶)。自 1994 年起俄罗斯就以吸引外国投资的方式,合作在这一地区进行大规模的油气勘探开发与出口,力图将其打造成为地区性的战略能源输出基地。自 2006 年萨哈林 1 号项目开始产出石油以来,迄今已建设并部分运营从萨哈林—1 至萨哈林—6 的多项投资项目,包括埃克森美孚、BP、壳牌、三井物产、三菱商事、印度 ONGC 公司等多家外国大型企业参股其中。除油气生产与管道建设外,这里最重要的是预期市场面向整个亚太地区的 LNG 工厂,其中萨哈林—2 的 LNG 产能可达 960 万吨/年,而整个俄罗斯东部地区 LNG 的生产能力更将达到 2500 万吨/年。其出口对象目前主要是日本、韩国与美国(占 75%)①。

除此之外,还有一些相对并不引人注目的管道方案,如蒙古方面强烈希望的中俄经蒙古铺设的石油管道、提出和夭折都很快的俄日海底管道等,大多都因商业或政治原因而很快被放弃。

从以上管道状况可以看出,首先,目前进展较大的,主要是具有地区性色彩的 ESPO 管道(尽管全部建在俄罗斯境内)以及具有双边特点的中俄原油管道,中俄天然气管道主要的争议点在价格而非政治上,所以主要是商业谈判问题。而萨哈林出口设施则因以 LNG 为主,面向全球市场。真正具有地区能源整合效应的俄中韩管线与俄朝韩管线,却均因各种原因被搁置。

那么,这些管线与出口设施对于本地区的能源合作究竟有何意义?

就最主要的消费国中国而言,2012 年全年的原油产量为 2.0459 亿吨,原油进口量 2.71 亿吨,对外依存度为 58%;天然气产量 1077 亿 m^3,进口量为 425 亿 m^3,对外依存度 28.9%②。其中管道天然气进口全部来自于中亚的土库曼斯坦与乌兹别克斯坦(分别为 212.9 亿 m^3 和 1.5 亿 m^3)③,在进口中,来自俄罗斯的原油 2432 万吨,约占进口总量的 8.97%④;天然气仅有 5.2 亿 m^3,只占中国进口量的 1.2%⑤。因此,就目前状况而言,来自俄罗斯

① 俄新网 2012-06-07。
② 新华社 2013 年 1 月 30 日电。
③ 《BP 世界能源统计 2013》www.bp.com/statisticalreview。
④ http://xjny.ts.cn/content/2013-02/20/content_7811397.htm.
⑤ 《BP 世界能源统计 2013》www.bp.com/statisticalreview。

的尤其进口主要还是作为中国能源多元化来源的一个重要途径。

日本的油气消费基本全靠进口。不过迄今为止,来自本地区的油气数量占比仍然不多。2010 年俄罗斯对日本的石油供应量仅有 910 万吨,油品 380 万吨①。2011 年日本自俄罗斯进口的 LNG 约 98 亿 m^3,也只占其总进口量(1070 亿 m^3)的 9.15%②。整体上日本从俄罗斯主要以进口 LNG 为主。而 LNG 是全球性贸易产品,目前的市场供应充足,因此这种进口主要是从商业及来源多元化角度考虑,并不会关乎其能源安全。

日本对进口能源的关注,主要并不在于数量的增长,而在于供应的稳定性,这一点与中国有着很大的不同,原因在于其国内能源的消费总量已经趋于稳定并随着技术进步而略有下降。这几年日本的能源进口出现一定的变化,主要是核事故导致的能源结构调整需要。相比之下,近年来俄罗斯对与日本加强能源合作似乎更为热切,其领域涉及增加对日 LNG、原油及煤炭供应,以及邀请日本参与包括伊尔库茨克气田及炼厂建设等大型能源项目③。

韩国的资源情况与日本差不多。作为一个油气资源主要依赖中东进口的国家,韩国自 2003 年起就不断寻求外部供应的多元化,并为保障自身能源安全而积极推进"东北亚能源合作"构想,包括本地区内各国之间在能源运输方面相互提供便利。在已有的地区能源合作中,目前主要是韩国与萨哈林能源公司签署的为期 20 年的 LNG 进口合同,年进口量 150 万吨。当然,如果拟议中的俄朝韩天然气管道能够建成,那么韩国每年就可以从俄罗斯进口天然气 750 万吨④,从而大大改善其进口来源的地区结构。

朝鲜与蒙古都是非常需要油气输入的国家,然而各自情况又略有不同。朝鲜主要是政治与安全以及支付能力问题,而蒙古则在于其市场潜力有限,从商业的角度看目前并不具有很强的吸引力。

由此我们可以看出,即使这些待建管道顺利建成,其对于本地区相关国家的能源安全保障的效能也是相对有限的。它们并不直接关乎主要消费国(中日韩)的能源安全,而最多只是作为其多元化战略的一个重要来

---

① 中国驻俄罗斯使馆经商参处 2011-3-25。
② 《BP 世界能源统计 2012》www. bp. com/statisticalreview。
③ http://rusnews. cn/xinwentoushi/20110323/43013562. html.
④ 新华网 2009 年 02 月 19 日。

源。也正因为如此，各国在推进这些合作时的动力并不十分充足。更何况，从石油工业本身的角度看，在国际市场供需基本平衡的状态下，以巨额投资寻求的这种合作，其商业价值存在众多的可商榷之处。

三、何种管网状况才能形成有效的地区能源合作？——以欧洲为例

欧洲地区是目前世界范围内多元化油气管网体系最为发达与完善的地区。尽管也存在着激烈的竞争与争斗，渗入有大量的国际政治经济博弈行为，但总体上已形成相对成熟的共同遵守的基本市场规范，其行为更多地遵循市场原则而逐渐“去政治化”。这使得整个欧洲的油气管网体系一直能够不断地扩展，并相对稳定地运行。

欧洲油气管网体系的建设起步较早。冷战时就与苏联的管网有所交集。冷战结束后，油气管网体系也随着北约东扩及欧盟的运转而日益扩大，原属苏东阵营的油气管网逐渐被纳入欧盟体系之中，而俄罗斯也逐渐安心充当欧洲能源主要供应商的角色。虽然在独联体范围内仍不时挥舞能源大棒，但俄对于整个欧洲的能源保障却很少会主动破坏，其重要原因之一，就是油气管网体系已经将俄欧供需双方结成了一个紧密的利益共同体，任何单方面的非理性行为都只能招致“双输”的结果和市场利益的损失。

欧洲对外部能源的依赖由来已久，自从一战后期能源结构从煤炭逐渐变为石油之后就已存在。在安心享用了几十年的低廉石油并完成工业化之后，于 1973 年第一次石油危机受到重创，由此开始重视能源安全及能源来源多元化问题。到冷战结束后，由于内部工业化的完成及经济增长的乏力，加之技术进步导致的能效普遍提高，使欧洲的能源需求增长缓慢，主要是结构的调整，如更多使用天然气等清洁能源、发展可再生能源等。这种状况对于俄罗斯这个主要以欧洲为出口对象的国家而言利弊参半。虽然庞大的天然气供给能力以及原东欧地区的能源需求增长仍是其手中的利器，然而就整体而言，双方并无一方具有绝对优势地位，互有所求，也使相对平等的市场关系更容易建立起来。

正是因为这种相对平等的市场关系，才使得欧洲的能源管网体系在不

断扩展的过程中依然能相对保持稳定状态。近十年来，俄罗斯一直在积极推动以其为主导（供应国）的新天然气线路建设（如北溪、南溪管线），并成功终结了美国力推的绕开俄罗斯的纳布科管道方案，从而再次保障了自身在欧洲这个大市场中的主动地位。其间的政治与经济博弈繁复，不过，客观上却促使俄罗斯更为积极地推动欧洲地区管网体系的完善化与合理化，并将几乎所有欧洲国家都纳入同一个利益共同体之中，形成了更为平衡与稳定的地区关系。

相比较而言，东北亚地区在这方面的成效差距甚大。东北亚缺乏像欧盟这样的地区一体化组织进行全面政策协调，也缺乏像德国、法国这样的有一定地区公信力的国家代表进行总体性的谈判，对于出现的纠纷大多持回避或激烈竞争这样的极端行为，从而使俄罗斯作为一个能源输出国取得了不应有的谈判优势（提高报价、增加投资，如附加的促进远东地区开发等条件）。而这种优势，恰恰破坏了石油工业本身发展的市场规律，使得各种政治性协议，因损害了其商业基础而最终无法获得国际石油资本与地区内石油企业的积极推动与支持。

从未来的角度看，东北亚要形成欧洲式的有效油气管网体系，仍将有很长的路要走。第一，俄罗斯远东开发必须形成充分的供应能力与市场环境，而这需要巨额的投资及俄稳定的政策支持；第二，基于地缘的原因，中国不能仅仅作为一个俄罗斯油气的进口方，还应逐渐成为一个重要的能源过境国并被他国接受，由此将来自俄罗斯、中亚乃至中东的多处油气顺利引入日韩等国，这样才能真正形成有效的欧亚能源走廊与地区性的管网体系；第三，本地区相关国家的管网体系应有所交集，并以多国共同组建国际财团的方式进行管理，从而更有效地实现“去政治化”的商业性运营；第四，朝鲜半岛必须被纳入到地区管网体系之中，并在俄中等国的共同保障下顺利运营，从而使东北亚的地区能源体系能够完整地形成。显然，要实现这些目标，并不是一件短期内可以做到的事情。

四、结论

1. 自古以来，对资源的争夺几乎就是不同国家、不同民族之间生存与发展竞争的核心，只不过在不同的时期，资源的种类（土地、粮食、奴隶、矿产等）重点有所不同。冷战结束后，在经济全球化快速发展的背景下，全球不同地区的资源通过市场化方式进行重新配置成为可能，也首次使得战争手段在资源竞争中的主导性地位开始下降（但并不是放弃）。由于各地区对市场化配置资源方式的认同感逐渐上升，其运行手段也开始出现变化。资源战争正在逐渐演变为资源竞争。

冷战之后，尤其是新世纪之后，国际能源格局正在悄然发生着巨大的变化，而这些变化也日渐成为新的国际能源政治博弈的基础：一方面，随着发达国家经济体的成熟与信息化、金融化，以及对环境等问题的关注，其油气消费的增长逐渐达到顶峰，绝对消费量开始出现下降。与此同时，以中国、印度、巴西等国为代表的新兴经济体在重化工业等的带动下，经济与能源消费均快速增长，使国际能源的消费重心和流向开始转变，过去主要是从不发达的资源地区及苏东地区向发达国家的输送，即“南—北”方向，而现在则开始大规模流向新兴经济体地区，越来越多地形成“北—南”与“西—东”流向。与此同时，新的能源产地也在不断出现。另一方面，过去主要的能源消耗是石油，因此船运是最主要也最经济的运输方式，所以对于关键海峡的控制一直是冷战时期国际政治竞争的重点之一。但随着对天然气需求的增长加快，其运输方式更加侧重于陆上的管道运输。地理关系，以及地区性的分配枢纽国家（如土耳其）战略价值正在上升。这两者对于国际及地区能源关系的重构，都在发挥着重要的作用，并使得全新的国际管网布局成为必要。

2. 能源安全问题是每个国家都会高度关注的问题，但以何种方式实现和保障自身的能源安全，则取决于各国的政策选择。

冷战后东北亚政治、经济格局的剧烈变化，使地区能源合作有了新的可能。中国作为本地区石油出口国历史的结束，使原有的地区能源供需关系一度中断，但俄罗斯的远东资源开发，不仅弥补了这一供需链条缺口，而且更为强大，也使地区能源关系有了新的发展基础。

从俄罗斯的角度来说，当然希望能够构筑起本地区的能源网络，使之成为“第二欧洲”网络，从而使自己的资源优势有更大的发挥，左右逢源，进而获得丰厚的经济与政治收益。

伴随着经济持续快速增长所导致的对油气资源的高需求仍未结束，中国每年吸收的国际新增石油供给已达很高的数值（2003 年 35%，2004 年

55%）。2011 年中国再次成为全球石油消费增长的最大来源，占据了全球能源消费增量的 71%（50.5 万桶/日），同时也成为全球天然气消费增幅最大的国家（21.5%）[①]。这种状况推动了中国外交的方向与模式都在发生改变，更为注重地区能源合作。

日本与韩国都是在能源方面对外依存度极高的国家，与中国可以大量使用陆上管道方式解决部分进口问题不同的是，日韩对海运的依赖更加难以替代。这也使两国更为依赖于国际能源市场而非地区性市场，并使其与中国在维护各自能源安全的心态及政策选择方面有很大的不同。也正因为如此，使 2004 年前后中日对俄罗斯远东管线的竞争，充满了非理性的色彩。其实，本地区油气供应的基础仍是国际市场，对远东管线的竞争，除了价格因素外，看不出对本国的能源安全有太多的好处。但竞争所导致的巨大投入，又使原本通过管道运输可以削减的成本被抵消，因此，从商业的角度看，这种对抗性的政策并不可取，只能寻求政治上的理由和价值。

总体上看，目前东北亚能源网络构筑的基础仍在于俄罗斯的政策选择，而非中日竞争这样的行为。俄罗斯作为供应方，进入新世纪后其关注的重点始终并不在亚洲，尽管普京多次表态要将能源输出的重心转向亚洲，然而从其实际推动的管道建设与供应状况看，欧洲的分量仍远远大于亚洲。俄目前对远东资源的开发，主要目的仍在于对潜在市场的培育及试探，更可以看做是俄罗斯与欧洲讨价还价的筹码。只要俄罗斯选择的主要输出方向仍是欧洲，东北亚地区性网络的建设就只能是无水之源。因为除了俄罗斯远东地区外，无论是中亚还是缅甸，其过高的运输成本与风险，都无法吸引日韩等国加入这一体系，毕竟对于它们来说，多元化只是一种安全选择，主要出于避险与应急功能的考虑。否则，其进口远不如现在的船运经济与可靠。

3. 在冷战时期，大型地区性油气管道的建设与运营，往往具有较为强烈的政治色彩，如前苏联时期建成的油气管网，就成为维系联盟以及苏东阵营的重要纽带，其供给是非商业性的，定价完全与市场价格脱离。冷战结束后，新的地区性管道建设则更多地体现出全球化与市场化的特征。从

---

① 《BP 世界能源统计 2012》，www.bp.com/statisticalreview。

管道为政治服务逐渐转向政治为管道服务，这与全球政治的经济化趋势直接相关，也使得以地区性管网体系重塑地区关系成为可能。

地区性油气管道的铺设需要大量的投资及较长的建设与运营、回收时期，对油气田的开发资源储备及下游用户的稳定性等也有较高的要求。与此同时，一条重要的跨国油气管道的建成往往具有浓厚的地缘政治与经济色彩，影响相关地区的地缘政治、经济生态，使本地区的地缘关系更加的复杂化，使本地区国家更加深入地被卷入到地区以及国际政治与经济体系之中，甚至会使本地区某些国家的国内或双边事务国际化。由于维护市场及油源的稳定是油气进出口国家的共同目标，因此也使其有更多的驱动力去介入相关地区的矛盾冲突。而更多的管线网络，会搭建起更多的多边平台，相关国家也可以借此结合更为紧密的利益共同体，并主动约束和缓解地区矛盾与冲突。

与欧洲相对成熟的管道体系相比，东北亚地区仍存在着很大的空白。即使对新的能源供求网络有着强烈的需求，也依然会有一个较为中长期的构建过程。这个过程本身，对于能源供需双方，以及跨国管线经过地区，都将带来一个新的地缘整合的机会与机遇，会直接影响部分地区传统问题的解决方式，也会对现存的地区以及国际能源体系注入新的变革活力与动力。

国际资源竞争的主要目的还是在于使本国利益的最大化。这种竞争与冷战时期的大国争夺相比，更为的细碎和复杂，也更需要有各具特色的地区化解决方案。东北亚地区国家间有着很密切的经济联系，然而其经济组织却很松散，相关各方具有不同的社会发展形态、经济需求、资源禀赋与利用结构差异，从而使其形成不同的政治、经济和社会需求以及相应的立场，也使其在行为方式上有不同的选择。我们都知道，任何的地区性稳定与持久合作都无法仅仅建立在民众的善意与政府的一时意愿之上，而跨布于本地区多个国家的管网体系的建设与运营，会成为很好的多边能源关系与经济关系的协调平台，使相关国家在一定程度上形成相对稳定的政治与经济利益关系，从而促进本地区各国结成更为紧密的“利益攸关方”，实现持久合作与共同发展。

（作者系北京大学国际关系学院博士研究生）

Analysis of the Platform Missing in Northeast Asian Energy Cooperation

Wu Qiang

Abstract: The energy cooperation in Northeast Asia has been made some progress in the last two decades. Along with the ESPO pipeline and the China-Russia crude oil pipeline put into operation, as well as the exports of Sakhalin LNG stably growth, energy cooperation in this region has formed a preliminary basis. However, compared with Europe and other area, Northeast Asian energy relationship is still lack a solid bond interest support, especially lack of a multi-national oil and gas pipeline network system, which directly affected the further development of regional energy cooperation.

Key words: Northeast Asian; energy cooperation; platform missing

《中日和平友好条约》的签订与20世纪70年代的中日关系

林晓光

【内容提要】 1972年中日邦交正常化以后，中日双方于1974年11月开始关于《中日和平友好条约》的预备谈判，到1978年8月签署了《中日和平友好和约》。本文将联系20世纪70年代后期的国际环境和中日两国的对外政策，对《中日和平友好条约》谈判与签订的曲折过程进行考察和研究，解读签订《中日和平友好条约》的历史背景、国际环境和意义特点，以纪念《中日和平友好条约》签署35周年。

【关键词】 中国外交；《中日和平友好条约》；中日关系

1972年9月，中日邦交正常化并发表《联合声明》，其中第8条规定：为巩固和发展两国间的和平友好关系，同意进行以缔结和平友好条约为目的的谈判。1974年11月，中日双方开始关于和约的预备谈判，到1978年8月签署和约，长达45个月。这一谈判为何迁延近4年之久，为何有关于"反霸条款"和"第三国条款"的争论？[①] 为何最终谈判仅20多天就达成了协议？本文将联系20世纪70年代后期的国际环境和中日两国的对外政策，对该谈判过程进行考察，以解读《中日和平友好条约》的历史背景、曲折

---

① "反霸条款"即《中日和平友好条约》第二条："缔约双方表明：任何一方都不应在亚洲和太平洋地区或其他任何地区谋求霸权，并反对任何国家和国家集团建立这种霸权的努力。""第三国条款"即《中日和平友好条约》第四条："本条约不影响缔约各方同第三国关系的立场。"

过程和意义、特点,及其对中日关系的影响。①

一、《中日和平友好条约》谈判:从开始到中断

1.《中日和平友好条约》的预备谈判

早在中日邦交正常化之前,周恩来总理与日本公明党委员长竹入义胜会谈时,就曾提议中日邦交正常化分作两个步骤:第一步是发表一个“联合声明”,或者叫做“联合宣言”。发表声明是为了建交,互换大使,互相正式承认;第二步是搞一个和约,但也不是简单的和约,而是搞一个“和平友好条约”,要比简单的和约前进一步,这样可以使世界人民看了以后放心,知道我们搞的是什么东西。当然搞这么一个和约对中国人民和日本人民都是必需的、有利的。② 这一方案是周恩来经过深思熟虑而提出的。因为日本是议会内阁制,“联合声明”或“联合宣言”这样的双边文件经首相召集和主持的内阁会议通过即可生效,即使有个别阁员反对,首相也可以行使内阁人事权促其辞职。但如果是“和平友好条约”,就必须提交国会审议和批准,相对而言首相的主导作用下降,可能会拖较长的时间,难度也大一些。因此,“分两步走”便于排除日本国内政治的不利因素,以尽快实现中日邦交正常化。

对于“和约”内容,周恩来也早已胸有成竹,在会见日本友人时多次谈及。他认为:“和平友好条约”要以“联合声明”为基础。“联合声明”前一

---

① 关于《中日和平友好条约》问题的研究有:〔日〕绪方贞子著:《战后日中、美中关系》,添谷芳秀译,东京大学出版会1992年版。永野信利:《天皇与邓小平的握手:实录·日中交涉秘史》,行政问题研究所,1983年。杉本信行:《日中和和平友好条约的缔结——关于“反霸权”》,小岛朋之编:《亚洲时代的日中关系:过去和未来》,塞马尔出版社1995年版。古泽健一:《昭和秘史 日中和平友好条约》,讲谈社1988年版。田中明彦:《日中关系:1945—1990》,东京大学出版会1991年版。〔美〕Hiroshi Kimura, “The Conclusion of the Sino-Japanese Peace Treaty, 1978, Soviet Coercive Strategy and It'sLimits,” *Studies in Comparative Communism* England, Vol. 18, No. 2—3, Summer-Autumn, 1985, pp. 151—180. Robert E. Bedeski, *The Fragile Entente: The 1978 Japan-China Peace Treaty in a Global Context*, Boulder: Westview, 1983. Shinkichi Eto, “Recent Developments in Sino-Japanese Relations,” *Asian Suruey*, Vol. 20, No. 7, July, 1980, pp. 726—743. Peggy L. Falkenheim, “The Impact of the Peace and Friendship Treaty on Soviet-Japanese Relations,” *Asian Suruey*, Vol. 19, No. 12, December, 1979, pp. 1209—1223. Chae-Jin Lee, “The Making of the Sino-Japanese Peace and Friendship Treaty,” *Pacific Affairs*, Vol. 52, No. 3, Fall, 1979, pp. 420—445.

② 张香山:《中日缔结和平友好条约前后》,载《日本学刊》,1998年第4期,第1页。

半讲历史，是已经实现了的，是肯定了的；第五条讲赔偿问题，也已解决，可以不提了；第六条即和平共处五项原则和联合国宪章关于两国以和平手段解决一切争端，互不诉诸武力和武力威胁；第七条是中日友好、不排他和反霸权，这一条逻辑性很强，你不称霸，我怎么排你或针对你呢？至于经济文化条款，可以简单写一下。如果还想增加什么，可以商量。因为是条约，所以只好写得原则一些。[①] 中国外交部依据“周设想”积极进行和约的准备作业，决定和约预备性谈判由驻日大使陈楚负责。重要的是，周恩来通过各种方式和途径向日方转达这一设想之后，日方并未提出反对意见。说明双方对在短期内尽快缔结中日和平友好条约有着基本的共识。

1972 年《中日联合声明》规定，中日邦交正常化以后，双方应进行“以缔结和平友好条约为目的的谈判”，并缔结贸易、航海、航空、渔业等四个协定。中方原来希望这四个协定全部缔结之后，再进入《中日和平友好条约》的谈判程序。但 1974 年 7 月自民党在参议院选举中失败，田中政权受到巨大冲击，为避免和约谈判因日本国内政局动荡而受到影响，中国外长乔冠华于 1974 年 9 月向日本外相木村俊夫提出尽快启动《中日和平友好条约》谈判，得到日方积极响应。[②] 贸易协定、航空协定缔结后，中国副外长韩念龙为缔结中日航海协定于 1974 年 12 月赴日，并与日本外务次官东乡文彦开始就《中日和平友好条约》问题展开预备谈判。

当时中日双方都认为将很快缔结和约。1975 年 1 月 16 日下午，周恩来在北京医院会见访华的日本经济界人士稻山嘉宽等，认为“要解决缔约问题，半年时间都用不了，三个月就够了”[③]。1 月 20 日，来华的日本政府特使保利茂向邓小平副总理递交了三木首相致周总理的亲笔信，认为在不久的将来缔结和约“没有什么大的障碍”。外务省也认为到 1975 年上半年即可完成正式签署前的一切准备工作[④]。显然，鉴于“联合声明”的政治基础和中日关系的良好发展，中日双方对于顺利进行谈判、尽快签署和约的前景都很乐观。

2. 日方政策立场的后退

《中日和平友好条约》谈判刚开始，田中内阁就因“金权政治”丑闻“洛

---

① 张香山：《中日缔结和平友好条约前后》，载《日本学刊》，1998 年第 4 期，第 1 页。

② 〔日〕永野信利：《天皇与邓小平的握手：实录・日中交涉秘史》，行政问题研究所，1983 年，第 125 页。

③ 王泰平：《新中国外交 50 年》，北京出版社 1999 年版，第 469 页。

④ 〔日〕《日中条约和日本外交：回顾它的谈判与缔结》，民主外交协会，1978 年，第 8 页。

克希德案”而下台。作为促成中日邦交正常化的主要政治家，田中一直大力推动《中日和平友好条约》的谈判。曾任日本外相的木村俊夫甚至说：“如果田中不下台，(中日)和平友好条约1975年1月就能缔结。”[①]田中下台导致日本自民党亲台势力掌控党、政。1974年12月，自民党副总裁椎名悦三郎裁决，由党内弱小派系首领三木武夫出任首相，福田赳夫任副首相；自民党总务会长为滩尾弘吉、政调会长为松野赖三，党、政双方的“亲台湾”色彩极为浓厚。[②] 日本决策层的构成变化和政治理念倾向，导致日方对中国政策的变化以及在反霸条款上的后退。

1975年1月，三木首相在国会发表施政演说，表示要忠实履行《中日联合声明》的规定，“促进日中和平友好条约的签订”，宣布“谈判正在顺利进行，一旦达成协议，想尽早提请国会批准”。[③] 中方认为三木是中国的老朋友，因此对三木内阁解决《中日和平友好条约》问题寄予希望[④]。1月16日，中国驻日大使陈楚与东乡次官就和约问题举行第二次预备谈判，并达成两点协议：(1) 和约将保证两国向前看、走向和平友好；(2) 和约的内容以中日联合声明为基础。2月，双方交换了各自拟订的和约草案。但在第三次预备谈判中，中日双方围绕“反霸条款”产生了严重分歧。中方认为：《中日和平友好条约》应以联合声明为基础，“反霸条款”是联合声明第7条所规定，是中日双方都同意的，理应写入和约正文。日方则辩解说：“反霸”一词“生僻”，“反霸条款”“违背和平条约的宗旨”，与日本宪法精神相抵触，不应把日中和约变成“对苏防卫条约”，不同意把“反霸条款”写入和约。[⑤] 考虑到勃列日涅夫恰恰是在1975年2月致信三木首相，提议缔结苏日睦邻友好条约；而中日举行第二次预备会谈的同一天，日本外相宫泽又开始与苏联外长葛罗米柯就日苏和约举行会谈。[⑥] 日方态度的突然改变显然与苏联的压力不无关系。日方只同意泛泛地提出反霸，不想因为明确反霸而被认为“敌视他国”，不想把任何涉及第三国的内容写入《中日和平友好条约》。周恩来指出：三木新内阁在反霸问题上做文章，说明三木对外交

---

① 〔日〕永野信利：《天皇与邓小平的握手：实录·日中交涉秘史》，行政问题研究所1983年，第129页。

② 〔日〕田原总一郎：《冷静的首相候补：作为权利游戏高手的宫泽喜一》，学阳书房1978年，第187—188页。

③ 〔日〕《朝日新闻》1975年1月28日。

④ 张香山：《中日缔结和平友好条约前后》，载《日本学刊》1998年第4期，第2页。

⑤ 《日中条约和日本外交：回顾它的谈判与缔结》，〔日〕民主外交协会1978年，第12页。

⑥ Kimura, “The Conclusion of the Sino-Japanese Peace Treaty,” p. 157.

关系、国际关系不甚熟悉。[1] 实际上是委婉地批评日本政府注重细枝末节，忽视国际战略大局。

日本国内的"缔约慎重论"随着苏联的压力加大而抬头。滩尾弘吉表示：如果缔结日中和约，"日本将被卷入中苏对立，并导致亚洲局势的紧张和不安定。"自民党内亲台湾的"青岚会"竭力阻止《中日和平友好条约》谈判[2]。尽管三木首相希望把缔结和约作为本届内阁的外交政绩，以巩固政权基础，但苏联的压力和党内的反对，以及全力追究"洛克希德贿赂案"的国内政治需要，使他最终与在野党就日中和约不明确写入"反霸条款"达成一致意见，实际上放弃了尽快缔结《中日和平友好条约》的外交目标。[3] 1975 年 4 月 4 日，外相宫泽在国会阐述了 3 点理由：1. 反霸实际上与美苏两国相关，中方使用的"霸权主义"概念所指对象有时指美国、有时指苏联，不应把不确定的概念写入和约。2. 日本奉行睦邻友好的外交方针，不能结怨周边大国。3. 从国际法的角度看，在双边条约中写入"反霸条款"尚无先例。[4] 明确反对把"反霸条款"写入《中日和平友好条约》。

当时主持中共中央和国务院日常工作的邓小平为推进《中日和平友好条约》的进展作出了极大的努力。他在 1975 年 4 月 16 日会见日本友人池田大作时指出："在中日和平友好条约中写进反对霸权主义的内容，含义有两点。一是中国和日本都不在亚洲、太平洋地区谋求霸权，都不搞霸权主义。我们中国愿意用这点来限制我们自己，中国承担了义务，不在亚太地区谋求霸权。日本承担在亚太地区不谋求霸权的责任……对改善日本同亚太地区国家的关系，不但是有益的，而且是必要的。二是反对任何国家、任何国家集团在这个地区谋求霸权的努力。现在确实有超级大国在这个地区谋求霸权。写上这一条不是干涉谁的内政，而是干涉他们的行动……所以，这两点，应该不成为我们签订和平友好条约的障碍。……中日两国之间只是贸易和人员往来还不够，还要有政治基础，反霸条款是政治基础，所以我们很重视这个问题。"[5]邓小平针对日方的种种辩解，强调缔结《中日

---

① 张香山：《中日缔结和平友好条约前后》，载《日本学刊》1998 年第 4 期，第 2 页。

② 肖向前：《永远的邻国：中日邦交恢复的记录》，塞马尔出版会 1997 年版，第 186 页。

③ 〔日〕永野信利：《日中建交谈判纪实》，第 145—146 页。

④ 〔日〕田原总一郎：《冷静的首相候补：作为权利游戏高手的宫泽喜一》，学阳书房 1978 年版，第 187—188 页。

⑤ 中共中央文献研究室：《邓小平思想年谱（1975—1997）》，中央文献出版社 1998 年版，第 6 页。

和平友好条约》的战略意义,并把是否写入“反霸条款”提到中日之间“政治基础”的高度,力图推动日方调整政策,促进《中日和平友好条约》谈判。他指出:中美“上海公报”、中日“联合声明”都写入了“反霸条款”,但并没有妨碍苏联与美日的关系。日方至少不能从中日“联合声明”的立场后退。希望三木首相拿出勇气来,对这一问题作出政治决断。[①] 不仅提出了“至少不能从中日联合声明的立场后退”的底线,而且明确了《中日和平友好条约》不仅是外交问题,更是政治问题,需要日方做出政治决断的关键所在。

日方政策后退导致《中日和平友好条约》谈判停滞不前。1975 年 1—5 月,陈楚与东乡进行了五次预备谈判都未取得任何成果。[②] 中国外交部指示驻日使馆,必须坚持原则,据理力争,但谈判初始,也不要把话完全说死。又电告驻日使馆,国务院副总理陈永贵将在访问墨西哥的途中经停东京,一切以他转达的指示为准。1975 年 3 月 27 日,陈永贵途经东京,陈楚及使馆参加预备谈判的所有人员都到机场聆听重要指示。陈永贵转述说:“最高指示:不能让。就是这些。”陈楚请他详细阐述,他重复说:“不能让”,并要求使馆坚决贯彻执行。[③] 如此一来,中方在和约谈判中几乎没有任何回旋余地,只能坚持把“反霸条款”原原本本写入和约正文的立场寸步不让。

3. 日方的妥协与“宫泽四原则”

中方的坚定立场使日方采取了逐步妥协的策略方针。1975 年 4 月,日方在预备会谈中提出,只把“反霸条款”的前半部分“双方都不谋求霸权”写入和约,而去掉“都反对第三方称霸”的后半部分;后又提出把“反霸条款”写入和约前言,而不是正文,试图分割“反霸条款”或降低其重要性。1975 年 6 月,三木首相致信周总理表示:“和平共处五项原则以及不行使武力解决冲突的联合国宪章,都是适用于全世界的普遍和平原则的一环”,“如果中方赞同这一认识,那么早日解决日中和约问题并不困难。”[④]完全不提“反霸”问题,实际上是想让中方放弃原则立场,用抽象的一般原则代替具体的反霸条款,抽空反霸的实质内容和现实意义。当月,三木又委托川崎秀二

---

① 张香山:《邓小平与中日和平友好条约(上)》,载〔日〕《军控问题资料》,1998 年 7 月号,第 76 页。

② 〔日〕东乡文彦:《日美外交三十年:安保 · 冲绳及其以后》,世界动向社 1982 年版,第 212 页。

③ 江培柱:《中日缔结和约谈判和邓小平访日》,载《中共党史资料》2005 年第 2 期,第 73—74 页。

④ 〔日〕永野信利:《日中建交谈判纪实》,永野,第 99 页。

律师向中方提出，可以把“反霸条款”写入和约正文，但同时要明确“反霸不以任何特定的第三国为对象”。试图以“加注”和“解释”的形式，减轻苏联的压力和国内的阻力，取得中国谅解，达成《中日和平友好条约》。但这些技术或表达上的妥协均未能得到中方的认同。①

为了重开《中日和平友好条约》谈判，三木首相于 1975 年 9 月指示出席联合国大会的宫泽喜一外相在纽约与中方接触。宫泽与中国外长乔冠华在联大会议期间举行了两次、共 10 小时的会谈。宫泽在会谈中提出对于“反霸”的四点认识：1. 不仅在亚太地区，也在全世界“反霸”；2. “反霸”不针对特定国家；3. 共同“反霸”不意味着日中共同行动；4. “反霸”不能违背联合国宪章的宗旨。即所谓“宫泽四原则”。② 其基本意图是想通过“不针对特定国家”的表述以避免苏联的反弹，在发展日中关系的同时，尽量减轻对日苏关系的冲击。乔冠华表示：“在反霸问题上，彼此都不要强加给对方，既然双方的想法不一致，可以等一等。我们的态度是：第一，希望条约很快签订，这是我们的共同愿望；第二，如果由于种种原因，你们有困难，不便于签，我们可以等一等。”③中方指出，“反霸条款”是“联合声明”所规定的，《中日和平友好条约》不能从既定原则立场倒退；“宫泽四原则”抽掉了“反霸”的实质性内容，不能接受。这次会谈没有弥合双方的意见分歧，此后，中日外交渠道之间就和约问题的事务级对话长期中止，中日间的分歧和对立使和约谈判实际上中断。

中方批评“宫泽四原则”的要害是违背“联合声明”的基本精神，强调不能拿原则做交易。1975 年 10 月 3 日，邓小平会见日本自民党众议员小坂善太郎时再次表明：中日联合声明中关于反对霸权主义的内容一定要全部写入《中日和平友好条约》。如果为难，晚一些时间也可以，反正联合声明还在嘛。与其不明不白地做这样那样的解释，还不如暂时不搞好。不能从联合声明后退，我们认为任何解释实际上都是后退。他指出：“宫泽四原则”是想把《中日和平友好条约》谈判停滞不前的责任以及日方关于谈判的原则框架强加给中国；并遗憾地表示：三木首相的态度令我失望。④ 表明中

---

① 同上书，第 155—156 页。

② 〔日〕若月秀和：《日中和平友好条约的缔结》，《法学政治学论究》1999 年秋季号，第 102 页。

③ 王泰平：《新中国外交 50 年》，第 462 页。

④ 张香山：《邓小平与中日和平友好条约（上）》，〔日〕《军控问题资料》，1998 年 7 月号，第 74 页。

方对于《中日和平友好条约》的政策也从“积极推进”转为“暂时等待”。

但日方不顾中方反对按预定计划提出了关于《中日和平友好条约》的新方案。1975 年 11 月 15 日,三木首相、宫泽外相分别致信周总理、乔外长,外务省也正式提出《中日和平友好条约》修改方案和载有“宫泽四原则”的说帖。三木的信中称:日方的方案是“充分交换意见之后拟就的”。宫泽的信则称:这是“对和约的一项最后建议”,如中方同意,他“准备代表日本政府签署这一条约”。由于日方在关键性的“反霸条款”上仍无实质性进展,中方没有答复。直到 1976 年 2 月 6 日,韩念龙约见日本驻华大使小川平四郎,指出日方方案关于反霸条款的处理并未体现中日联合声明的精神,是从联合声明的后退,中方不能同意。4 月 27 日,乔冠华应约会见小川,小川转达宫泽的口信说:日本政府认为韩副外长 2 月的答复很难理解为中方认真研究日方方案后的意见。乔冠华指出:韩副外长的答复是中国政府认真研究日方方案之后作出的,他重申中方的一贯立场,坚持反霸内容必须原原本本写入和约正文,不能后退。10 月 4 日,中日两国外长在联合国大会期间会晤。中方指出:和约问题拖而不决,责任不在中方。是日方后退了,只要日方回到原来立场,同意将反霸的内容原原本本写入和约正文,问题即可解决,其他问题都是次要的。希望能尽快签署《中日和平友好条约》,重要的是要作出政治判断。① 在三木内阁任内,陈楚与东乡举行了十次预备谈判,中国外交部亚洲司副司长王晓云与日本驻华使馆参赞秋山光路也进行了三次会谈。但都因双方在反霸问题上的对立而未能取得任何实质性进展。

二、中国政治变动的影响

实际上,日方关于“第三国”的表述后来成为中日双方解决这一问题的基础,基本上是在同意日方方案的情况下达成协议、并写入《中日和平友好条约》的。② 那么为何当时中方表示强烈反对呢?

主要是为实现“一条线,一大片”的抗苏国际统一战线,加强与西方发达国家的战略认同。1973 年 2 月,毛泽东在会见来访的美国国家安全事务

① 王泰平:《新中国外交 50 年》,第 469 页。

② 同上书,第 474 页。

助理基辛格时曾提出:“我跟一个外国朋友谈过,我说要搞一条横线,就是纬度,美国、日本、中国、伊朗、土耳其、欧洲”,“只要目标相同,我们不损害你们,你们也不损害我们”,共同对付苏联。1974年,毛泽东在会见日本来访者时又说:“我看,美国、日本和中国,连巴基斯坦、伊朗、土耳其、阿拉伯世界、欧洲都要团结起来,一大片的第三世界要团结。”毛泽东的“一条线”策略,实际上是想构筑一条联合反苏的同盟,以此抵御苏联的对华威胁。而日本则是这一构想中极其重要的一环。换句话说,《中日联合声明》确立两国邦交正常化的作用;而《中日和平友好条约》的作用,则是确立一种“中日对苏同盟”。因此,在谈判中坚持中日联合声明的原则立场,有助于实现“一条线,一大片”的抗苏国际统一战线,并避免中国与其他西方国家的关系,在能否取得共同对抗苏联的战略共识方面,出现连锁反应。

但从国内政治动因看,主要原因恐怕还是与“文革”期间中国的政治变动和决策环境有关。

首先是外交决策权的集中程度很高。“文革”时期,毛泽东享有崇高威望,掌握最高决策权,凡是毛泽东提出的意见均为“最高指示”,必须“宣传不过夜,执行不走样”,“理解的要执行,不理解的也要执行,在执行过程中加深理解”。一旦毛泽东就《中日和平友好条约》谈判提出“不能让”的“最高指示”,中方没有任何人敢于对毛泽东的决断提出质疑或异议,在外交谈判中就只能坚持政治原则,寸步不让。

其次是“文革”期间“左”的思想路线大行其道,“四人帮”插手外交事务,用意识形态口号取代对国家利益的审视和判断而影响外交决策。1972年8月,周恩来向回国述职的大使和外事部门的负责人做长篇报告指出:极左思潮是有世界性的。中国也有极左思潮,外交部有,驻外使领馆也有。如果驻外使领馆还有人搞极左,就把他们调回来学习,不要妨碍我们的对外工作。[①] 周恩来在中美关系解冻、中日关系的秘密交涉进入关键时刻的时候亲自批判极左思潮,说明极左思潮已经极大地干扰了外交工作的顺利进行。但1973年7月,毛泽东对周主持的外交工作提出批评,江青趁机发难,指责周是“右倾投降主义”。11月21日—12月初,中央政治局连续十多天召开扩大会议,批评周和叶剑英,周作了检查[②]。1974—1975年,邓小平重新出来工作,协助周主持中央和国务院的日常工作(包括外交),一直

① 《周恩来年谱(1949—1976)》下卷,中央文献出版社1997年版,第540页。

② 同上书,第643页。

觊觎外交大权的"四人帮"极为不满,利用"蜗牛礼品""出席联合国大会""风庆轮事件"等多次发难,指责外交工作"崇洋媚外"、"卖国主义"。不仅直接冲击了正常的外交决策,也使左倾思想更为猖獗。在这种情况下,积极推进中日关系的外交务实派受到冲击,而教条主义的斗争哲学甚嚣尘上,《中日和平友好条约》谈判不仅很难在坚持国际利益和战略原则的前提下作出灵活处理,甚至连讨论研究是否需要变通、如何灵活处理,都有可能被扣上"右倾投降主义"的帽子,从而极大地制约了外交工作的策略灵活性和谈判自由度。

最后是因领导人生病而导致的最高决策层"空洞化"的问题。1975 年下半年以后,中国外交的主要领导人毛泽东、周恩来均疾病缠身,毛的讲话和行动都已困难。1975 年 9 月,毛决定由毛远新担任他的联络员,列席中共中央政治局会议,毛的意见和决策由毛远新向中央政治局转达,中央政治局会议的情况由毛远新向毛汇报。这就使得中共最高决策者与最高决策层之间的联系更为单一、疏远和隔离,信息的互相沟通更为困难。"最高决策程序逐渐发生了混乱,这使得中国的内政外交都处于'尘埃未定'的境地。"[①]决策机制的单一化和集权化,导致用于重大外交决策的政治资源不足。由于邓小平在主持中央工作时积极扭转"文革"造成的社会混乱和经济停滞,引起了毛泽东的不满。1975 年 11 月,中共中央召开"打招呼"会议,宣读毛泽东审阅并批准的《打招呼的讲话要点》,严厉批评邓小平。1976 年 2 月,邓不再主持中共中央日常工作,毛泽东让邓"专管外事"。[②]随着"批邓、反击右倾翻案风"的运动席卷全国,以"四人帮"为代表的极左势力再次占据国内政治的上风,邓实际上已无法正常工作。国内政治的混乱使得中国外交,包括对日关系和《中日和平友好条约》谈判陷于停滞,要想在内政外交上有突破性进展,不仅需要"世界有个大的变化",更需要中国国内政治有一个大的变化。[③]

1976 年,中日两国内部环境均发生剧烈动荡。在中国,周恩来、毛泽东先后去世,发生"天安门事件",邓小平下台,打倒"四人帮",唐山大地震……影响国内政局的重大事件层出不穷。在日本,自民党在国会选举中

---

① 李捷:《从解冻到建交:中国政治变动与中美关系》,载《党的文献》2002 年第 5 期,第 71—73 页。

② 张化:《邓小平政治生涯的第三次低谷》,《百年潮》2004 年第 1 期,第 17 页。

③ 李捷:《从解冻到建交:中国政治变动与中美关系》,载《党的文献》2002 年第 5 期,第 75 页。

失败,内部权力争夺激化,“米格—25 事件”[1]使日苏关系降温……内政动荡制约了政治决策层在外交上灵活主动的能力和意愿,使得中日两国都无法、也无力在外交上投入更多的政治资源,关于《中日和平友好条约》的谈判继续止步不前。

三、《中日和平友好条约》谈判:从恢复到签署

1977—1978 年,中国国内政局发生重大变化:结束“文革”,全党工作重点转移,确立改革开放的路线方针,邓小平成为中共中央第二代领导核心。这一历史性的政治变动,为中国外交和中日关系的发展提供了极为有利的国内政治环境。

1. 邓小平的政治决断

1977 年 7 月,中共中央十届三中全会决定恢复邓小平的职务后,邓逐渐成为中国内政外交的“总设计师”。在实现政治路线转变、以经济建设为中心和大规模改革开放的前夕,邓在外交上做出的两大决断是:签订《中日和平友好条约》,实现中美建交;并首先解决了《中日和平友好条约》问题。他从经济现代化的国家利益出发,重视发展对日关系,力图通过对日、对美外交的突破,为中国经济现代化建设创造良好的外部环境,推动工作重点转移和对外开放政策,在政治决策的层面上,为推进中国外交和中日关系的发展提供了内在动力。

由于邓小平掌握了强有力的外交主导权,中方对于缔结《中日和平友好条约》的动力明显增强。1977 年 9—10 月,邓多次会见日本客人,敦促日方就《中日和平友好条约》问题尽快作出政治决断[2]。9 月 10 日,他会见日中友好议员联盟访华团时指出:“对于福田首相过去的立场我们是了解的,既然他声明要搞这件事,我们期待他在这方面作出贡献。其实这样的事只要一秒钟就解决了,不要很多时间。所谓一秒,就是两个字‘签订’。”[3]这

① 1976 年 9 月,苏联空军中尉别连科驾驶一架米格-25 飞机叛逃到日本着陆,引发苏日之间重大外交纠纷。

② 张香山《邓小平与中日和平友好条约(上)》,〔日〕《军控问题资料》,1998 年 7 月号,第 57 页。

③ 《邓小平思想年谱(1975—1997)》,第 39 页。

一"一秒钟"、"两个字"的表态一语惊人,震动了日本政界,也推动了陷于停滞的《中日和平友好条约》谈判。福田首相随即派在中日建交时作出过贡献的二阶堂进访华,就"反霸条款"提出解决方案,同意把"反霸条款"写入和约正文,同时增加"不针对任何第三国"的内容。目的是通过"反霸条款"达成《中日和平友好条约》,发展中日关系。10月14日,邓小平会见二阶堂时再次表示:第一,我们对福田先生的政治见解是熟悉的;第二,问题在于福田先生下决心,只需一秒钟。我们期待福田先生下决心,这一点不变。[①]强调"反霸条款"不是一个程序或表述的问题,而是政治问题,因此需要日方决策者作出政治决断。11月30日,韩念龙会见佐藤大使时坦率指出:联合声明上说过的话,五年后的今天写入条约却不行,从道理上讲,是令人费解的。日方的态度后退了。佐藤问:是否只要日方下了决心,就可以在任何时间任何地点展开谈判。中方给予了肯定答复[②]。因此,《中日和平友好条约》的谈判能否前进,关键在于日方政治决策者能否下决心。只要日方下了决心,谈判即可恢复,《中日和平友好条约》也可顺利签署。

为推动日方尽快下决心,中方再次开展"政党外交",采取了"促"的方针。1978年3月,邓小平会见日本公明党书记长矢野徇也,矢野带来了福田首相的口信:(1)准备早日断然处理日中和约问题;(2)请中方理解同任何国家和平友好相处的日本外交的基本立场,如中方理解,即可进入缔约谈判,拟派园田外相访华。邓主要谈了4点:(1)在《中日和平友好条约》写进反霸条款,本来是可以顺势解决的,但三木首相未能顺势前进,在遇到压力后就把霸权问题挑出来,反而使苏联和日本的右派更容易利用这个问题做文章。(2)福田首相要中国理解日本要同任何国家友好,我们可以理解,反霸条款本身并不意味着不可以同另一个国家友好。问题是,如果苏联横行霸道难道能同它发展友好关系吗?如果中国在亚洲称霸,难道人家能跟中国搞友好关系吗?如果对苏联有顾虑,就什么事情也做不成了。(3)从大局、从政治的角度着眼,这个问题就好解决,只从外交语言上推敲是不行的。(4)我说要请福田首相"决断",这意思就是:不要从"联合声明"的立场后退,而是应该有所前进,即使不能前进,也至少不能后退。福田首相过去同中国的关系,我们彼此了解,请转告福田首相:这些我们不在

---

① 王泰平:《新中国外交50年》,第471页。

② 〔日〕浦田进,前引书,第76页。

意，我们衷心希望福田首相、园田外相同田中、大平一样，成为我们的朋友。[①] 邓坚持《中日和平友好条约》必须明确写入“反霸条款”，因为“霸权主义是对中日两国的共同威胁”，同时说明“反对霸权不意味中日两国的共同行动，两国各自奉行独立的对外政策”。在坚持中方既有立场的同时，也照顾到了日方关于“第三国”的政策方针，对福田的“全方位外交”表示理解。[②] 为恢复《中日和平友好条约》谈判创造了良好的政治条件。

1978 年 3 月 26 日，邓小平会见飞鸟田一雄率领的日本社会党代表团时进一步强调：中日友好、早日缔约是大势所趋，是真正符合中日两国人民根本利益的。我们认为从联合声明的基础上有所前进最好，至少不要后退。现在的问题是福田首相要下决断。因为缔约问题从外交不可能解决，要从政治角度考虑才能解决，从中日两国人民长远利益考虑就很容易解决。邓还针对日方对于苏联是否会报复的担忧指出：一旦日本同意签约，苏联也就无可奈何了，它能用什么东西来报复？[③] 当飞鸟邀请中国领导人访日时，邓小平说道：只要福田首相作出决断，我可以去东京。[④] 中方的积极态度解除了日方的顾虑，促其作出最后的政治决断。

2. 邓小平与中国外交决策的特点

20 世纪 70 年代末，中国外交的最高决策的程序和模式同毛泽东、周恩来在世时期相比有一个明显的变化，就是最高决策者和主要政策执行者集于一身，邓小平既是决策者又是政策执行人。作为决策者，邓小平无疑在党内享有崇高威信，但他复出不久，尚未拥有毛泽东那样至高无上的权力和权威，甚至在名义上、职务上都不是党的第一把手，因此在决策过程中不能不考虑各种因素、利弊得失，以及可能遇到的困难和阻力，逐渐形成了先说服、再决断的决策模式。在做出最终决断之前，他必须事先在党的最高决策层内部进行充分的沟通，通过耐心的说服工作以达成相对广泛的共识，使相当一部分最高决策的参与者接受其政策构想。同时，邓小平也没有一个像周恩来那样精明强干、周到细致，可以协助制定政策，并不折不扣予以执行的得力助手。[⑤] 因此，像《中日和平友好条约》这样重要的对外政

---

① 参见张香山：《中日缔结和平友好条约前后》，载《日本学刊》1998 年第 4 期，第 4 页。

② 王泰平：《新中国外交 50 年》，第 475 页。

③ 同上书，第 472 页。

④ 张香山：《中日缔结和平友好条约前后》，载《日本学刊》1998 年第 4 期，第 4 页。

⑤ 参见章百家提交 2000 年 1 月“中美日三边关系讨论会”的论文《变动的国内因素对中国外交的影响（从六十年代末至九十年代初）》。

策,需要由他本人通盘考虑,提出政策构想,并亲自出马在关键性的会谈中,当场拍板、一锤定音。

由于邓小平的政治决断、大力倡导和耐心说服,中共党内在十一届三中全会前后逐渐形成共识,即:中国要想繁荣富强,就必须实现经济的现代化;为此就必须对外开放,大胆引进国外的先进技术和管理经验,必须善于和有效利用国际资源和国际市场;外交的主要任务就是积极主动地为国内经济建设创造良好的外部条件。因此,外交与内政、与经济建设、与改革开放路线的关系日趋紧密。能否实现外交的突破,特别是对包括美、日在内的西方国家展开外交,是关系到工作重点转移和改革开放路线能否顺利实现的重大问题。达成《中日和平友好条约》,实现中美关系正常化,既是维护国家安全,推动国际反霸统一战线的战略需要,也是经济建设和改革开放的现实需要。积极主动的全方位外交,将为经济建设和改革开放创造有利的国际环境,形成自外向内的推动力。

3. 日本国内政治的变化

1977年中期,日本国内恢复《中日和平友好条约》谈判的气氛浓厚起来。福田首相通过改组内阁推进对中外交,1977年11月,他任命积极推进中日关系的园田直为外相,外务次官佐藤正二为驻华大使。① 迈出了早日缔结《中日和平友好条约》的第一步。佐藤赴任后与廖承志会谈,认为中方关于"反霸条款"的解释灵活化,遂在12月奉召回国时向福田和园田建议重开《中日和平友好条约》谈判。福田指示说:因为对苏关系遇到困难,要推进与中国的对话。表明了对中外交优先取得进展的政治决断。

日本国内的"《中日和平友好条约》推进派"一直为重开谈判而不懈努力。1977年3月,拥有参众两院议员502人的日中友好议员联盟总会通过决议,要求政府尽快缔结《中日和平友好条约》。9月,日中友好议联和日中友协等41个团体召开"促进《中日和平友好条约》国民大会"。10月,访问过中国的102名自民党议员组成"促进《中日和平友好条约》协议会"。各界知名人士联名上书福田首相,要求早日缔结《中日和平友好条约》。同月,前官房长官二阶堂进表示:"基于和约的日中和平友好的发展,决不会针对任何第三国",提出同时写入"反霸条款"和"第三国条款",中方态度

① 〔日〕若月秀和:《中日和平友好条约的缔结》,《法学政治学研究》,1999年秋季号,第107页。

也从原来的“坚决拒绝”改为要“认真考虑”。[①] 日中友好议联会长滨野清吾强调:“作为拥有和平宪法的日本,拒绝霸权是理所应当的,政府应即刻作出决断。”[②]考虑到1978年12月自民党将举行总裁选举,为蝉联总裁、继续执政,福田首相也需要借助外交得分巩固权力基础。日本经济界着眼于中国的大市场,主张签订《中日和平友好条约》,推进中日政治和经贸关系的发展。1978年2月中日长期贸易协定签署,中日经贸关系进入了一个新的发展阶段,因而签订《中日和平友好条约》以改善双边政治关系,为经贸关系发展提供政治保障也就显得更为重要了。

园田直外相希望通过亲自访华签署《中日和平友好条约》。他认为:“如果搁置日中和约的谈判,中国更加以为我国是由于苏联的压力而改变态度,这样只会使日中关系的前途更加不安定。苏联也会认为自己的牵制获得成功,以后将会在任何事情上都对我国施加压力,以达成其目的。”[③]1978年3月,为说服国会的“慎重派”议员,外务省亚洲局中国课课长田岛高志指出:缔结日中和约稳定日中关系,“将有利于我国亚洲外交的推进”,“如果不缔结日中和约,(和约)将被中苏用作对日施加压力的工具,日本外交将不得不受到牵制。”[④]强调缔结《中日和平友好条约》的必要性,力图打破日本外交在中苏对立的夹缝之中进退失据的困境。为取得美国的谅解和支持,园田外相1978年5月访美与美国国务卿万斯会谈时反复强调:“为了不使中苏结成亲密同盟,对于中国正在全力进行的四个现代化进行合作是必要的。但光是日本不行,必须美、日、欧合作。如此则培育了中国经济中的自由主义因素,使中国不会脱离我们。”[⑤]福田首相也认为:“霸权条款的本质,实际上并非要不要写入霸权条款,而是如何认识其背后的国际形势,采取何种外交基本方针的问题。”提出基于国际大局和日本外交战略的考虑,解决《中日和平友好条约》的观点。[⑥]

日方从中日长期友好、亚太地区和平的大视野、大背景考虑《中日和平友好条约》问题,清楚地认识到《中日和平友好条约》的意义和必要性,不仅

---

① 〔日〕田中明彦:《中日关系:1945—1990》,东京大学出版会1991年版,第96—97页。

② 〔日〕滨野清吾:《中日和平友好条约的缔结》,我孙子清水:《政治家滨野清吾》,北区新闻社,1990年,第209—210页。

③ 〔日〕园田直:《日本与世界》,第三政经社1981年版,第178页。

④ 〔日〕永野信利:《天皇与邓小平的握手:实录・日中交涉秘史》,第212—214页。

⑤ 〔日〕园田直:《外交秘话(下):紧迫的日中和约交涉》,《日经周刊》,1980年11月3日,第156—166页。

⑥ 〔日〕福田,前引书,第298—299页。

能摆脱中日苏之间的难解之结，也有利于说服国内的慎重派，同时接近了中方从“战略高度”、从“大局”和“长远观点”出发处理中日关系的政策立场。至此，签署《中日和平友好条约》的内外条件趋于成熟。日本政府终于达成一致意见：以不损害日苏关系的文字形式，努力达成日中和约，并使之成为日中长期友好关系的政治基础。

日方于1978年1月举行的廖—佐藤第二次会谈上建议恢复缔约谈判。[①] 当年春，日本公明党委员长竹入义胜访华并带来福田首相的口信：日方将不以“宫泽四原则”作为缔约谈判的方针[②]，决心在“反霸条款”的前提下恢复《中日和平友好条约》谈判。福田首相于5月24日作出政治决断：重开《中日和平友好条约》谈判，并指令驻华大使佐藤与中方谈判。[③] 5月31日，佐藤大使约见韩念龙，表示日本政府已经同意在北京恢复缔约谈判。韩念龙说：中日并未宣布谈判中断，所以谈不上“恢复”，应该说是继续谈判。日方提出恢复和约谈判的建议后，中方即决定由韩念龙作为谈判代表，并提出四项原则：(1) 遵循《中日联合声明》的精神，早日缔结和约。(2) 中日关系的发展不针对第三国，中日两国不谋求霸权，也反对任何国家或国家集团谋求霸权，谁谋求霸权就反对谁。一面说反对霸权，一面又说不针对谁，是不合逻辑的。事实上，霸权主义既威胁中国，也威胁日本。(3) 中日反对霸权不等于要采取联合行动，中日各自奉行独立的对外政策，互不干涉内政。(4) 重开缔约谈判，中方无任何障碍，希望福田首相早日作出决断并欢迎园田外相访华[④]。首次就“第三国”提出政策方针，既坚持原则立场，又照顾到日方困难。

1978年6月14日，中国外交部亚洲司副司长王晓云约见日本驻华使馆公使堂之助，建议7月在北京继续举行缔约谈判。7月19日，日方代表驻华大使佐藤正二、亚洲局长中江要介、中国课长田岛高志、条约课长斋藤邦彦一行到北京。7月21日，分别以韩副外长、佐藤大使为首的中日代表团在北京开始谈判。到8月初两国外长正式谈判前，共举行了14次预备会谈。[⑤] 中日双方对于长远利益的共识，从大局出发的灵活态度共同推动和约谈判的进展。

---

① 〔日〕若月，前引论文，第108页。

② 〔日〕滨野清吾：《日中和平友好条约的缔结》，我孙子清水编：《政治家滨野清吾》，北区新闻社1990年版，第209—210页。

③ 〔日〕福田纠夫：《回顾九十年》，岩波书店1995年版，第301页。

④ 张香山：《邓小平与中日和平友好条约(上)》，第60页。

⑤ 王泰平，前引书，第471—473页。

四、《中日和平友好条约》的最终签订

20 世纪 70 年代后期,中国国内政治环境发生了巨大变化。粉碎“四人帮”,全国百废待兴;邓小平复出,对内开始拨乱反正,以经济建设为中心的国家发展战略正在酝酿之中;对外调整国际战略和外交政策,实行开放政策;为《中日和平友好条约》的谈判和签定创造了良好的国内条件。

1978 年 7 月 21 日《中日和平友好条约》谈判重新开始。中国的谈判方针是:坚持原则、积极争取,只要反霸条款按照联合声明的写法写入和约正文,其他问题可以适当灵活。[①] 福田首相指示外务省:(1) 要贯彻“全方位外交”的原则立场;(2) 事务级不能解决的问题,交由政治层决断,通过外相访华解决;(3) 要在 11 月的自民党总裁选举前交由国会批准,所以谈判不能拖延。[②] 但日方要求加上“不是针对第三国”或“不是针对特定国家”的字样,中方主张“不是针对不谋求霸权的国家”,双方在文字表述上的差异经过 14 次事务性谈判都未能打开僵局。8 月 1 日晚,中共中央政治局五位常委出席庆祝建军节晚会后,即在首都体育馆接待室举行会议,外交部黄华、韩念龙、驻日大使符浩,中联部张香山与会。韩汇报了对日谈判情况,指出日方并未表示中止谈判,我方应继续谈判完成缔约任务。邓小平要求我方代表团力求达成协议,谈判中断或破裂对发展两国友好关系不利,当然也要做好不能达成协议的准备。[③] 这就为继续谈判争取成功注入了新的政治动力。8 月 2 日,中方提出更为灵活的新方案,显示了最大诚意和积极态度。

8 月 4 日,日本外务省讨论和约文本并提出两个方案:A.“本条约不影响缔约各方同第三国关系的立场”,B.“两缔约国无损害第三国利益的意图”。同时多数人认为只有请园田外相出马,否则无法取得突破。但问题在于能否保证外相亲自出马即可成功,万一失败,日方将大失脸面。外务省的中国问题专家认为:中国是尊重对方的民族,即使冒险,也应请外相亲自出马。就算不成功,中方也会对日方作出的最大努力给予高度评价。会

---

① 曲星:《中国外交 50 年》,江苏人民出版社,2000 年,第 357 页。

② 〔日〕古泽健一:《昭和秘史:日中和平友好条约》,讲谈社,1988 年,第 197—198 页。

③ 张香山:《中日缔结和平友好条约前后》,载《日本学刊》1998 年第 4 期,第 4 页。

议决定,园田外相当面向福田首相汇报。8月6日,福田在内阁会议上决定:园田于8月8日访华,以最大努力推动谈判早日成功。[①] 8月8日,园田外相到达北京。9日,中国外长黄华与园田举行了两轮会谈。园田提出:(1)日本在中苏对立中不倾向于任何一方;(2)日中两国奉行独自的对外政策,反霸的方法也各不相同;(3)与其关注第三国的霸权,不如表明日中两国不在亚太地区谋求霸权的意图。[②]

中方接到日方的新方案后即上报中央。邓小平看到上报材料后,认为A案"不是很简洁的表达嘛!",当即拍板同意。[③] 在与园田的谈判中,中方也没有像往常那样激烈批评苏联,而是建议把"中日两国都不谋求霸权",反霸"包括任何地区"写入和约,接受了日方的A案,从而顺利地解决了"反霸条款"的问题[④]。8月10日上午,韩念龙和佐藤最后敲定了和约条文措辞。11日,中日双方代表团举行全体会议,商定由两国外长在北京正式签署和约,在东京交换和约批准书。8月12日晚19时,中日两国外长签署中日和平友好条约,邓小平亲自出席了签字仪式[⑤]。8月16日,中国人大常委会开会审议并批准《中日和平友好条约》。10月16日、18日,日本众参两院以起立表决的方式批准了这一和约。10月下旬,邓小平为参加交换《中日和平友好条约》仪式访问日本。这是新中国主要领导人战后第一次踏上日本的国土。

《中日和平友好条约》共5条,第2条为"缔约双方表明:任何一方都不应在亚洲和太平洋地区或其他任何地区谋求霸权,并反对任何其他国家或国家集团建立这种霸权的努力。"第4条为"本条约不影响缔约各方同第三国关系的立场。"条约终于妥善解决了中日之间争议多年的"反霸条款"问题。由于把原来联合声明的第七款分成了"反霸"和"第三国"两款,更加突出了反霸的意义。

通过《中日和平友好条约》的谈判,中日之间还就一些重大问题达成了原则性谅解。8月10日下午,邓小平会见园田时强调:"条约的中心内容实际就是反对霸权主义。反霸不是针对第三国的,但有一条,谁搞霸权就反对谁。我们自己如果搞霸权,那就自己反对自己。我们坚持反霸有

---

① 〔日〕三宅和助:《外交无胜利》,扶桑社1990年版,158页。

② 〔日〕渡部亮次郎:《原外相秘书的秘话(八)》,《自由》1994年5月号,第127—129页。

③ 江培柱:《中日缔结和约谈判和邓小平访日》,载《中共党史资料》2005年第2期,第77页。

④ 〔日〕永野:《天皇与邓小平的握手:实录·日中交涉秘史》,第257—259页。

⑤ 王泰平:《新中国外交50年》,第474页。

四条理由。一、日美关系是重要的,美国不会反对。二、对我们自己也是一个约束……三、对日本也是一个约束,这对改变日本的形象有好处。四、对日本解决北方四岛问题有好处。"[①]园田在会谈时提出《中苏友好同盟互助条约》的问题,邓小平当即表示:"那是名存实亡。那个条约规定,提前一年通知就可以废除。明年4月就到期了,我们将采取适当办法宣布废除。"园田又问:这个问题可以对外讲吗?邓小平连声说:"尽管讲,尽管讲。"这就又解除了日本国内"慎重派"的一大口实,对于确保和约在日本国会得到批准具有重要意义[②]。当园田提出钓鱼岛问题时,邓小平首先强调钓鱼岛是中国的领土,然后明确表示:钓鱼岛问题这样放它二十、三十年好了,我们不会动手[③]。"一如既往,搁置它20、30年嘛。"[④]实际上首次提出了基于"主权在我"的前提,"搁置争论"以解决领土纷争问题的战略构想。

邓小平决心不让钓鱼岛问题阻碍《中日和平友好条约》签订(同样也决心不让对台军售问题阻碍中美建交进程),是极具战略眼光的政治决断。这是对现实国家利益和长远外交战略的深入思考,其中最重要的国内考虑就是要保证党的政治路线和工作重心实现顺利转移,并为大力实施改革开放政策,提供更加稳定、更为有利的外部条件和国际环境。邓小平和中共中央领导层无疑是从20世纪70年代末中国内政外交的战略全局出发考虑《中日和平友好条约》以及中美建交问题的。邓在1978年的中央工作会议期间曾在小范围谈话中强调中美建交问题"确实是个大局"[⑤],这个"大局"就是对于外交与内政、改革开放与国内工作重点转移之间互动关系的整体战略思考。

《中日和平友好条约》是这一涉及中国外交的"大局"中仅次于中美建交的重大问题。在回顾签署《中日和平友好条约》的这段历史时,可以清楚地看到国内政治经济需要对于外交政策转变和战略调整的推动作用,以及外交成果对于内政的促进作用。无论是从微观的层面上考察国内政治经

① 《邓小平思想年谱(1975—1997)》,第74页。

② 〔日〕三宅和助:《外交无胜利》扶桑社,1990年,第160页。

③ 吴学文等:《中日关系(1945—1994)》,时事出版社1995年版,第223页。

④ 王泰平:《新中国外交50年》,第475页。

⑤ 邓小平1978年12月1日同李先念、许世友、李德生等九人的谈话。转引自,章百家提交2000年1月"中美日三边关系讨论会"的论文《变动的国内因素对中国外交的影响》(从60年代末至90年代初)。

济因素对于外交政策的影响，还是从宏观层面上分析国内动因与外交目标之间的相互作用，以及国内政治系统与国际政治系统之间的互动关系。都可以发现以对日外交推进对美外交，以外交突破推动国内工作重点转移和发展战略调整，既是邓小平外交战略和政治艺术的神来之笔，也是中国国家发展战略转换的一个重要环节。

五、《中日和平友好条约》的意义

《中日和平友好条约》的意义是深远的、多方面的。

对中国来说：

1. 中日经济合作的政治保障。《中日和平友好条约》的签订不仅有利于双方经贸、科技、文化的交流与合作，也为一年后日本对中国提供政府开发援助，创造了良好的政治条件。使中国能够通过调整外交战略和外资政策，更加有效地利用国际资源和国际市场，加速经济现代化建设。

2. 中日关系的政治总结。《中日和平友好条约》继承了中日联合声明的各项原则，并使之法律化、规定化，成为中日友好关系的政治基础和法律保障。围绕和约的谈判和对话，有助于加深中日双方理解对方的外交理念和国际战略思想，促使双方从大局出发处理中日关系存在的问题。尽管20世纪80年代中日之间也发生了教科书、光华寮、钓鱼岛等问题的纠纷，但在联合声明、《中日和平友好条约》的基础上都得到了处理，基本上未影响中日关系发展的大局。

3. 中国外交的胜利。《中日和平友好条约》明确提出"反对地区霸权"、强调维护地区安全，为地区的和平与安全奠基了一块强有力的基石，表明了中国的外交理念和亚太战略构想，有助于维护中日两国以及地区的安全环境。《中日和平友好条约》签定当天，美国国务院发言人、东盟和大洋州各国纷纷表示欢迎。国际舆论普遍认为，《中日和平友好条约》对苏联的扩张主义政策行为是一个沉重打击，对亚太地区的稳定和世界和平的发展具有重大意义和深远影响。[①] 1978年10月，邓小平在访日期间指出："中日和平友好条约明确规定，中日两国不谋求霸权，同时反对任何国家或国

① 曲星：《中国外交50年》，第359页。

家集团建立这种霸权的努力。这是国际条约中的一项创举。”“条约的这项规定首先是中日两国自我约束,承担不谋求霸权的义务,同时也是对当前威胁国际安全和世界和平主要根源的霸权主义的沉重打击。”[①]“中日和平友好条约的签订,首先是亚洲、太平洋地区和平、安全、稳定的因素”[②]。对这一重大外交成果的国际意义给予了高度评价。

4. 有助于推进国际战略。《人民日报》发表社论指出:《中日和平友好条约》的签订“宣告了苏联社会帝国主义干涉、破坏阴谋的可耻破产”[③]。《中日和平友好条约》签订后,苏联立刻作出反应称:“北京领导人承认,这个条约是针对苏联的,日本显然屈服于北京的压力。”对于日本竭力争取到的“第三国条款”,苏联毫不领情,严厉批评说:“日本政府以为可以用这一条款来消除这一条约的隐患,这纯粹是幻想。”[④]尽管签约当天晚上,日本外务省即向苏联驻日大使通报情况,强调:“日本政府今后将继续保持和发展同苏联的关系,这一方针不会发生变化。”但苏联外交部推迟了预定的苏日事务级会谈,指责日本“在客观上支持了中国的外交政策”,要求日本政府“对远东国际形势的复杂化以及可能给苏日关系代理事与愿违的后果负责”,并宣称“日中条约已经超出了两国的范围,苏联不能不闻不问,为维护自己的利益将采取某些必要的措施”[⑤]。苏联对日政策的强硬使日苏关系转趋冷淡,日苏外长定期会议中断,直到1980年代中期才恢复。因此,签署《中日和平友好条约》有助于中国团结一切可以团结的国际力量,集中对抗苏联扩张主义,建立“一条线、一大片”的国际反苏统一战线的战略构想。

5. 促进对美外交。《中日和平友好条约》谈判(7月21日)和中美建交谈判(7月5日)几乎同时进行,中国领导人高屋建瓴、统揽全局、运筹帷幄,巧妙地使两者发挥出互相促进、相得益彰的作用。1977年8月22—26日,美国国务卿万斯访华就台湾问题提出“倒联络处方案”。邓小平态度坚决地指出:要实现中美关系正常化,在台湾问题上有三个条件,即废约、撤军、断交,按日本方式。[⑥] 要像中日两国领导人那样,站在更高的角度来观察世

① 《人民日报》1978年10月24日。
② 《邓小平思想年谱(1975—1997)》,第95页。
③ 《人民日报》1978年8月14日。
④ 〔苏〕《真理报》1978年8月13日评论员文章。
⑤ 〔日〕永野信利:《天皇与邓小平的握手》,第213页。
⑥ 《邓小平思想年谱(1975—1997)》,第36页。

界形势,处理问题,作为政治问题来对待,就容易达成协议。前提确定了,细节问题就好商量了。[①] 在中美建交的关键时刻,邓小平提出按"中日模式"处理,用中日关系的进展推动了中美谈判突破僵局。中日缔约4个月以后,中美两国发表公报正式建交。

对日本来说:

1. 亲台议员很多的福田派领袖任首相时达成了《中日和平友好条约》,有利于弥合中日邦交正常化以来自民党内的政治分歧和对立。[②] 福田内阁的支持率也因缔约成功而上升。[③] 有利于国内政局稳定和经济持续增长。

2. 日本外交摆脱了自中苏对立以来,在夹缝中两面周旋的困境,也使中日关系不再受苏联的制约,促进了中日关系的全面发展。有助于日本展开与推进"全方位外交",树立在国际社会负责任的大国形象,扩大国际政治影响和国际事务发言权。

3. 自中日邦交正常化以来的日本对中国外交的基本政策框架最终完成。1978年时任外务省亚洲局长的三宅和助指出:"日中和约签定后,中国的对日姿态迅速好转。"[④]中日双边关系进入了一个相对稳定发展的新阶段。1978年8月《中日和平友好条约》签署后,亚太地区国际形势发生了新变化。10月,美越关系正常化谈判停止。11月,苏越友好合作条约签署。12月,中美建交公报发表。同月,越南入侵柬埔寨。1979年1月,越军攻占金边。2—3月,中越边境自卫反击战。在围绕印度支那的国际力量的分化组合中,形成了中、美、东盟VS苏、越的对立格局。《中日和平友好条约》的签订以及这两个地区大国的关系改善,有助于亚太局势的安定,其意义将超越双边关系的范畴,为地区和世界的和平与发展作出贡献。

1980年代以来,随着对国际形势和战争与和平问题的看法转变,随着经济现代化建设的大规模展开,中国调整了以国际抗苏统一战线为重点的外交战略,奉行独立自主不结盟的和平外交,中苏关系逐渐走向缓和。《中日和平友好条约》的对苏性质和功能逐步淡化,为中日关系提供政治基础和战略框架的意义和功能更加突出,成为奠定中日关系政治基础和原则框

---

① 《参考消息》1978年12月1日。

② 〔日〕绪方贞子:《战后日中、美中关系》,添谷芳秀译,东京大学出版会1992年版,第167页。

③ 见1978年8月中旬日本《朝日新闻》、《读卖新闻》等各大报刊的舆论调查。

④ 〔日〕三宅:《外交无胜利》,第162页。

架的重要文件之一。进入21世纪,中日关系的发展面临诸多问题、需要双方认真思考、理智处理,《中日和平友好条约》的这一功能和意义不仅没有弱化,反而更加显示出为中日关系发展提供政治保障的重大作用和生命力。

(作者系中共中央党校国际战略研究中心教授)

The Signing of Sino-Japanese Treaty and Sino-Japanese Relations in 1970s

Lin Xiaoguang

Abstract: After the normalization of diplomatic relations since 1972, China and Japan started preliminary peace talks in November, 1974 and signed *Sino-Japanese Treaty of Peace and Friendship* in August, 1978. The paper reviews the international environment and foreign policies of the two nations in 1970s, and researches on the difficult path of negotiations and signing the treaty. It also interprets the historical background, and international meanings of the treaty, in commemoration of the 35th anniversary of the treaty.

Key words: Chinese Diplomacy; Sino-Japanese Treaty; Sino-Japanese Relations

新世纪中日高等教育国际化领域若干政府重大项目的比较与反思

李洪权

【内容提要】 中日两国的高等教育虽处于不同的发展阶段，在全球化的背景下，两国政府在人才培养和科学研究推出系列项目。人才的跨区域培养是综合利用全球教育资源，打造国际化人才的最优方式。引进国外优秀人才是提高学科科学研究水平以及整体国际竞争力的重要手段。无论是人才的“送出去”还是“引进来”都将对社会发展产生积极而深远的影响。

【关键词】 高等教育国际化；政府行为；人才培养；科学研究；智力资源

进入21世纪以来，随着全球化浪潮的不断深入，高等教育领域同样不可避免地掀起了国际化的浪潮。位于当今高等教育中心地带的北美与西欧如此，亚洲、澳洲等地区也不例外。为了在全球高等教育领域占有一席之地，各国政府敦促高等教育主管部门、为谋求增强实力、提高竞争力、扩大影响力而不余遗力，不断出新招，在高等教育国际化领域纷纷推出若干重大项目。近年来在全球高等教育领域颇受关注的欧洲“伊拉斯谟计划”(Erasmus Mundus Programme)就是最好的例证。该项目计划通过建立100个跨大学的“欧洲硕士专业”点和提供近万个奖学金和访问学者名额的方法，吸引更多外国教师和学生在欧洲的大学学习，加强欧盟成员国大学之间的学术联系，提高欧洲高等教育的质量和竞争力，扩大欧洲高等教育在世界上的影响。该项目既面向欧洲学生，也面向第三国(欧洲以外)的留学生和访问学者。

对于同处于东亚地区的中日两国，在新世纪的国际化浪潮面前，它们情况又如何呢?

众所周知，日本是一个非常重视教育的国家，日本的高等教育的发展比我们先行了一大步也是不争的事实。而有趣的是，在进入21世纪以来，面对汹涌的国际化浪潮，中日两国政府都为了推进各自高等教育的发展并提升其国际影响力而戏剧性地迈出了看起来非常类似的系列举措。在人才培养领域，政府加大力度鼓励吸引留学生的同时也大力资助向海外派遣学生；在科研领域，都推出了从点到面地一系列强调提升科研能力和基础建设的重大项目，在提升国际影响力方面，都采取了支持或鼓励走出去的战略措施。而这一切，是简单的相互"抄袭"，还是历史的巧合？还是说另有原因？相互之间是否存在本质的不同，或者是否存在真正值得借鉴的地方？

纵观近十来年中日两国政府在高等教育国际化领域所推出的系列重大项目，主要集中在人才培养、科学研究等方面。结合高等教育机构的主要功能，本文试图通过不同角度主要从人才培养和科学研究两方面进行简要分析，以期为中日两国高等教育更高层次的国际化提供一些可资的参考意见。

一、人才培养

首先，高等教育国际化的最主要的内容和最明显的表现形式就是国际化的人才培养。这其中主要包含"方式"的国际化和"成果"的国际化两个层面的意思，即跨越单个国家或地区、融合复数的人才培养理念和方式的国际化培养模式和培养具有国际视野和国际适应能力的国际化人才。而从人们所熟知的基本现象来看，国际化人才培养又主要体现为人才的跨区域（跨越国家或地区界限）的流动，即留学。就近年来的情况而言，在培养"方式"方面，主力还是在具体实施人才培养行为的各大高校和相关机构；而在促进人才的跨区域流动方面，各国政府大有作为，而且也的确有大作为。后者所指的政府作为，也正是本文的关注重点。

人才培养，本来就是关系到一个国家一个民族长远发展的根本性战略问题。因此，在国际化人才培养方面，除了各大学之间积极开展校际学生交换交流及联合培养、大规模网络开放课程的建设等大学层次的非官方行为外，各国政府也是不断加大在教育领域的投入力度，积极参与和推进国际化人才培养事业。欧洲的"伊拉斯谟计划"如此，中日韩三国共同推出的

"亚洲校园计划"(CAMPUS ASIA)如此,都是政府积极参与推进国际化人才培养的最好例证。

进入新的21世纪以来,中国从国家的具体国情、发展任务和时代特征出发,将"人才强国"战略作为重大国家战略确定下来,并不断完善和逐步落实。而国际化人才培养正是其中的一项重要内容。中国政府的国际化人才培养是双向的,它在进一步吸引外国留学生到中国学习、加大留学生接收力度,为国际社会培养人才的同时,也鼓励中国学生走出国门、留学海外,不断推出系列政策和强有力的措施,为本国更多更好地培养具有国际视野和国际适应能力的国际化人才。

在吸引留学生、为国际社会培养人才方面,2010年9月,教育部于出台了《留学中国计划》。《计划》指出,到2020年,全年在内地高校及中小学校就读的外国留学人员达到50万人次,其中接受高等学历教育的留学生达到15万人;根据国家战略和发展需要,还将逐步增加中国政府奖学金名额。

而在为本国培养国际化人才方面,可以说中国政府是着手更早、力度更大、内容更丰富。在这里我们来重点看一下中国政府在这方面的重大举措。

2007年开始,中国教育部和财政部联合推出"国家建设高水平大学公派研究生项目",它是我国建设世界一流大学及培养世界一流创新人才的重要战略,同时也是实现我国高等教育国际化的重要形式。根据项目实施方案,紧密配合国家中长期科学和技术发展规划纲要的实施,加速高水平大学和重点学科建设,在重点建设的高水平大学中选拔一流的学生,到国外一流的院校、专业,师从一流的导师,培养一批若干年后国家建设所需各行各业拔尖创新人才;与此同时,通过学生交流带动科研合作,建立国内外稳定持久的学术交流渠道。具体来说,该项目主要是计划每年从北京大学、清华大学等国内近50所高校选派5000名研究生出国留学。项目的主要实施工作由教育部与国家留学基金管理委员会直接负责,研究生在外留学期间,由政府每月提供相应的生活费及一次往返的国际旅费。在留学的对象院校方面,包括美国、欧洲各国、日本、俄罗斯等国的共计约100所海外知名高校或世界顶级学科专业。此次的公派研究生项目,无论从资助人数上,还是从资助金额方面来看,都是上世纪八十年代以后时隔近三十年中国政府在高等教育领域又一次重拳推出的旨在培养高水平的国际化人才、是我国改革开放以来最大规模的公派留学生项目。①

该项目自设立并正式实施以来，至2010年的四年间共录取18482人，其中攻读学位博士研究生7189人，联合培养博士生11293人，目前已回国7000余人；每年派出留学生数量分别为2007年3952人，2008年4640人，2009年4781人，2010年5109人。② 结合“国家中长期科技发展规划纲要”，优先资助的领域为能源、水和矿产资源、环境、农业、制造业、交通运输业、信息产业及现代服务业、人口与健康、城镇化与城市发展、公共安全、国防。其中包括16项重大专项：核心电子器件，高端通用芯片及基础软件，极大规模集成电路制造装备及成套工艺，新一代宽带无线移动通信，高档数控机床与基础制造装备，大型油气田及煤层气开发，大型先进压水堆及高温气冷堆核电站，水体污染控制与治理，转基因生物新品种培育，重大新药创制，艾滋病和病毒性肝炎等重大传染病防治，大型飞机，高分辨率对地观测系统，载人航天与探月工程等。同时，相关前沿技术、基础研究及人文与社会应用科学研究也被纳入重点资助领域。③

国外交流学习为中国学生提供了学习相关学科的前沿知识、在该领域有一定知名度和影响力的国外学者、同时与国外研究机构建立良好的学术联系也将为学科的国际化发展奠定基础。在此过程中，中国学者也将他们的研究成果呈现在国际学术界，使国外学者了解了该学科在中国的建设及研究状况，为中外学界的交流提供了纽带。

基于“国家建设高水平大学公派研究生项目”的成功经验和重大成果，中国政府又于2012年试点设立并启动优秀本科生国际交流项目。该项目主要面向“985”、“211”和“特色重点学科项目”建设高校每年选拔1000名优秀本科生赴国外一流高校学习交流，留学期限3～12个月。2012年申报结束后，确定有226个项目入选。2013年，国家留学基金委将选派规模扩大至2000人，除继续资助2012年可行的项目外，新增审批522个项目。该项目的实施，最大意义在于高等教育领域人才国际化培养的进一步完善，为从本科到博士层次的人才培养实现全程国际化提供了可能性。

而日本的情况又如何呢？二战后，为恢复经济、增强国力，日本及早

---

① 程学竹、于颖：《国家建设高水平大学公派研究生项目的实践与探索——以北京师范大学为例》，《高等理科教育》，2011年第5期第67页。

② 国家留学基金委：《2007—2009国家留学基金委年度报告》，2010年7月29日，http://www.csc.edu.cn/Nianbao/。

③ http://yjsy.pku.edu.cn:8080/py/shownews.php? id=10.

着力恢复国民教育。而在高等教育领域，政府与民间都派出了大量人才到海外学习，同时也通过各种手段吸收了不少海外人才到日本学习。从这个意义上讲，日本与海外高等教育领域的学术交流及人才培养起步较早，可以说其国际化进程已逾半个世纪。这半个多世纪以来，日本的高等教育国际化也是得到了飞速的发展。从2005年5月的数据看，当时日本接收外国留学生人数超过12万人，居世界各国接收留学生人数的第六位；日本派出的留学生人数已达约8万人，居世界各国派出留学生人数的第四位。①

近年来，随着日本"少子化、高龄化"社会的加剧而接受高等教育的适龄人数的陡降以及伴随日本经济长期不景气带来的日本人海外留学意愿的减弱，日本人留学海外的规模在逐年缩小。针对这一现象，日本政府在国际化人才培养方面主要侧重于吸引外国留学生，推出了留学日本的系列有力举措。这一方面是为了解决日本社会发展所需的人才不足问题，另一方面也是为了与国际社会分享日本既有的优势教育资源，同时，再某种意义上讲也是为了保持与国际高等教育领域的同步发展。

这里，重点关注一下日本吸引留学生的情况。

从日本接收留学生数据看，早在1983年，日本接收外国留学生人数就超过万人大关；2003年更是完成了招收十万海外学生的计划；2004年达到12万人之多。②

应该说，既是基于多年的经验积累以及社会现实的客观需求，继"招收十万海外学生"计划之后，日本政府又于2008年7月出台了重要的后续政策文本——"招收30万留学生计划"。日本的"留学生30万人计划"就是要促进大学人员的国际化，尤其是吸引外国留学生的策略之一。而长期以来，日本的高等教育国际化主要也是接收留学生，甚至高等教育的国际化程度是以留学生的数量为主要标准。③

该计划提出，到2020年，日本将使招收留学生规模增至30万人。为实现这一计划，需要重点建设如下一些主要内容：

---

① 马岩、肖甦：《日本留学生扩招政策与高等教育国际化进程》，《比较教育研究》，2012年第12期第67页。

② 王晓霞：《日本高等教育国际化政策的历史演进及其发展趋势》，《宁波教育学院学报》，2004年第4期第23页。

③ 陈曦：《日本高等教育国际化策略——以"留学生30万人计划"为例》，《比较教育研究》，2010年第10期第35页。

1. “以国际通用化指标保证高校教育质量”。

在经济全球化和教育国际化的进程中，积极以国际通用化指标来评价和保证教育研究及高等教育各个方面的质量。同时，还要广泛吸收国外的优秀教师、科研人员及学生，提高大学的教育、科研职能，开展高水平科研工作，使大学更加人性化。

2. “以‘国际性等级划分’打造具有国际竞争力的师资队伍”。

大学“国际性等级划分”活动备受重视的原因在于学生和科研人员国际流动性的急速增加。为此，各大学须逐步实施“国际性等级划分”，如科研人员的相互评价、职员的评价、师生比例、教师人均论文引用数、外籍教师比例、留学生比例等。

3. “完善留学生交流机制，推进国际性大学格局与质量建设”。

日本的大学虽然在教育和科研方面获得了较高的国际评价，但其“国际性等级划分”的整体评分却并不是很高，原因主要在于外籍教师和留学生所占比例较低。因此，必须进一步调整、完善互换留学生和接收短期交流留学生体制，积极参与国际性大学的评价、大学信息的发布等活动，尽快完善国际性大学网络建设等。

4. “完善留学生学习、生活的物质基础条件”。

建立能使留学生安心学习的环境，保证为他们提供在来日本后第一年内的宿舍，并联合区域社会、企业等共同推进留学生生活援助。①

目前，从日本接收的留学生生源地来看，来自亚洲的留学生仍占主要部分，来自欧美及中东地区的留学生不多，而非洲国家更少。长期以来，语言是制约留学生发展的一大瓶颈问题，因此在日本政府将在全国重点支持建设 30 所大学，作为国际化基地，大幅增加英语教学内容，并且将增加英语授课比例，进而使通过英语取得学位成为可能。同时，日本大力增加外籍教员人数的比例。② 以英语为授课语言的课程的国际课程的开设将有利于吸引更多的外国学生到日本学习生活。同时，日本政府为了帮助留学生毕业后在日本就业，还计划延长留学生在日本找工作的时间。对于 30 所接收留学生的高质量高水平的试点大学，政府在 5 年内给予必要的经费援助。这也就是日本政府推出的所谓“国际化基地建设项目”(G30)。③

---

① 马岩、肖甦:《日本留学生扩招政策与高等教育国际化进程》,《比较教育研究》,2012 年第 12 期第 68 页。

② 陈曦:《日本高等教育国际化策略——以“留学生 30 万人计划”为例》,《比较教育研究》,2010 年第 10 期第 38 页。

③ 同上。

无疑，日本政府在吸引留学生、推进国际化人才培养方面的系列举措，是一个推动政府与民间、大学与社会共同参与共同努力的立体化的、网络化的全方位的系统工程。

中日情况两相对比，我们不难发现，中国当前重点在"送出去"，即政府鼓励并大力推进学生的海外留学，力图充分利用国际社会既有的优势教育资源为国家和社会的发展培养造就更多更好的具有国际视野、国际适应能力及和竞争能力的各类人才。而日本的情况则更倾向于"引进来"，通过有效整合政府与民间的共同资源，充分发挥和改善自身资源优势，为本国同时也为国际社会培养国际化人才。

二者各有侧重，其原因当然很复杂，但其中有两个主要的原因却是不争的事实。第一，高等教育自身发展阶段的不同。新中国高等教育起步较晚，水平有待提高；相伴而生的就是人才培养能力及其所培养出来的高端人才(供)与国家社会发展需求(需)之间差距较大，客观上需要"送出去"；相反，日本历史上高等教育起步就早，发展迅速，因此其高等教育在世界范围处于先进水平，拥有良好的高等教育资源和环境；在很大程度上具有"引进来"的基础和条件。第二，人才资源状况不同。中国是人口大国，人力资源丰富，现有的高等教育资源(供)无法满足人们接受高等教育的需求(求)。日本的现状是，相较于对高等教育的需求而言，优质的高等教育资源较为丰富，甚至出现过剩并逐步空置；相反，支撑其国家和社会发展的人才资源却不足。因此，通过吸引留学生，一方面实现了与国际社会共享既有优势教育资源、另一方面又通过进一步打造国际化的优势教育资源增强本国影响力的同时在一定程度上缓解了人才资源不足的问题。

二、科学研究

当然，科学研究也是和人才培养紧密相关，无法在这两个领域划出明确的界线。因此，这里也不单独对该领域作全面系统阐述，只是重点关注在推进科学研究实力方面的相关具体举措。

伴随着经济全球化与国际竞争的日趋激烈，科学技术对社会经济发展的作用日益凸现。提高大学的学术科研水平、发挥大学的智力优势愈加得到发达国家和广大发展中国家的重视。中日两国政府也不例外，在提高科研自身实力和国际竞争力方面也是不遗余力。具体到高等教育国际化领域而言，主要是充分利用国际化的手段和环境实现本国科研实力和国际竞争力。

中国的做法，应该说双管齐下：既包括了从外部（国际社会）吸引优秀的科研人才，满足现实的紧迫需要，同时自身也在下大力气培养未来的优秀人才，进行人才储备。不论是哪一个方面，都在充分利用国际化的手段。

吸引人才方面，中国政府近年陆续推出了“长江学者奖励计划”、“千人计划”、“新千人计划”等一系列的人才引进计划。这些重大计划项目的实施，不仅从海外直接引入了大量的本身已经在很大程度上完成国际化的优秀人才资源，甚至是国际上相关学科的学术带头人，大幅度提升了各领域的科学研究水平和国际竞争力，同时也通过人才的国际流动（引进），从而使我国相关的科学研究领域与国际科研领域建立了良好的交流互动关系，为我国的科学研究与未来世界科学研究领域的同步发展打下了坚实基础。

在自身培养人才方面，政府先后推出并实施了旨在推动国家科技进步、创造世界一流大学的“211 工程”、“985 工程”。这些工程主要在高校实施，在提高大学科研能力方面，采取了以点到面的发展方式，以学校为单位提升大学的国际竞争力。

可以说，中国政府的无论是在吸引人才方面，还是在自身培养人才方面，始终都强调并贯穿着国际化的手段和元素。而这两方面的同时实施，也建立了一个开放的全方位的人才体系，为国家和社会发展的人才需求提供了长期有效的保障。

而在日本，为了提升科学研究整体实力、推进科技的创新与主导，日本政府推出了“卓越工程”计划。该计划经历了“COE 基地”—“21 世纪 COE”—“全球 COE”三个阶段。“COE”一般是指拥有世界一流的科研人员尤其是拥有卓越的学术带头人，有最新的科研资料与学术信息，有先进的科研设施，有举世公认的杰出的创新性科技成果的研究机构。也可理解为集中精华力量创造卓越成果的中心。日本文部省学术审议会给出的定义是“具有丰富创造性的、能推进世界上最尖端学术研究的、卓越的研究基地”。2002 年，“21 世纪 COE 计划”正式启动，以项目形式资助大学中的卓越研究基地。为吸引全球顶级人才，与世界顶尖大学缩小差距，开展协同研究，日本文部科学省又于 2007 年启动了“全球 COE 计划”，旨在培养无边界人才，就重大问题开展国际交流与合作，汇集全球优秀人才于卓越基地。[①]

该“卓越工程”计划以项目形式重点资助大学某一学科或若干学科领域内的某一问题，以期获得一流的科学技术成果和培养一批高素质创新型人才队伍。该计划的具体实施过程中，更注重在国际范围内与学科同行之间的交流与合作；至于国际人才的引进，则是在确保自身学术带头人的基础上，更多从国际社会（外部）引进年轻的科研人才并使其通过参与科学研究的方式提高科研能力、逐步实现成长。

两相比较，我们不难发现，在国际化浪潮面前为提升科学研究实力和竞争力，中国推出了系列有效措施，在很大程度上既满足了科学研究的现实发展需求，同时也兼顾了科研人才的长远培养与长期储备，提供了科学研究水平持续提升的可能性，可谓是近期和中长期的全面兼顾。而日本方面，政府主导的在高等教育国际化领域的系列重大项目，重点在于以满足国家社会迫切需求与解决重大科技问题为导向，更加重视应用研究，如“21世纪 COE 计划”主要在生命科学、化学/材料科学、信息科学、人文科学、交叉/综合/新领域、医学、数理/地球科学、土木建筑/机械工学、社会科学、创新型学科等十大学科群进行资助，2004 年又增加了“革新性学术领域”。相对说来，日本方面的重点在于近期的迫切需求。

那么，为什么会出现这样的差别呢？简单说来，有如下几方面的原因。第一，高等教育机构的科学研究发展阶段不同。在中国，高等教育机构的科学研究起步较晚，底子薄、学科体系建设亟待完善，因此急需大批引进相关学科领域的学术带头人和高水平科研人才。如此状况的人才引进，一方面有利于发挥后发优势，另一方面却也会出现新引进的学科及人才的水土不服现象。相较而言，日本高等教育机构的科研发展起步较早，学科分布更健全，更具有持续性系统性发展的特征。引进年轻人才，一方面有利于保持自身特色和一贯的发展方向，同时也弥补了人才资源不足的问题。第二，人才资源状况不同。中国的人力资源较之日本要丰富得多，而愿意从事科学研究的人才后备队伍也比日本充足。因此，中国有必要也有可能从科研素养的最基础阶段做起，而日本方面则注重培养“半成品”人才。在这一方面，中国的项目优势在于长远效果较好，为国家的长期发展提供了良

---

① 赵俊芳：《中日高等教育“卓越工程”比较及启示》，《教育发展研究》，2012 年第 19 期第 20 页。

好的基础保障，而日本方面项目的优点是项目实施成果见效快。第三，高等教育机构在功能方面存在差异。中国的高等教育机构除了人才培养以及基础理论研究外，同时也是承担国家和社会发展所需的应用性较强的科学研究和技术开发的一大主力；而在日本，传统意义上的高等教育机构，其重点在于人才培养和基础理论研究，国家和社会发展所需的应用性较强的科学研究和技术开发主要由国家专门的科研机构和社会企业研发机构承担。针对这种状况，日本政府推出的相关举措，在一定程度上也是试图通过导入国际化的手段以谋求增强高等教育机构在应用型研究领域的实力。

结语

通过如上两个方面的简单比较与分析，我们不难发现，在推进高等教育的国际化的进程中也有一些值得引起我们高度重视的问题。

一、高等教育的国际化有其自身的规律，尤其是在不同的发展阶段有不同的规律和发展需求。因此，切不可好高骛远，脱离现实基础，必须循序渐进，有序推进。这一点，中国政府在国际化人才培养方面所逐步推出的重大举措是非常成功的，也是很好的说明。

二、高等教育的国际化具有较强的目的性，必须紧密结合自身实际情况和发展需求而实现国际化为自身发展服务；切不可被动卷入当今世界气势汹涌的国际化浪潮而轻举盲从，为了国际化而国际化。日本政府为解决人才资源不足所推出的“G30”计划以及以高效为中心推出的系列“卓越工程”计划也是最好的正面例证。

三、国际化进程实际上就是跨越区域界线的一个相互借鉴、共同发展的过程。因此，面对国际化大潮决不可固步自封、夜郎自大、闭门造车，也不能“一边倒”式地抛弃自身的特点和优势而单纯的所谓优化甚至异化。人们常说的“最民族的也是最国际的”说法是不无道理的。只有相互取长补短、共同学习才能形成真正的全球范围的良性国际化态势。

而中日两国政府都在为高等教育的发展、尤其是当今高等教育的国际化进程不遗余力、大显身手。在推动高等教育国际化的过程中，政府行为正在并应当很好地遵循其自身规律有序推进，从而探索出真正适合自身发展的高等教育国际化道路，提升高等教育发展水平，使其为国家民族乃至人类社会的发展发挥应有的积极作用。

（作者系北京大学国际关系学院博士研究生）

参考文献：

蔡秀萍:《"千人计划":创新中国引才的龙头工程》,《中国人才》,2011 年第 13 期。

禾丰:《"千人计划":引才的"国家行为"》,《神州学人》,2009 年第 7 期。

李洪权:《日本高校驻华办事处的设立与中日高等教育交流》,《日本学》,2011 年版第 16 辑。

陆道坤、白勇和朱民:《海外高层次人才引进问题与对策研究——基于 10 所高校"千人计划"入选者的分析》,《国家教育行政学院学报》,2010 年第 3 期。

田小仟:《由传统向创新的转变——日本高教改革对我国高校人才培养的启示》,《科技致富向导》,2011 年第 2 期。

《"千人计划"项目介绍》,《中国人才》,2011 年第 19 期。

尹贞姬:《日本高校管理模式初探》,《日语知识》,2012 年第 10 期。

赵俊芳、姜检平:《日本"21 世纪卓越中心计划"研究》,《现代大学教育》,2013 年第 1 期。

朱洪涛:《九十年代的日本高教改革》,《中国高校师资研究》,1997 年第 3 期。

The Comparison and Reflection of the China and Japan's Governmental Behavior in the Internationalization of Higher Education in 21st Century

Li Hongquan

Abstract: In the context of globalization, the governments of China and Japan have carried out sequences of educational items in the field of talent cultivation and scientific research in spite of their different stages of development. Cultivating the students in different social contexts could make a comprehensive utilization of global educational source possible, and this process is necessary for the cultivation of the international talents. The introduction of foreign excellent talents is an important approach of improving the academic research and international competitive ability. Both sending students to study abroad and attracting talents to work for this country will make a deep and active influence on the development of society.

Key words: internationalization of higher education; government behavior; cultivation of talents; scientific research; intellectual resources

中日填词唱和交流研究

程郁缀

【内容提要】 列举古代中日作家填词唱和的几首作品表明中日学者志趣相投,有共同的文学爱好和相近的文学修养根基。在唱和中增进了了解,增强了友谊,激发了智慧,弘扬了才华,既为各自国家的文化宝库增添了瑰宝,又推进了两国文化的交融和发展。

【关键词】 中国;日本;填词唱和;交流

今年是中日邦交正常化40周年,这是一件值得纪念的事情。在这不寻常的日子里,回忆两国人民之间友好交往的美好往事和文化交流诗歌唱和的难忘历史,无疑是很有意义的。

一

中日两国一衣带水,文化交往源远流长。早在唐五代(618—960)两国人民在诗词文学交往方面,就有了美好的开篇。

词,是中国古代韵文诗歌体裁中的一种重要样式。词起源于隋唐之际,成熟于唐五代,繁荣于两宋。早在中唐时期,婺州(今属浙江)金华人张志和(约730—约810),自号“烟波钓徒”,尝作《渔歌子》词五首,被后人推为“风流千古”(清刘熙载《艺概》)。这五首《渔歌子》词是:

西塞山前白鹭飞,桃花流水鳜鱼肥。青箬笠,绿蓑衣,斜风细雨不须归。

钓台渔父褐为裘,两两三三舴艋舟。能纵棹,惯乘流,长江白浪不曾忧。

云溪湾里钓鱼翁,舴艋为家西复东。江上雪,浦边风,笑著荷衣不叹穷。

松江蟹舍主人欢,菰饭莼羹亦共餐。枫叶落,荻花干,醉宿渔舟不觉寒。

青草湖边月正圆,巴陵渔父棹歌连。钓车子,橛头船,乐在风波不用仙。

这五首词一问世，就影响很大；当时有刺史颜真卿、陆鸿渐、徐世衡、李成矩、柳宗元等皆有唱和之词，史载有25首，可惜皆不传。

值得庆幸的是，张志和的《渔歌子》问世不久，很快传到了日本。日本嵯峨天皇有和张志和《渔歌子》五首；而且，皇女智子内亲王有和作两首、滋野贞主有和作五首。这十二首词均载于日本典籍《经国集》，堪称中日填词唱和交流史上的一大奇迹。嵯峨天皇的五首《渔歌子》是：

江水渡头柳乱丝，渔翁上船烟景迷。乘春兴，无厌时，求鱼不得带风吹。
渔人不记岁月流，淹泊沿洄老棹舟。心自效，常狎鸥，桃花春水带浪游。
青春林下度江桥，湖水翩翩入云霄。烟波客，钓舟遥，往来无定带落潮。
溪边垂钓奈乐何，世上无家水宿多。闲钓醉，独棹歌，洪荡飘飖带沧波。
寒江春晓片云晴，两岸花飞夜更明。鲈鱼脍，莼菜羹，餐罢酣歌带月行。

智子内亲王的两首《渔歌子》是：

白头不觉何人老，明时不仕钓江滨。饭香稻，苞紫鳞，不欲荣华送吾真。
春水洋洋沧浪清，渔翁从此独濯缨。何乡里，何姓名，潭里闲歌送天平。

滋野贞主的五首《渔歌子》是：

渔父本自爱春湾，鬓发皎然骨性明。水泽畔，芦叶间，拏音远去入江边。
微花一点钓翁舟，不倦游鱼自晓流。涛似马，湍如牛，芳菲霁后入花洲。
潺湲绿水与年深，棹歌波声不厌心。砂巷啸，蛟浦吟，山岚吹送入单衿。
长江万里接云霓，水事心在浦不迷。昔山住，今水栖，孤竿钓影入春溪。
水泛经年逢一清，舟中暗识圣人生。无思虑，任时明，不罢长歌入晓声。

且不说这十二首词内容是多么的丰富，艺术上是多么有特色，就从艺术形式上看，它们虽然没有注明是“和张志和词”，但受张志和词影响的痕迹则十分明显，毫无疑义的。

首先，五首联作的形式相同，智子内亲王两首也是联作之词。其次，每一首的句式的字数顺序都是“7，7，3，3，7”，这是《渔歌子》词牌的基本句式。再次，张志和组词五首的每一首结句的第五个字（即中国古体诗歌句式“三字尾”中第一个字）都是“不”字，嵯峨天皇组词五首的每一首结句的第五个字都是“带”字，智子内亲王两首的每一首结句的第五个字都是“送”字，滋野贞主五首的每一首结句的第五个字都是“入”字。“由此看来，天皇以张志和的这五阕词为蓝本来创作的事，就自然明了了。并读两者,我们体会到这两组词里都充满了高雅冲淡的情趣。令我们佩服的是天皇不仅模仿了原作的形式,而且也成功地学到了原作品的精华”(神田喜一郎著,程郁缀、高野雪译:《日本填词史话》,北京大学出版社2000年版)。

日本典籍《经国集》记载嵯峨天皇这五首词时,题下作“太上天皇”,并注“在祚”,可见是嵯峨天皇在位时所作。嵯峨天皇在位是大同四年(809)到弘仁十四年(823),由此,我们有理由认定嵯峨天皇五首《渔歌子》作于这一期间,最晚弘仁十四年即唐穆宗长庆三年。至于张志和的《渔歌子》的创作年代,我们从颜真卿的文章中可以找到答案。张志和与颜真卿友善,颜当湖州刺史时,张志和曾经访问湖州。收在《颜鲁公文集》卷九里有题为《浪迹先生玄真子张志和碑》一文,其中有这样的记载:“大历九年秋八月,讯真卿于湖州。”在湖州所作所为、所说话语等,可与所传的五首《渔歌子》内容相互印证。由此推知,张志和的《渔歌子》大约作于大历九年(774)。

从唐大历九年到日本弘仁十四年,仅仅相距49年。在当时生产力落后、交通不发达、传播手段原始的情况下,张志和的词能够这么快地传到日本,连天皇都有唱和之作,可见:(1)张志和原作精妙,成就突出;“笔墨入化,超然尘埃之外”(清黄蓼园《蓼园词选》)。故流传十分迅速广泛,当时周围的朋友就有唱和之作。(2)当时的中日文化交流十分频繁,日本来唐朝学习的士人和僧侣都很多;唐朝优秀诗词文章能很快漂洋过海,传到日本等周边国家;这样的例子还有不少。(3)当时日本对中国文化兴趣浓厚,而且日本学者汉学水平很高,从下面的平民士人一直到最高统治者天皇,都喜爱中国文化,而且功底深厚。天皇的唱和之作,深得原作之精华,虽未能雁行并驾,然足可以望原作之项背而无愧矣。

二

北宋(960—1127)南宋(1127—1279)一共320年,是中国填词的繁荣期;但受宋代文学影响的日本五山文学里,却没有留下填词的痕迹。直到日本江户时代(1600—1868),宽永朝(1624—1644)到天和朝(1681—1684)之间出现了加藤明友,他作有填词三阕,久已经中断的填词,才又有试作问世。后来日渐兴盛起来，直到田能村竹田（1777—1835）的出现，达到了新的高度。竹田不但创作了69阕填词，而且于29岁时（1805）撰写了日本第一部有关填词作法的专著——《填词图谱》。因此，神田喜一郎先生主张“推举竹田为我国填词史上最初的正宗的作家。”——这是很有道理的。

使日本填词进入黄金时代的第一个功劳者，就是明治时代（1868—1912）汉诗坛上最伟大的第一人——森槐南（1863—？）。他和高野竹隐（1862—1921）于明治十六年（1883）秋开始的填词唱和角逐，在日本词坛上刮起了一阵飓风。两个人你来我往，旗鼓相当。到了明治十九年（1886）达到了最高潮。

这年岁暮，槐南乘一夜兴起，一气呵成填了四阕《百字令》（即《念奴娇》）词，随后又趁着兴致、次自己词叠韵二阕，词牌下小序曰：“用前韵，简坂口五峰、高野竹隐，索和。”槐南的这六首词笔墨酣畅淋漓。录其中一首如下：

> 吾乡高子，偶江湖载酒，相逢京国。胆破将军铜铁响，久已辕门倒戟。君尚虚心，独于空谷，翠袖相珍惜。竹山遗韵，竹垞何肯争色。
>
> 徙倚自念平生，天寒日暮，只是耽岑寂。忽掷酒杯酣以往，颇谓淋漓豪极。愿把琅玕，试调商徵，截作苍烟笛。临风一和，戛然鸣玉双击。

（意思是：称赞高野竹隐乃我家乡高子，我江湖漂泊，与他喜相逢京城；犹如将军声威赫赫，令敌人破胆倒戈；君虚怀若空谷幽竹，翠袖珍惜。大有宋词人蒋捷、清词人朱彝尊的遗风流韵。徘徊间、感念我平生不得志，寂寞无闻；忽掷下酒杯，便痛饮豪放，淋漓尽致；愿将美石调制成玉笛，临风和鸣，金声玉振。）

竹隐很快作叠韵六阕酬答，亦录其中一首如下：

> 燕居而坐，甚才人东洛，美人南国。用世之心犹未已，臂力颇能弓戟。往古来今，功名两字，天为吾人惜。窥园种菜，惊云民有斯色。
>
> 且看百戏鱼龙，红灯闹热，旋复归空寂。廿六年华尘与土，对此苍茫之极。花鸟关心，江湖侧耳，遥听高楼笛。鸣鸣相倚，红牙可取而击。

（意思是说：自己闲居在家，不管什么东都的才子、南国的佳人；然而用世之心仍然存在，臂力强壮，颇能开弓舞戟；古往今来，老天都为人爱惜功名；看园种菜，不忘民生疾苦。且看那鱼龙欢舞，百戏热闹非凡，但很快便归于空空寂寞。二十六年的年华,已经委于尘土,渺茫之极;只侧耳听听江海关心一下花鸟,再听听那高楼笛声,呜呜咽咽,如泣如诉,取红牙板击而和之。)

槐南六首,铿锵有力;竹隐和词,堂堂壮丽;"真正是龙虎相搏的气概"。这样的唱和,放在宋代词坛,也可与任何大家名家相颉颃。

到了明治六年(1873),中日两国签订了友好条约;明治十年(1879),清朝派驻日公使到东京赴任,以此为契机,两国之间的人员往来和文化交流开始日益兴盛起来。明治二十年(1887)三月,清安徽人孙点(字君异、号圣与)来到东京,他很快赋七律六首,向日本文士索和。在玉池仙馆欢迎孙君异的雅宴上,森槐南出示了赠孙君异的七律六首次韵和作。原作与和作,后来一同刊载在《新新文诗》第二十四集中。这是两个人唱和的开始。

五月下旬,在清公使招待包括槐南和君异在内的两国名流的宴会上,槐南赋《沁园春》一阕示座中众人。词曰:

> 地是新桥,客多故人,君且衔杯。更乐莫乐兮,歌裙杂坐;仙乎仙者,舞袖纷催。香泽微闻,玉山将倒,休道春归不复来。风光冶,便百花虽尽,此宴还开。　　况看残药翻阶,愧荡子菖蒲仆岂才。只怅怅触绪,隔帘弦索;星星记梦,夹巷楼台。月榭筝徵,,风廊笛逐,毕竟贤于博奕哉。酣嬉极,恕狂奴故态,纵酒追陪。

(意思是说:在新桥这里,有很多的好朋友一起喝酒;快乐中没有比这更快乐的了,歌女如仙,舞姿动人,都快醉倒了;风光美好,百花盛开,宴会仍在进行。惭愧自己没有高才,触动我的是隔帘的音乐,楼前弹筝,廊边吹笛,毕竟比博奕要好;请恕我狂奴大醉了,仍然纵酒痛饮相陪。)

回到住所,孙君异很快次韵一阕《沁园春》,其序曰:"……森槐南得《沁园春》,出示索和,次韵报之……"词曰:

> 世事如棋,笑上高楼,且尽一杯。有良朋围坐,传心笔语;小鬟劝酒,纤手筝催,豪竹哀丝,美人才子,我亦何曾虚此来。重回首,算半年怀抱,今日始开。　　看排玉树当阶,合尽是南金东箭才。且暂抛心底,功名富贵;休辜眼下,灯火楼台。乡住温柔,歌听婉转,奚羡封侯万户哉。蓬莱好,便终当老此,风月常伴。

(意思是说:人世间的事情如同棋局一样变幻莫测,笑上高楼,且干一杯;有好朋友围坐在一起谈心,美女纤细的手弹筝劝酒,我真是不虚此行;回头看,半年来才真正欢乐开怀。喜看阶前美男子们都是才俊;暂且抛却功名富贵,不要辜负了眼下良辰美景;住温柔之乡,听美妙歌声,谁还羡慕他万户侯呢？有如此蓬莱仙境,就终老在这里吧,有风花雪月常常陪伴。)这可以说是中日两国人以填词来竞争才华的友好竞赛的开幕,堪称前所未闻的一个壮举。

槐南收到君异次韵之作,马上酬和第三首《沁园春·孙圣与次韵见寄再用前韵》(“屈指人生,每听清歌,举几酒杯。”)孙君异收到后很快酬答一阕。这第四首《沁园春》的序曰:“槐南以叠韵《沁园春》见寄,激昂慷慨,直欲击破吐壶。雨夜无聊,感慨身世,依韵填此,用写我忧,所谓知音人芳心自同也。”两人的酬唱,至此已渐入佳境。

这一年的秋天,孙君异又以《沁园春》调赠给槐南,这是两人唱和的第五首词。题序曰:“闰月十月一日,玉池招饮,叠槐南《沁园春》韵纪之。”(“侘杰无聊,闷倒葫芦,痛饮此杯。”)槐南接到,立即酬和一阕,这是两人唱和的第六首词;其序曰:“圣与再和寄示,豪宕激楚,可斫地而歌。顾命意悲恻,如不胜抑郁无聊者。再叠前韵,用以慰藉,情见乎词。”(“果倦游耶,乃尔牢愁,盍倒百杯。”)另外,槐南待孙君异出示《惆怅诗》后,又试作了第四次叠韵相赠,这就是两人唱和的第七首《沁园春》,首句曰:“脚企床头,掌托鞋儿,饮解语杯。”

孙君异接受了槐南的第三、第四次叠韵之作后,马上寄去第四(即第八首,首句曰:“苦忆前宵,素手纤纤,把白玉杯”)、第五(即第九首)次叠韵之作。第九首的序曰:“旅夜不眠,中怀伊郁,倚《沁园春》,五叠前韵。茫茫前路,悠悠我生,即景伤怀,不能自已。录赠赏心,当同太息。”其首句曰:“坐忍楼中,读故人词,举浊酒杯。”得孙君异五叠韵之作后,槐南迅速酬和,首句曰:“苍莽中原,磊落其人,日三百杯。”这便是两人的第十首唱和之作了。

在两人的一来一往的唱和中,孙君异的回国准备渐渐就绪。槐南作了六叠韵以代饯别。这是两人第十一首唱和词;其小序曰:“圣与归计已决,无物为赆,六叠前韵以志别。”全词如下:

> 我唱骊歌,君有刚肠,蓦地掷杯。果决然归矣,断鸿南下;黯然销者,残照西催。小住为佳,前言休戏,后约明年来不来。相思处,盼千秋一日,怀抱南开。　　沉吟独立庭阶,奈自别江郎销尽才。任门前

月堕，幽坊冷市；湖阴烟闭，舞榭歌台。契合三生，情深一往，世上哪知其故哉。云天阔，又联诗换酒，魂梦遥陪。

（意思是说：我唱着离别的歌儿，你刚怀激烈，突然放下酒杯，毅然决然归去；夕阳下，离情让人黯然神伤；之前说不再来，那是开玩笑吧，我们约定，你明年是不是再来；别后相思，一日不见，如隔千秋。沉吟不语，徘徊阶前，怎奈自别后江郎才尽；故人一去，月落市坊幽冷，烟云遮蔽了歌舞楼台；你我三生意合，一往情深，世人哪能明白知晓；你这一去，云天顿时空阔，我只能在魂梦中追随陪伴你，诗歌唱和、美酒交杯。）
孙君异收到槐南六叠韵之作时，已经行色匆匆踏上了归程；森槐南和孙君异的《沁园春》叠韵酬唱也随之终结。他们的唱和壮举也彪炳中日文化交流的史册，万古流芳！

三

以上资料主要源自神田喜一郎先生《日本填词史话》，中文译本由笔者和高野雪翻译，北京大学出版社 2000 年 10 月出版。从以上所举中日填词唱和交流的史实来看，唱和首先表明中日双方学者志趣相投，有共同的文学爱好和相近的文学修养根基。唱和中增进了了解，增强了友谊，激发了智慧，弘扬了才华，既为各自国家的文化宝库增添了瑰宝，又推进了两国文化的交融和发展。

特别是森槐南和孙君异相互唱和的十一首《沁园春》词，叠韵唱和，才情勃发，旗鼓相当，堪称中日两国填词唱和史上的巅峰之作，这在中日填词唱和史上既前无古人，恐怕也后无来者了——令人不得不既惊叹又感叹。世界在变，各国的文化也在变，各国从事文化创作的学者们的情况也在变。不但日本学者汉学基础、特别是古典诗词的创作能力在急剧下降，中国学者创作古典诗词的整体水平也每况愈下、辉煌不再了。今天，我们来追溯我们两国人民友好交往的历史，重温双方唱和的叠韵佳作，既温馨愉快，又感到继往开来的责任重大。

（作者系北京大学亚太研究院副院长、教授）

Chinese and Japanese Writing Lyrics for Composed Songs and the Communications Between Two Nations

Cheng Yuzhui

Abstract: By listing a few pieces of Writing Lyrics for Composed Songs by ancient Chinese and Japanese writers, the paper shows that writers of the two nations shared a common interest in literature and a close aesthetic foundation. Through singing and chorusing, deeper understanding and friendship has been achieved. The works were not only national treasures, but also a great help for cultural blending and development.

Key words: China; Japan; Writing Lyrics for Composed Songs; Communications

中国朝鲜族在中韩关系发展过程中的作用

李成日

【内容提要】 20世纪80年代中国实行改革开放以来，许多中国朝鲜族人到境外发展，加入到国际经济发展与文化交流的大潮之中。中韩1992年正式建交进一步促进了这一潮流的发展。中国朝鲜族在中韩关系发展过程中，经济合作上起着桥梁作用，文化交流上起着中介作用，且作用越来越大。

【关键词】 中国朝鲜族；中韩关系；发展；作用

自20世纪70年代末80年代初中国开始实行改革开放以来，大批朝鲜族从农村到城市，从东北三省向东部沿海地区移动。进入90年代，特别是1992年8月中韩建交以后，朝鲜族的国际移动以韩国为中心，逐渐向日本、美国、东南亚、俄罗斯、欧洲等世界各地扩展。据统计，截至2011年12月底，常住韩国的中国朝鲜族为47万人[①]，加上取得韩国国籍者，可达50万人以上，韩国由此迎来"朝鲜族1%时代"[②]。此外，移居或常住其他国家和地区居住的中国朝鲜族人数有日本5万人，俄国3万人，美国4万人，东南亚和欧洲等地3万人，总共在65万人以上[③]。在中国境内，以北京为中心的首都地区有10万人，青岛（烟台、威海）为中心的华北沿海地区有20万人，上海为中心的华东地区有5万人，广州、深圳为中心的华南地区有5万人，共40多万的朝鲜族居住在中国东北三省以外的地区[④]。此前东北地区

① 韩国法务部出入境外国人政策本部统计，http://www.immigration.go.kr（引用日期：2012.10.07）。

② 目前在韩居住的朝鲜族大概有50万，已在韩国5000万人口中占据1%。

③ 〔日〕笠井信幸：《延辺朝鮮族自治州の人口分析》，载〔日〕中国朝鲜族研究会编，《朝鮮族のグローバルな移動と国際ネットワーク》，名古屋，アジア経済文化研究所，2006年，第110页。

④ 朴光星：《全球化时代对朝鲜族理解的关键词》，载〔韩〕韩国移民同胞研究所编《Journal of Migration & Diaspora Research Institute》2011年第6期，第74—75页。

居住的朝鲜族大约200万人，现在1/2以上的朝鲜族移居在中国的大城市以及韩国等世界各地。这里可以指出，在中国从70年代末80年代开始实行改革开放的推动下，追求自由移动和自我发展的个人经济动机起到非常重要作用，特别是中韩建交以后，韩国的经济增长和韩国企业的进入中国市场也起到了推动作用。

朝鲜族的大批移动给朝鲜族社会的经济、文化、社会意识带来了巨大变化。从经济方面看，朝鲜族在中国55个少数民族中的人均GDP最高，据统计，每年有大约2亿多美元外汇从国外（主要是韩国）汇入吉林省延边朝鲜族自治州①。与此同时，也出现朝鲜族人口的急减，教育水平下降，农村社会解体等诸多问题，对此有人提出“朝鲜族社会危机论”、“朝鲜族社会解体论”②。但是，更多学者和专家对朝鲜族社会的发展提出“朝鲜族社会作用论”、“朝鲜族社会机会论”等乐观主张③。

1992年中韩两国正式建立外交关系以来，短短20年的时间内，友好合作关系得到飞跃性的发展。主要得益于地理上相邻，近代史相似的经历和经济上互补与合作，也大大得益于朝鲜族的助力作用。

从中国角度看，朝鲜族拥有中华人民共和国国籍的中国公民，是中华民族社会主义大家庭里的一员④。从韩国或者朝鲜半岛角度看，他们是血脉相连的“海外同胞”。因此，在中韩关系中中国朝鲜族发挥着独特的作用，尤其是在中韩经济和文化交流方面发挥着重要的推动作用。

一、中韩建交以来两国关系的合作和发展

1992年8月24日，中韩两国正式建立了外交关系。在建交以来20多年间，两国关系在政治、经济、社会、文化、军事、安全、地区问题等诸多领域取得了飞跃性的发展，被称为“外交史上的奇迹”。

---

① 黄有福编：《全球化时代的朝鲜族经济文化网络》，民族出版社2008年版，第6页。

② 许明哲：《转变时期的延边朝鲜族》，辽宁民族出版社2003年版；〔韩〕金在起：《中国朝鲜族集中居住区的解体及应对方案》，载《在外韩人研究》2002年第12卷。

③ 〔韩〕东北亚共同体研究会编：《朝鲜族的认同意识与今后作用研究》，经济人文社会研究会2010年版，第77—87页。

④ 韩国建国大学的朴永均教授在2011年8月进行的调查研究中指出，调查对象300名朝鲜族中91%回答为自己的祖国是中国。《韩国日报》2011年10月12日。

1. 睦邻友好合作时期(1992—1998年)

1992年9月卢泰愚总统正式访问了中国,与江泽民总书记、国家主席杨尚昆进行了首脑会谈,围绕经济、文化、科技等讨论了两国的合作。1994年3月金永三总统访问中国,与国家主席江泽民的首脑会议上,关于经济合作方案、朝鲜半岛无核化等问题上交换了意见。1994年10月中国的李鹏总理正式访问了韩国,1995年4月全国人大常务委员长乔石也访问了韩国。1995年11月国家主席江泽民作为中国的国家首脑首次访问韩国,和金永三总统进行了首脑会谈,并宣布"两国有地理上相邻,文化上相近的坚实基础,立足于和平共处的原则,将发展友好合作关系"①。

这时期,两国签订了1994年3月的《中韩文化协定》,1995年5月的《旅游振兴协议书》,1995年6月的《关于体育方面合作协议书》等多种协定和协议,大力开展了经济、贸易、文化、教育、旅游、体育等诸多领域里的交流与合作。

1993年12月韩国在驻华使馆里设立了武官部,1994年4月中国也设立驻韩武官部,从而拉开了军事交流的序幕。这时期,两国之间的交流主要在经济领域取得了举世瞩目的成就,军事及安全领域的交流进展相对缓慢。主要原因可以说是考虑中韩建交后"被冷却"的中朝关系。这一时期中国在朝韩关系上处于一种"两难境地",主要精力放在维持朝韩之间的"均衡关系"②。

2. 建立合作伙伴关系时期(1998—2003年)

1998年11月金大中总统访问中国,与国家主席江泽民进行了首脑会谈,两国首脑达成协议,把中韩关系从"睦邻友好合作关系"进一步提高到"面向21世纪的合作伙伴关系"③。之后两国为了克服东亚金融危机,以经济和金融领域为中心,在军控、毒品、恐怖、环境等各个领域促进了合作。

1998年8月,中国人民解放军副总参谋长熊光楷率领的中国军事代表团访问了韩国,同年11月韩国海军巡航训练部队访问香港,从此两国间的军事交流有了急速发展。1999年8月韩国的国防部长赵胜太访问了中国,2000年10月中国国防部长迟浩田也回访了韩国。以两国国防部长的互访

① 《人民日报》1995年11月14日。

② 叶自成:《中国大外交:折冲樽俎60年》,当代世界出版社2009年版,第374页。

③ 《中韩发表联合公报》,载《人民日报》1998年11月14日。

为契机,2001 年 10 月韩国军舰在上海寄港,2002 年 5 月中国军舰在仁川寄港,从而两国之间的合作关系也逐渐扩大到军事及安全领域。

这时期 1995 年 5 月全国政协主席李瑞环、2000 年 10 月朱镕基总理、2001 年 5 月全国人大常务委员长李鹏等中国领导人相继访问了韩国。特别是 2000 年朱镕基总理访韩之际,两国达成协议“全面发展两国之间的合作伙伴关系”①。

中韩两国还签订了《刑事司法公助条约》《关于青少年交流谅解备忘录》《签证手续简化及多次入境签证签发协议》《铁道部门的铁道交流和合作协议》等多种协议,为全面发展合作伙伴关系,在各领域建立了交流与合作的基本框架,并积极展开了各领域的交流和合作。中韩之间合作和发展,两国领导层之间的互访,为 21 世纪发展两国关系奠定了基础。

3. 发展全面合作伙伴关系时期(2003—2008 年)

2003 年 7 月,卢武铉总统对中国进行了国事访问,与国家主席胡锦涛在首脑会谈上达成了协议,把两国关系从“合作伙伴关系”发展到“全面合作伙伴关系”,并发表了《联合声明》②。在《联合声明》中,中韩两国为了朝鲜半岛的和平与稳定及实现半岛无核化,共同强调通过对话,和平解决朝核问题,韩国支持中国对台湾问题的立场。

2005 年 11 月,中国国家主席胡锦涛正式访问了韩国,与卢武铉总统的首脑会谈上达成协议③,把两国合作关系扩大到政治、经济、社会、文化和军事等诸领域,在和平解决朝核问题和促进“ASEAN + 3”、中韩日三国合作、东亚峰会(EAS)、东盟地区论坛(ARF)、亚太经合组织(APEC)、亚欧首脑会议(ASEM)等地区合作上也紧密合作,并签订了“扩大中韩贸易投资合作谅解备忘录”、“中韩贸易救济合作谅解备忘录”等,韩国还承认了中国的市场经济地位。

这时期,2006 年 10 月卢武铉总统第二次访华,2007 年 4 月温家宝总理访韩等两国领导之间的互访惯例化,双方宣布 2007 年为“中韩友好之年”。2006 年 4 月中国的国防部长曹刚川访问了朝鲜和韩国,2007 年 4 月为设立中韩之间军事热线电话达成协议,进一步加强包括海上搜索、救助训练等军事领域的合作。中韩两国军事领域的交流持续的情况下,中韩两国的合

① 《人民日报》2000 年 10 月 10 日。
② 《中韩联合声明》,载《人民日报》2003 年 7 月 9 日。
③ 《中韩联合公报》,载《人民日报》2005 年 11 月 18 日。

作从经济合作逐渐扩大到朝鲜半岛及东北亚地区秩序和安全等诸多领域。

4. 建立战略合作伙伴关系时期(2008—现在)

2008年5月李明博总统访华，与国家主席胡锦涛进行会谈，并达成协议，把两国关系从“全面合作伙伴关系”提升到“战略合作伙伴关系”，两国加深经济、贸易领域的合作，扩大政治、外交、社会、文化等诸多领域的合作，并发表“联合声明”①。

2008年8月李明博总统为参加奥运会开幕式再次来访，进行了中韩首脑会议，同月24日国家主席胡锦涛访韩时，两国首脑具体协商深化“战略合作伙伴关系”的合作方案。访问期间，两国首脑发表了“联合公报”②，2010年上海世博会和2012年丽水世博会为契机确定“中国访问之年”和“韩国访问之年”，要积极促进旅游等多样化的两国交流活动，扩大两国之间的人员交流。韩国总统李明博2008年5月访华之后，又出席了8月的北京奥运会的开幕式，参加了10月的第7次欧亚会议(ASEM)的北京首脑会议，并访问了中国，一年内访华次数达到了三次。

中韩两国的贸易额，自从1992年底的63.7亿美元急速增长为2011年底的2206.3亿美元。2011年，韩在华投资新批项目1375个，中国实际使用韩资25.5亿美元。截至2011年底，韩国的累计对华投资项目53547个，实际投资金额498.5亿美元。韩国是中国第四大外商直接投资来源国。2011年，中国对韩非金融类直接投资5730万美元。截至2011年底，中国累计对韩投资约10亿美元，目前实际投资额3.4亿美元。目前，中韩两国制定目标，双方的贸易额到2015年实现3000亿美元，并于2012年5月已经启动了中韩FTA谈判。

目前，中国是韩国最大的贸易伙伴国、最大出口市场和贸易伙伴国、最大海外投资对象国，而韩国是中国第三大贸易伙伴国，第四大外商投资直接来源地。尤其是从2007年开始，中国超过了韩国的传统贸易伙伴国—美国和日本的贸易额之和，提供更加庞大的出口市场。另外，中韩两国在世界经济的分工体系内具有相当高的互补性，这种经济上的互补关系，今后在相当期间内将会持续下去。2012年5月，两国政府开始协商签订自由贸易区(FTA)。如果顺利进行协商而达成协议，将会进一步推

① 《中韩联合声明》，载《人民日报》2008年5月29日。

② 《中韩联合公报》，载《人民日报》2008年8月26日。

动两国之间的经济合作。因此,经济合作是两国关系发展的最大动力,也是最大的潜力。

2013 年 3 月,中国国家主席习近平同韩国总统朴槿惠通话,就两国关系的进一步发展和朝鲜半岛局势交换了意见。1992 年 8 月中韩建交到 2013 年现在,两国关系从“睦邻友好关系”到“合作伙伴关系”,经过“全面合作伙伴关系”,进而提升到“战略合作伙伴关系”,双边关系将越来越加深和扩大。

二、中韩经济合作中的朝鲜族桥梁作用

截止到 2012 年底,600 多万人的朝鲜民族分布在朝鲜半岛以外的世界各地,其中居住在中国的朝鲜族大部分是在 19 世纪末 20 世纪初,朝鲜半岛沦落为日本殖民地时期移民到中国东北地区的。中国朝鲜族就是居住在中国境内、拥有中国国籍的朝鲜族。根据 2010 年中国人口普查,朝鲜族人口为 200 多万,中国 56 个民族之中位居第 12 位。从中国的立场上讲,中国朝鲜族是拥有中国国籍的公民,但是从韩国的立场上讲,朝鲜族是分布在世界各地的“海外朝鲜民族”的一员①,韩国称为“侨胞”或“同胞”②。

改革开放以来,中国朝鲜族不仅在中国东北地区,而且在北京、上海、天津、青岛、大连、广州、深圳等大城市大批移动而定居。与此同时,不仅在韩国,还向日本、美国、欧洲等地扩散③。冷战时期中国朝鲜族主要跟朝鲜有密切关系,1992 年中韩建交以后跟韩国建立新的关系,从而同时跟朝韩进行接触和交流。目前,中国境内除了朝鲜族以外,还有 100 多万的韩国人,2 万多的朝鲜人和美国、日本等第三国籍的朝鲜人。

进入了 21 世纪以后,中国成为韩国的最大贸易伙伴国、最大贸易顺差

① 2010 年韩国东亚研究院和高丽大学亚细亚问题研究所共同进行的《2010 年韩国国民性舆论调查》中,对朝鲜族,调查对象 39.1% 认为“他人”。〔韩〕姜元宅:《韩国人,我们究竟是谁?》,东亚研究院 2011 年版,第 24—25 页。

② 中央民族大学的黄有福教授在 2010 年 10 月韩国在外韩人学会主办的“第四届世界韩人之日”纪念研讨会上主张,韩国政府对海外朝鲜民族不能一概地规定为“在外同胞”,应该明确区分为在外国民、侨胞、在外同胞,并实行相应的政策。〔韩〕《联合通信》2010 年 10 月 4 日。

③ 在日朝鲜人学者权香淑在朝鲜族研究中,对在东北亚地区朝鲜族的国际移动给予高度评价。〔日〕権香淑:『移動する朝鮮族—エスニック・マイノリティの自己統治』,彩流社 2010 年版。

国、最大投资对象国。2012 年两国之间贸易额已超过 2000 亿美元。韩国企业的对华投资大幅增加的重要原因是韩国经济进行结构调整，制造业需要向国外转移的迫切需要和地理上邻近、拥有廉价劳动力的中国进行经济合作。但是，能够以惊人的速度进入中国，不可低估其中朝鲜族社会的桥梁作用。朝鲜族不仅促进了中韩之间的语言沟通，而且推动了克服两国文化上的差异①。

韩国企业进入中国时，积极利用朝鲜族社会和人才是韩国企业取得成功的主要原因。开创初期，凡是借助朝鲜族之力，与之和睦相处的韩国企业大部分都取得了成功，相反则事事不顺，而以失败事例较多②。如果仔细分析失败原因，欠缺对中国文化的理解，没有适应当地的文化环境，而且没有充分利用中国朝鲜族员工的作用③。尊重不同文化和生活习惯及思维方式，是在外国成功的关键④。韩国企业在中国的兴衰成败一定程度上取决于韩国企业和朝鲜族员工之间的和谐与否⑤。

与改革开放初期开始进入中国的日本企业相比，韩国企业起步较晚，但是发展速度急速惊人。例如进入青岛的韩国企业多达日本企业的 15 倍⑥，目前常住中国的韩国人已达 100 万人⑦。现在学习使用韩国语的中国人逐渐增加，但是在中韩经济合作和文化交流中，朝鲜族社会今后仍将发挥桥梁作用。

目前居住在韩国的朝鲜族有 40 多万人，对于 5000 多万韩国人口来说，可能是微不足道的存在，但是大部分朝鲜族人从事韩国人不愿意干的所谓“3D”产业，受到从孟加拉国、巴基斯坦等国家来的工人一样的地位和待遇。而且同样的工作，朝鲜族员工的工资与韩国人相比较低。韩国的一些中小企业，特别是建筑业，由于朝鲜族工人的回国，面临停产。最近，韩国为了吸引中国游客，开始积极利用朝鲜族出身的导游。那是因为，朝鲜族都会用中文和韩语，而且都比较了解两国文化和民族情绪，能够发挥不可缺少的中介作用。

---

① 〔韩〕郭承志：《东北亚时代的延边和朝鲜族》，Ifield 出版 2008 年版，第 116 页。

② 吴庭昌：《真正不需要朝鲜族吗?》，载《黑龙江新闻》1996 年 11 月 30 日。

③ 金强一主编：《中国朝鲜族社会的文化优势和发展战略》，延边人民出版社 2001 年版，第 39 页。

④ 《失败原因就在于对中国太无知》，载《辽宁朝鲜文报》1996 年 10 月 19 日。

⑤ 〔韩〕李承率：《东北亚时代和朝鲜族》，博英社，第 385 页。

⑥ 同上书，第 382 页。

⑦ 中国观察网：http://www.chinawatch.co.kr（引用日期：2013 年 4 月 10 日）

众所周知,如果韩国社会能以更宽广的眼光,认识和利用朝鲜族的地位和作用,那么中韩关系就能确保比任何国家更有利的地位,创造更多经济利益。现在很多朝鲜族就职在进入中国的韩国企业和韩国国内的企业,他们对中韩经济合作方面发挥着重要的桥梁作用。

中国朝鲜族的桥梁作用在朝韩的经济合作中也发挥着独特作用。例如,在朝鲜金刚山旅游区工作的朝鲜族就很有代表性。那里职员的70%(557名)是朝鲜族,他们是韩国现代峨山公司经朝鲜政府允许,在中国招聘的,大部分从事于旅店服务和公交司机工作。朝鲜政府认识到,限制朝鲜居民直接和韩国旅客接触,用中国朝鲜族员工取而代之是非常有效的。他们的工资比韩国低廉,而且方便管理。朝鲜政府接受韩国现代峨山公司的提案,也正是因为上述的原因。从金刚山旅游业的特殊性考量,朝鲜族也最宜成为朝韩交流中立场中立和发挥友好缓冲作用的桥梁选项。

三、朝鲜族在中韩文化交流中的媒介作用

中国朝鲜族法律上是中国公民,人种上与韩国人是同一个民族。朝鲜族与朝鲜半岛有着渊源关系,大部分都能使用双语[①],因此,可以说朝鲜族是中韩关系发展中的宝贵的文化资源。中韩建交以来两国之间的学术、文化交流逐渐扩大,朝鲜族发挥着重要的媒介作用[②]。

朝鲜族利用自身的独特优势,积极推动中韩之间的学术交流。北京大学、延边大学、中央民族大学等高校的朝鲜族学者主办和参与各种国际学术会议,为中国和韩国学者相聚和相互了解做出了自己贡献。1992年8月,在北京召开"国际高丽学会"(北京大学朝鲜文化研究所主办),韩国、朝鲜和其他来自9个国家的250名代表参加了会议。其意义在于这是中国学者和朝韩学者共同在北京首次召开的国际学术会议。

中韩建交之前,只有北京大学、中央民族大学、延边大学、洛阳外国语

---

① 根据韩国一所研究机关的调查结果,80%以上的朝鲜族能够使用朝鲜语,85%以上过上春节、中秋等民族传统节日。〔韩〕尹仁真:《Korea Diaspora——在外韩人的移民、适应、认同意识》,高丽大学出版部2004年版,第80—81页。

② 延边大学金强一教授主张,朝鲜族能够在中国和朝鲜半岛之间起到文化转换功能。金强一:《中国朝鲜族社会的文化资源和发展的文化战略(2)》,载《东疆学刊》2004年第21卷第2期,第1—9页。

大学、中国经济贸易大学等少数高校设置朝鲜语学科。1992 年以后，随着中韩之间的文化交流活跃，从南到北，130 多所大学设置了韩语专业或韩国研究所[①]。目前在中国，韩语成为继英语、日语之后第三大外语，朝鲜族教师发挥了很大的推动作用。

目前，延边朝鲜族自治州每个家庭大都装有卫星通讯设备，自由地观看韩国的 KBS、MBC、SBS 等新闻和电视剧，韩国的音乐、影视、时尚广泛流行。进入中国国内的"韩流"文化始自延边地区，韩国商品在延边地区也倍受欢迎。尤其是朝鲜族年轻人都很关注韩国的音乐、时尚、动画、游戏、手机等生活样式，其流行也同韩国基本上没有时差。在延边不仅是韩国的一般商品，而且"韩流"等文化商品也先受欢迎，然后再扩散到中国的其他地区。这就说明朝鲜族居住的延边地区在中韩之间的文化交流方面起着重要的桥梁作用。因此，朝鲜族社会作为朝鲜半岛的重要的"海外同胞"，其健康发展对中韩合作发挥一定的媒介作用，那是因为朝鲜族社会在朝鲜半岛和中国之间可以起到文化转换功能。

朝鲜族社会经历了社会主义计划经济和社会主义市场经济，而且现实上又具备一定范围内可以自由来往韩国和朝鲜的条件，在朝韩之间可以起到一定程度上的"缓冲"作用[②]。90 年代以来，朝韩开始进行实质性接触过程中，朝鲜族社会起到了一定的中介作用。朝鲜族学者为中介，在延吉、北京、沈阳等地召开了朝韩学者共同参加的学术会议，而且朝韩之间经济合作的相当一部分也是通过朝鲜族的推动来实现的[③]。朝鲜族对朝韩的和解与合作发挥着促进作用。

四、结语

作为朝鲜半岛的"海外同胞"之一的中国朝鲜族与朝韩都有着血缘关系。据中国中央民族大学王纪芒教授的问卷调查，397 名朝鲜族应答者中，与韩国有亲戚关系的占 38.8%，而与朝鲜有亲戚关系的占 45.1%。由此看

---

① 蔡美花:《东亚韩国学方法之探索》，载《东疆学刊》2008 年第 25 卷第 4 期，第 2 页。

② 〔韩〕东北亚共同体研究会编:《朝鲜族的认同意识与今后作用研究》，经济人文社会研究会 2010 年版，第 151—155 页。

③ 〔韩〕崔佑吉:《南北关系和中国朝鲜族》，载韩国在外韩人学会编《在外韩人研究》2001 年第 11 期，第 3 页。

出，朝鲜族社会和朝鲜半岛也保持着一定程度的血缘纽带关系①。

随着中韩之间合作和交流的加深，在中韩友好合作关系的大框架下，中国朝鲜族的重要性也将与日俱增。

首先，朝鲜族企业及企业家积极利用“世界韩人贸易协会”（World-OKTA）、“世界韩商大会”等国际平台，参与全球朝鲜民族的国际经济网络，进一步扩大国际舞台上的经济和文化活动领域。截至 2011 年底，“世界韩人贸易协会”111 个支会中，北京、哈尔滨、长春、沈阳、大连、丹东、青岛、上海、广州、延吉、香港等 19 个支会由朝鲜族企业家来运营。另外，日本的千叶支会也由中国朝鲜族企业家组成。目前，很多朝鲜族企业家利用 World-OKTA 的国际商务网络，和美国、日本、欧洲、大洋洲等世界各地进行各种经济贸易活动，对于推动朝鲜族的国际化发挥领头作用。2002 年以来，每年在韩国召开的“世界韩商大会”和 World-OKTA 代表会议，出席的朝鲜族企业家占与会者的 60% 以上。朝鲜族企业家不仅在中国境内和韩国企业进行各种业务合作，并通过“世界韩商大会”和“世界海外韩人经济人大会”，积极参与全球朝鲜民族的国际经济网络。今后为更加扩大经济活动领域，朝鲜族经济人更加“走出去”，并发挥更多桥梁的作用。

其次，充分利用北京、上海、青岛、大连、延吉等国内朝鲜族经济网络，积极推动中韩两国之间的经济交流与合作。中国各大城市，大都成立了“朝鲜族企业家协会”，并主导当地的朝鲜族社会。2009 年，中国各地的朝鲜族企业家协会组建了“中国朝鲜族企业家协会”，并在北京召开第一次“朝鲜族高层经济论坛”。在北京，除了 World-OKTA 北京支会外，还有“中国朝鲜民族史学会”“中国朝鲜族科技工作者协会”“北京朝鲜族企业家协会”“北京高丽经济研究会”“北京爱心网络”等朝鲜族社会团体。中国朝鲜民族史学会（会长：中央民族大学黄有福教授）每年举办一次学术研讨会，从 1994 年到现在已经召开了 16 次。该学会以推动朝鲜族社会的发展为宗旨，为朝鲜族学界和经济界之间的交流和合作提供重要的平台。据媒体报道，中国滨海城市青岛和周边的烟台、威海等地有 20 万朝鲜族和 10 万韩国人常住，聚居形成新的城市共同体。该地区成立的有“世界韩人贸易协会青岛支会”、“青岛朝鲜族企业家协会”、“朝鲜族老人协会”、“朝鲜族妇女协会”、“朝鲜族科学文化人协会”、朝鲜族小学、《黑龙江日报》山东分

---

① 王纪芒：《中国朝鲜族的民族认同与国家认同：以中国某边疆地区的朝鲜族为例》，载《黑龙江民族丛刊》2008 年第 4 期，第 52 页。

社、“朝鲜族足球协会”、“朝鲜族高尔夫协会”等各种社会团体。青岛地区由于韩国企业的进入和朝鲜族人口的大量流入,已成为朝鲜族和韩人社会的新天地。

最后,充分利用朝鲜族和居住海外的朝鲜族之间的经济社会网络,积极构筑朝鲜族社会的国际经济网络,从而促进东北亚地区的文化交流和经济合作。在日本,目前居住的中国朝鲜族约有 5 万人,有朝鲜族企业家组成的“世界韩人贸易协会千叶支会”、“天池协会”、“朝鲜族研究学会”、“朝鲜族妇女协会”、“亚洲经济文化研究所”等各种团体展开各种活动。另还有美国,也有大约 5 万多的朝鲜族居住在纽约和洛杉矶等地,他们成立了“美洲中国同胞联合会”、“全美朝鲜族同胞协会”、“纽约朝鲜族同胞会”等团体、与当地的华人、韩人社会保持着密切的合作关系。在韩国居住着 47 万多的朝鲜族,其中留学生为 3500 人[①],目前在韩国合法成立的朝鲜族社会团体有十多个,其中代表性团体有:“在韩同胞总联合会”、“归韩同胞总联合会”、“在韩朝鲜族留学生网络”、“一心协会”、“朝鲜族联合会”、“韩中经济亲善交流协会”等。在韩国留学的部分毕业生已经在韩国大企业、大学、研究机构、律师事务所等就职或开始活跃[②],而且已经在韩国社会里占有越来越重要的地位[③]。如果充分利用包括韩国在内的日本、美国等地区的朝鲜族社会网络,必将大大促进朝鲜族的国际经济文化网络的构筑。

(作者系中国社会科学院亚太与全球战略研究院大国关系研究室博士)

Chinese Korean Minority in the Development of Sino-Korean Relations

Li Chengri

Abstract: Since the Opening-up Policy of 1980s, many people of Ko-

① 胡世全、胡翠月:《在韩中国留学生的动向和作用》,载〔韩〕韩国移民同胞研究所编:《Journal of Migration & Diaspora Research Institute》2011 年第 6 期,第 23 页。

② 特别是由在韩 12 名朝鲜族青年所合著的《第三代朝鲜族的首尔故事》,白山书堂 2011 年版,在韩国社会引起了强烈的反响,备受关注。

③ 〔韩〕李振翎、朴宇:《在韩中国朝鲜族劳动者集团的形成过程之研究》,载《韩国东北亚论丛》2009 年,第 9—119 页。

rean Minority in China went abroad for further development, and join the great boom of international economic development and cultural communication. The official establishment of diplomatic relations between China and South Korea in 1992 further promoted the boom. Chinese Korean Minorities have played a bridging role for economic cooperation in the development of Sino-Korean relations. In the cultural aspect, they linked the two nations as agents. Their influence has been growing.

Key words: Chinese Korean Minority; Sino-Korean Relation; development; role

强化中韩经济关系，加快缔结中韩自由贸易协定

〔韩〕安世英

【内容提要】 中韩经济关系日渐重要，缔结中韩自由贸易协定，才有可能实现中韩经济的共同繁荣。回顾了谈判的现状，并展望了缔结协定的前景。

【关键词】 中韩；经济关系；自由贸易协定

2013年2月25日，韩国新任总统朴槿惠入主青瓦台；2013年3月14日，在中国第十二届全国人民代表大会第一次会议上，习近平当选中国新一届国家主席，中韩最高权力交接让人们对加强中韩政治、经济、文化等方面的合作充满了期待。2012年5月28日，原中国国家主席胡锦涛和韩国前总统李明博共同提出加快推进中韩自由贸易协定谈判，现在人们对习近平主席所提出的在亚太地区建立新型大国关系也充满了期待。

在东亚，中韩经济的融合可以说是至关重要的一步。事实上，在自由贸易协定的利弊问题上还存在一定的讨论空间。从贸易和投资领域来看，中韩经济关系非常紧密，中韩自由贸易协定也将引发中韩两国国内一系列政治反应，特别是来自于韩国农民组织和工会组织的反应将非常大。此外，也有人质疑这种双边谈判的可行性。

但是，中韩经济关系不仅在贸易领域保持着紧密联系，在投资领域的关系也非常紧密。中韩自由贸易协定将不断增强两国关系，由目前的“战略伙伴关系”升级为“经济同盟关系”。东亚外交关系因为美国的参与而变得异常微妙，不仅从经济层面上看，从外交角度考量，中国加强与韩国的关系也是非常必要的。特别是，在美国总统奥巴马提出的“跨太平洋伙伴关系协议”(Trans-Pacific Partnership Agreement，TPP)框架下，马来西亚、越南等11个国家已经参与该协议。2013年3月16日，日本首相安倍晋三表示将加入“跨太平洋伙伴关系协议”。韩国需要考虑的是在美国主导的“跨太

平洋伙伴关系协议”和韩中自由贸易协定中如何选择的问题，二者之间究竟应该优先选择哪一个。

一、韩国自由贸易协定政策以及韩国自由贸易协定谈判的经验教训

1. 韩国自由贸易协定政策

在关贸总协定(GATT)自由贸易体系的框架下，韩国经济已经取得了显著的发展。从这个角度来看，区域主义已成为世界贸易组织(WTO)体制下的“拦路虎”，而韩国从上世纪九十年代末开启自由贸易协定谈判进程相对较晚。

但是，随着全球经济的快速变化以及北美(北美自由贸易区，NAFTA，1994)和欧洲(欧盟，欧盟+10，2005)区域主义的不断兴起，韩国不得不加快推动自由贸易协定谈判进程。

2003年，韩国首次与智利签署自由贸易协定，而后与新加坡(2005)、欧洲自由贸易联盟(2005)、东盟(2005)、印度(2009)、加拿大(自2005)，澳大利亚(自2009)等国也相继签署了协定。

2007年6月，韩国与美国签署自由贸易协定；2010年10月，韩国与欧盟缔结自由贸易协定。韩美自由贸易协定遭到了韩国国内非常大的反对意见，持续四年无法获得批准，最终于2010年12月获得批准。韩—欧盟自由贸易协定和韩美自由贸易协定分别于2012年3月和2012年7月正式生效。(如表1)

表1 韩国自由贸易协定伙伴

		谈判中	签署	生效
1	韩国—智利 FTA		2003年2月	2004年4月
2	韩国—新加坡 FTA		2005年8月	2006年3月
3	韩国—欧洲自由贸易联盟 FTA		2005年12月	2006年7月
4	韩国—东盟 FTA		2005年12月	2009年9月
5	韩国—印度 FTA		2009年8月	2010年1月
6	韩国—欧盟 FTA		2010年10月	2011年7月
7	韩国—秘鲁 FTA		2011年3月	2011年7月

（续表）

		谈判中	签署	生效
8	韩国—美国 FTA		2007 年 6 月	2012 年 3 月
9	韩国—土耳其 FTA		2012 年 8 月	2013 年 5 月
10	韩国—哥伦比亚 FTA		2013 年 2 月	2013 年内
11	韩国—加拿大 FTA	2005 年 7 月		
12	韩国—墨西哥	2006 年 7 月		
13	韩国—海湾合作委员会（GCC）FTA	2008 年 7 月		
14	韩国—澳大利亚 FTA	2009 年 5 月		
15	韩国—新西兰 FTA	2009 年 6 月		
16	韩国—中国 FTA	2012 年 5 月		
17	韩国—越南 FTA	2012 年 8 月		
18	韩国—印度尼西亚 FTA	2012 年 7 月		
19	韩国—中国—日本 FTA	2012 年 12 月		
20	区域全面经济伙伴关系（RCEP）	2012 年 11 月		

截至目前，8 份自由贸易协定生效；此外，2 份自由贸易协定（韩—土耳其自由贸易协定和韩—哥伦比亚自由贸易协定）于 2013 年签署并获得批准；目前，韩国正在就 10 份自由贸易协定进行谈判，包括加拿大（自 2005 年）、澳大利亚（自 2009 年）等。

去年，韩国与 5 个国家和地区展开正式谈判，如中国（2012 年 5 月）、印度尼西亚（2012 年 7 月）、越南（2012 年 9 月）、区域全面经济伙伴关系（2012 年 11 月）。最终，2011 年韩国自由贸易协定下的贸易额占韩国贸易总额的 35.8%，其中在中国占 25% 以上，在美国占 38%，在日本占 17.6%。

韩国自由贸易协定政策的基本方向是通过自由贸易协定加强与贸易伙伴的经济合作，特别是与美国、欧盟、中国和日本的经济合作。韩国是世界上唯一一个与世界两大经济体（美国和欧盟）缔结自由贸易协定的国家。韩国也正在与世界上拥有第二大经济实力的中国展开自由贸易协定谈判。通过这种积极的自由贸易协定政策，韩国将成为东亚的“自由贸易协定枢纽”。

2. 韩国自由贸易协定谈判的经验教训

韩国在与智利和美国的谈判中的确遇到了非常大的困难。在这些困难背后，经验和教训大体可以总结为以下几点：

首先，自由贸易协定谈判最大的“绊脚石”并不是来自于第一阶段智利和美国的国际谈判，而是来自于国内利益受损群体的政治反对，而这些利益受损群体则包括农民组织和工会。

其次，利益受损群体通常会因为经济原因反对签署自由贸易协定，并最终将经济问题发展为政治问题。在这种情况下，经济冲突往往会升级为政治冲突。韩美自由贸易协定谈判的过程中，韩国利益受损群体发起反对自由贸易协定运动，并打出“反美运动”和“把美军赶出韩国”的口号。同样，在韩国与智利进行自由贸易协定谈判的过程中，韩国利益受损群体同样发起了反对自由贸易协定的运动。

再次，经过韩美自由贸易协定、韩—智利自由贸易协定等一系列艰难的谈判，韩国民众已经完全了解了自由贸易协定的真正意义。当韩国开启与智利自由贸易协定的时候，许多人曾担心打开韩国国内市场，将可能对韩国工业产生巨大冲击。韩国农民组织以及反对自由贸易协定的其他组织则认为自由贸易协定将可能严重影响他们的水果产业（以葡萄为例），并认为自由贸易协定将迫使大量韩国本土水果产业破产。但截至目前，韩—智利自由贸易协定已经生效9年，在这期间并未对韩国水果种植农户产生任何冲击。韩国民众从这个案例中总结经验，并由此对自由贸易协定充满了信心。而这种“韩国信心”也将对中韩未来的自由贸易谈判产生积极影响。

二、中韩自由贸易协定对中韩经济关系的影响

1. 中韩经济关系日渐重要

中国已经取代美国和日本成为韩国最重要的贸易伙伴。从2003年开始，中国成为韩国最大的投资和贸易伙伴。回顾韩国过去的发展，美国和日本一直是韩国两大最重要的贸易伙伴。这主要是由于韩国所提出的“工业化战略”，从日本进口大量零部件，韩国工厂加工生产制成品，并将这些加工产品出口到美国市场。但是，1992年韩国与中国正式建交后，这种贸易模式随即发生变化。韩日贸易合作并不如以前那样紧密，而韩中贸易额实现快速增长。从中日韩的贸易模式来看，在生产领域韩国对中国的贸易

一直保持顺差趋势。

总体来看，2011 年韩国对日贸易为 286.4 亿美元的逆差，而对中国却实现了 477.53 亿美元的顺差。但在农业领域，韩国对日贸易一直保持顺差，对中国却是逆差。从 2006 年至 2011 年，韩国对中国在农业领域的贸易逆差每年平均达到 50 亿美元，2006 年的贸易逆差为 56.67 亿美元，2011 年为 51.91 亿美元。

表 2.1 韩中、韩日贸易额 单位：百万美元

年份	韩国对中国		韩国对日本	
	出口	进口	出口	进口
2012	134,323	80,785	58,525	64,363
2011	134,185	86,432	39,680	68,320
2010	116,838	71,574	28,176	64,296
2008	91,389	76,930	28,252	60,956
2006	69,459	48,557	26,534	51,926
2004	49,763	29,585	21,701	46,144
2002	23,754	17,400	15,143	29,856

资料来源：韩国国际贸易协会。

表 2.2 韩中、韩日贸易平衡 单位：百万美元

年份	韩国对中国	韩国对日本
2012	53,538	-5,838
2011	47,753	-28,640
2010	45,264	-36,120
2008	14,459	-32,704
2006	20,903	-25,392
2004	20,178	-24,443
2002	6,354	-14,713

资料来源：韩国国际贸易协会。

表 2.3 韩中、韩日农产品贸易平衡 单位：百万美元

年份	韩国对中国	韩国对日本
2011	-5,191	2,827
2010	-5,060	1,293
2008	-7,515	732
2006	-5,667	812

资料来源：韩国国际贸易协会。

接下来,我们来比较一下韩国、中国和日本三国间的双边贸易进出口总额。韩国对日本的出口总额从 2002 年的 150 亿美元增加至 2012 年 590 美元,增长了近 4 倍。韩国对中国的出口额从 2002 年的 240 亿美元增加至 2012 年的 1340 亿美元,增长了 6 倍。从进口方面来看,截至 2006 年,日本一直是韩国最大的进口来源国,而 2007 年韩国从中国的进口总额超过日本。

2012 年,韩国从中国的进口额达到 810 亿美元,而从日本的进口额为 640 亿美元,两个数字出现明显变化。此外,韩中贸易形势与韩日完全不同。韩国对中国的贸易顺差从 2002 年 60 亿美元增长至 2012 年 540 亿美元。相反,韩国对日贸易同期一直呈现逆差趋势。这些数据表明,相比韩日经济关系,韩中经济关系对于韩国来说更加重要。

2. 自由贸易协定下中韩经济共同繁荣的可能性

韩国三星经济研究所分析认为,未来在中韩自由贸易协定框架下,制造业的开放程度将达到 100%,而农业的开放程度将达到 50%。

从这个角度来看,中国与韩国 GDP 均有望实现增长(韩国 GDP 增长 2.72%,中国 GDP 增长 0.35%),未来中韩自由贸易协定对韩国福利的贡献率将达到 1.25%。亚洲开发银行发布的数据表明,制造业和农业领域的开放程度都将达到 100%。亚洲开发银行的报告预测,中韩自由贸易协定将推动韩国 GDP 增长 2.7%,中国 GDP 增长 0.32%。

表 2.4 中韩自由贸易协定的利益和福利 单位:%

	中国		韩国	
	GDP 增加率	福利	GDP 增长率	福利
ADB①	0.32	0.00	2.70	0.95
SERI②	0.35	0.22	2.72	1.25

(1) ADB:亚洲开发银行。
(2) SERI:三星经济研究所。

此外,我们应该考虑中韩自由贸易协定生效后,中韩两国的优势产业和弱势产业。如表 2.5 所示,韩国弱势产业是农业领域。首先,韩国担心中韩自由贸易协定将给韩国农民带来毁灭性的打击。中韩自由贸易协定将会引发大量中国农产品,如大蒜、圆葱、辣椒以及苹果等进入韩国市场。

① ADB:报告认为,制造业和农业将完全开放。
② SERI:报告认为,制造业的开放程度将达到 100%,而农业的开放程度将达到 50%。

其次,韩国也担心中韩自由贸易协定将对韩国中小企业带来消极影响。中韩自由贸易协定将可能带来越来越多的中国产劳动密集型产品进入韩国市场。相反,中韩自由贸易协定将可能为优势产业带来丰厚的利润,如韩国汽车、石化和服务领域等等。在服务领域,韩国金融、保险以及电信产业将会从中韩自由贸易协定中获得巨大收益。同时,中国农业领域和劳动密集型产业也将成为优势产业,而中国汽车、石化以及服务产业将可能成为弱势产业。

表 2.5　韩国和中国的优势产业和弱势产业

	韩国	中国
弱势产业	• 农业 —大蒜 —圆葱 —辣椒 —苹果 • 劳动密集型产品	• 汽车 • 石化 • 服务
优势产业	• 汽车 • 石化 • 服务 • 金融、保险、电信等	• 农业 —大蒜 —圆葱 —辣椒 —苹果 • 劳动密集型产品

资料来源:韩国国际贸易协会。

根据过去所签署的自由贸易协定,两国的研究机构认为,中韩自由贸易协定也将产生如其他自由贸易协定一样的经济效益。

从美国、墨西哥、以色列等自由贸易协定的案例来看,自由贸易协定所产生的经济效应将可能与预期完全不同。其中的一个例子为美以自由贸易协定(1985 年)。当以色列政府与美国签署自由贸易协定的时候,以色列的一些专家学者表示坚决反对,他们担心以色列这么小的国家与世界经济最强的美国签署自由贸易协定将会给以色列带来巨大的贸易逆差。然而,20 年后,事实与预期完全相反,以色列实现了与美国的贸易顺差。

另外一个例子就是北美自由贸易协定。当时,美国农民组织反对与墨西哥签署自由贸易协定。种植玉米的美国农民担心墨西哥产的廉价玉米大量涌入美国市场,而结果恰恰与之相反。美国农业部的一份调查报告显示,北美自由贸易协定前美国对墨西哥的玉米出口仅为 91 万吨,而北美贸易协定生效后,2003 年这一数字增加至 580 万吨,而到了 2010 年增加至 790 万吨。

自由贸易协定意味着双方都要开放本国市场。也就是说,自由贸易协定对于中国经济和韩国经济来说都意味着机遇和挑战。因此,为了促使这份自由贸易协定给两国带来更大的利益,两国商界、政界、专家、非政府组织、农民组织、工会等都希望在中韩自由贸易协定中获得最大利益,并将损失降到最小。因此,中韩两国应该通力合作,推动中韩自由贸易协定实现双赢。

三、加快缔结中韩自由贸易协定的重要性和谈判策略

1. 中韩自由贸易协定进展情况

自 2012 年 5 月中韩两国领导人在北京宣布推动中韩自由贸易协定以来,中韩两国政府谈判小组已经进行了四轮工作组谈判。2012 年 5 月 14 日,第一轮谈判在北京举行;2012 年 10 月 30 日至 11 月 1 日,在韩国庆州举行了最近的一次谈判;第五轮谈判将于 2013 年 4 月份在北京举行。

韩方产业通商资源部为谈判代表,谈判小组由政府相关部委组成,包括企划财政部、知识经济部、农林水产食品部等。

中方商务部为谈判代表,谈判小组也由相关部委组成。谈判主要涉及几个不同的领域,包括商品贸易、非关税贸易壁垒等等。此外,专家会议讨论的议题包括服务、投资和知识产权等领域。

目前来看,中韩双方采取的都是"硬式谈判"策略。

2. 中韩双方的立场差异

首先,韩国政府的基本立场是大米等超敏感产品(主要为农产品和水产品)必须排除在开放市场的商品目录之外。这与韩美自由贸易协定一样,大米也被排除在外。但是,中国希望通过中韩自由贸易协定向韩国出口更多的农产品,并坚持认为开放农产品市场必须在中韩自由贸易协定中认真讨论。从这个角度来看,农业领域将成为中韩自由贸易协定谈判的热点问题。

其次,从谈判策略上来看,中韩双方在"如何谈判"这个问题上也持不

同观点。韩方希望从“一揽子妥协谈判”到“分阶段谈判”，而中方坚持从“分阶段谈判”到“一揽子妥协谈判”。中国通过分阶段谈判已经与东盟、巴基斯坦和台湾等国家和地区签署了自由贸易协定或经济合作协定。首先，中国将就制造业领域进行谈判，而后涉及服务、知识产权以及投资等领域。但是，韩国认为中韩自由贸易协定应该具有全面性。韩国不希望以分阶段谈判的方式实现全面自由贸易协定。因为韩国担心一旦以中国所希望的分阶段谈判的方式进行，中韩自由贸易协定将很难达到预期的开放程度。此外，韩国认为分阶段谈判将可能导致服务领域的部分开放，韩国希望中韩自由贸易协定不仅开放制造业领域，同时也将开放服务领域，并去除“非关税贸易壁垒”。

再次，韩国希望自由贸易协定不仅包括商品、投资、服务、政府采购、知识产权的市场开放，同时竞争政策、贸易便捷化、技术贸易壁垒、政策透明度、卫生和动植物检疫措施（SPC）等都应该包含在“全面自由贸易协定”中。但是，中国很难接受将政策透明度、卫生和动植物检疫措施（SPC）等包含在全面自由贸易协定中。

3. 加快缔结中韩自由贸易协定的前景展望

尽管中韩贸易谈判代表努力推动谈判进程，但是进展却非常缓慢。这主要是由于中韩双方都为实现自身利益最大化而坚持“硬式谈判”策略，这样就损害了谈判对方的利益。这种谈判可以定义为“零和博弈”。

正是由于中韩两国紧密的经济关系，中韩自由贸易协定所带来的影响将是非常巨大的。因此，中韩双方谈判代表都不会在敏感商品上做任何让步。也正是因为这一点，在过去十年间，韩日两国一直未能缔结自由贸易协定。日本由于国内农民组织激烈的政治反对而无法推进，而韩国在零部件领域遭到来自中小企业和工会的强烈反对。如果中韩双方如出一辙，在中韩自由贸易协定谈判中也可能发生类似的情况。而在这种情况下，中韩自由贸易协定谈判也可能会像韩日自由贸易协定谈判那样僵持十年或者更长的时间。

如果中韩两国领导人，特别是中国领导人能够充分考虑到政治因素的话，中韩缔结自由贸易协定也可能比预期的要快一些。正如本文所提到的，中国和美国两个“超级大国”有时会签署所谓的“政治 FTA”，例如 2000 年美国—约旦自由贸易协定、1995 年美国—以色列自由贸易协定以及 2009 年中国—巴基斯坦自由贸易协定。

在这种情况下,中国领导人的政治考量将成为重要的推动作用,而政治因素也将大于经济因素。最终,双方将会形成"一揽子协议"或者"交易协议"。这意味着,从政治角度来看,高度敏感的商品将会排除在外,双方将可能找到一个契合点,不仅满足谈判双方,同时也应该满足国内各个阶层团体的要求。

4. 加快缔结中韩自由贸易协定的必要性

以下几个方面的原因可能最终导致因为政治考量而缔结自由贸易协定。

(1) 韩美自由贸易协定和韩—欧盟自由贸易协定的贸易转移效应。

韩美自由贸易协定于2012年3月正式生效,而韩—欧盟自由贸易协定于2011年7月生效。这也从侧面反映出中国也需要加强与韩国的经济联系。截至2003年,美国一直是韩国最大的贸易伙伴。2004年,中国取代美国成为韩国最大的贸易伙伴。中韩贸易额从2004年的790亿美元增加至2011年2210亿美元。

韩国主要贸易伙伴 (单位:10亿美元)

	2003	2004	2006	2008	2010	2011
美国	59 (15.8%)	72 (15.0%)	70 (12.2%)	85 (19.5%)	90 (10.1%)	101 (9.3%)
中国	57 (15.3%)	79 (16.6%)	107 (18.6%)	168 (38.7%)	188 (21.1%)	221 (20.4%)

资料来源:韩国国际贸易协会。

韩美自由贸易协定和韩—欧盟自由贸易协定将产生贸易转移效应。这种贸易转移效应将削弱中韩经济关系。

(2) 美国"跨太平洋伙伴关系倡议"和中国"双边自由贸易协定倡议"。

从目前跨太平洋地区的地缘政治格局上来看,中国不仅仅应该考虑中韩自由贸易协定的经济意义,同时也应该关注其重要的地缘政治意义。

2006年在越南召开的第14届亚太经合组织(APEC)峰会上,时任美国总统的小布什曾大胆提出要将亚太自由贸易区作为长远的发展目标。在东亚新区域主义和中国经济崛起的背景下以及地缘政治形势不断变化下,将亚太自由贸易区作为长远发展目标是美国推动亚太地区区域融合的第一步。此外,2008年美国提出了"跨太平洋伙伴关系协议"(TPP),并以此推动小布什总统所提出的亚太自由贸易区设想。

这意味着美国希望实现与东亚经济的融合,不仅仅是经济因素,也包含地缘政治因素,也可以说是美国和中国潜在的一种"霸权"竞争。

"跨太平洋伙伴关系协议"的影响同样不容忽视。中国提出在东亚建立"大中华经济圈"推动东亚经济融合,而美国对东亚的基本贸易政策则是,在整个跨太平洋区域范围内,美国与东亚各国之间不能存在界限。因此中、美两国的东亚贸易政策存在冲突。在此背景下,为了应对美国所提出的"跨太平洋伙伴关系协议",中国则提出了双边自由贸易协定的倡议。在这个倡议下,中国希望通过与东亚各国签订自由贸易协定的方式实现区域经济融合。因此,为了实现这个目标,中国也需要与韩国签订自由贸易协定。

但值得注意的是,中国虽然可以通过中韩自由贸易协定应对美国所提出的"跨太平洋伙伴关系协议",但在某种程度上这也将削弱中国在区域内的贸易利益。

(3) 国内政治相对简单。

从韩智和韩美签订自由贸易协定的经验来看,自由贸易协定谈判是一种如普特南所提出的"双层博弈"。第一层博弈是两国政府间的国际谈判,并最终签署初步协议,而第二层博弈则是说服各自国内不同的利益团体,并最终批准自由贸易协定以进行的国内谈判,如国会、农民组织和工会等。从这个方面来看,中国在第二层博弈的过程中基本不存在任何障碍。因此,中国与韩国签署自由贸易协定相对来说所面临的压力更小。

对于中国的第四大贸易伙伴韩国来说,中国不仅仅是其经济伙伴,同时在政治层面上也是一个重要的国家,中国在朝核问题的六方会谈以及朝鲜半岛统一的问题上起着重要的作用。因此,与中国缔结自由贸易协定不仅能够推动韩国经济繁荣,同时也将巩固韩国的国家安全。

韩国认为,中韩自由贸易协定一旦达成,即可升级韩国与中国的经济关系,并由此从"经济伙伴关系"发展为"经济同盟关系"。

结　语

中韩自由贸易协定在推动东亚经济融合的过程中可以起到关键的杠杆作用。

首先,中韩自由贸易协定不仅具有经济意义,同时在政治经济学、地缘政治等方面对中韩两国都有着重要意义。此外,中韩两国领导人需要发挥强大的领导力,为快速缔结中韩自由贸易协定做出巨大努力。

其次,为了早日缔结中韩自由贸易协定,国内政治力量强烈反对的敏感商品应该排除在自由贸易协定之外。此外,中国产大米、大蒜、圆葱、辣椒以及苹果等产品同样应该排除在外。按照互惠互利的原则,韩国产汽车、石化产品等中国不愿开放的领域,也应该排除在中韩自由贸易协定之外。

但值得注意的是,由于在开放领域问题方面仍存在争议,中韩自由贸易协定能否成为中等水平的自由贸易协定尚难以定论。

截止到目前,从本文所讨论的所有因素来看,与自由贸易协定谈判失败相比,中韩两国缔结一份中等水平自由贸易协定的可能性仍然较大。中韩谈判双方在未来的谈判中必须找到彼此可以做出让步的空间,而开放韩国的农业市场就是一个重要的问题。例如,韩国农民要求将一些农产品排除在自由贸易协定之外,而中国坚持韩国必须完全开放农产品市场。

中韩自由贸易协定将给两国带来的影响是不可预期的,这也取决于未来的几轮谈判。虽然在最终协定公布之前很难判断,但双方应该本着"放弃眼前利益,着眼长远利益"的原则,因为缔结中韩自由贸易协定为两国所带来的利益将远远大于两国在某些问题上相互让步所产生的损失。

(作者系韩国西江大学国际大学院教授)

参考文献:

Ahn, Se Young, "Domestic Politics of FTAs and Negotiation Strategy for Economic Integration in East Asia: The Korean Perspective," paper presented at the Asia-Pacific Economic Association Conference, University of Washington, Seattle, July 29—30, 2006.

Ahn, Se Young, "Geopolitical Implications of the US-Korea and its Domestic Politics," paper presented at the Conference organized by CSIS (Center for Strategic and Int'l Studies) & Chosun Ilbo, Washington, D. C., September 26—27, 2006.

Bergsten, C. Fred et al., "The United States and the World Economy; Foreign Economic Policy for the Next Decade," Washington, D. C., IIE, 2005.

Bergsten C. Fred, "Embedding Pacific-Asia into the Asia-Pacific: the global impact of an East Asia Community," Speech at the Japan National Press Club, Tokyo, September 2,

2005.

Bergsten, F., Bates Gill, Nicholas R. Lardy, Derek K. Mitchell, "China: The Balance Sheet-What the World Needs to Know Now about the Emerging Superpower," IIEand CSIS, 2006.

Brilliant, M., "US-Korea FTA Business Coalition," Chamber of Commerce in Korea, May/June 2006.

Urata, S., "Toward the Establishment of FTA in East Asia: The Japanese View," Waseda University April 2004.

Zhang, Jianping. "Analysis on Issues and Prospects of China-Korea FTA." The Paper for KIEP Visiting Scholar Project, Seoul, 2006.

Strengthening Sino-Korean Economic Relations and Accelerating the Conclusion of Free Trade Agreements

[ROK] Ahn Se Young

Abstract: With the increasing importance of Sino-Korean economic relations, concluding the Free Trade Agreements will achieve the common prosperity between China and South Korea. The essay reviews the current status of negotiation and gives a prospective on signing the agreements.

Key words: Sino-Korean; Economic Relations; Free Trade Agreements

朴槿惠政府外交趋向

沈定昌

【内容提要】 韩国总统朴槿惠深受其父前总统朴正熙的影响，将大力推行“实用主义”的外交政策，即继续推行前届政府的加强与周边四大国的外交政策，但重点排序调整为美、中、日、俄；变上届政府对朝鲜一味强硬施压做法，用“施压·对话”双轨并行政策，缓和南北关系。以期最大限度地得到有利于经济发展的外部环境，使韩国获得新的发展。

【关键词】 朴槿惠；韩国；外交；趋向

第18届韩国总统选举结果于2012年12月20日凌晨正式揭晓，韩国执政党新世界党候选人朴槿惠获得半数以上选票，成功当选韩国新一任总统。她在大选中的获胜，在韩国历史上创造了多个第一，她是韩国第一对父女总统、第一位未婚总统、第一位得票过半数的总统，然而更引人瞩目的是她是韩国第一位女总统。

朴槿惠当选总统后，立即展开密集的外交活动。2013年新年伊始，她就先后会见了欧盟、法国、英国和印度等国驻韩国大使，还会见了沙特阿拉伯和埃及等中东13个国家的驻韩国大使；1月14日接见了到访的前日本众议院议长河野洋平，1月29日会见了缅甸全国民主联盟领导人昂山素季；并于1月22日派遣特使团访问中国，2月6日派遣政策协商代表团访问了美国。此外，候任总统朴槿惠还分别与加拿大等国领导人通了电话。

2013年2月25日凌晨零点，韩国首尔普信阁举行敲钟仪式，宣告韩国第18届政府正式出台，新任总统朴槿惠的任期也随着33响钟声拉开了序幕。朴槿惠就任总统后，展开了“就职仪式外交”，接连会见了前来参加就职典礼的美国、中国、日本、俄罗斯、澳大利亚、印度尼西亚、秘鲁、阿富汗、加蓬、乌兹别克斯坦、哈萨克斯坦、土库曼斯坦、科威特、沙特阿拉伯等国的使节团，还访问了韩美联合司令部等，拉开了韩国外交的序幕。

一、影响外交政策制定的因素

国家在制定、贯彻执行外交政策的时候，考虑最多的是国家利益。根据各国内部形势和周边情况，国家利益涉及的范围非常广，它包括国家的生存问题，也包括统治周边地区乃至世界的问题。而外交最基本、最广泛的目标则是谋求国家的安全和经济的繁荣，在处理与其他国家关系的时候，尽量提高本国的威信和影响力。分析一个国家的外交政策制定因素，可以阐明该国家是如何制定外交路线、为何选择这一政策，进而发现外交政策制定行为的规律性，并使之理论化。总之，外交政策制定因素包含了物理性的因素和人的因素。[①] 由于韩国的外交环境比较特殊，其外交政策的性质也与一般的国家有很大的差异。与一般的国家不同，韩国从外交、安全方面来看，曾处于分裂、战争、敌对性的对峙和缔结同盟的特殊状况。因此，韩国在外交政策的制定过程中，往往会受到国际因素、国内政治经济因素、历史地缘政治学因素、最高权力者因素、意识形态方面等多种因素的影响。而朴槿惠政府在制定外交政策时，更多的将是受到下列因素的影响：

1. 家庭背景

朴槿惠是韩国前总统朴正熙的长女，其父亲是韩国最具有争议的总统之一。朴正熙出生于韩国庆尚北道善山邑，毕业于大邱师范学校，在小学当了3年教员。1940年，作为第二届新生入满洲的新京（长春）军官学校学习，后转入日本陆军士官学校，毕业后曾在日本的关东军服役。1946年归国，朝鲜战争期间在韩国陆军总部情报局供职，1953年晋升为陆军中将。此后，先后担任了韩国第二军团炮兵司令、第一军参谋长、陆军军需基地司令、第一管区司令、陆军总部作战参谋部长、第二军部司令等职。[②] 1961年5月16日，朴正熙以政变方式推翻政权。人们斥责朴正熙是不折不扣的独裁者，排除异己，培植特务机构，甚至通过规定总统终身制的《维新宪法》……但人们同时又怀念朴正熙领导韩国实现工业化和

---

① 沈定昌：《韩国外交与美国》，社会科学文献出版社2008年版，第2页。

② 郑判龙等：《简明韩国百科全书》，黑龙江朝鲜民族出版社1999年版，第588页。

经济腾飞。1974 年 8 月 15 日,有人在韩国政府举行韩国光复 29 周年纪念活动时行刺朴正熙,但却误将其妻子射杀。1979 年 10 月 26 日,朴正熙遇刺身亡。

朴正熙总统执政期间,在积极治理国家的同时,大力开展外交活动,为韩国营造了一个良好的国际环境,促进了韩国的经济发展。在短短的 10 多年间,韩国经济迅猛腾飞,人均 GDP 增长近 20 倍,创造了"汉江奇迹",为后来韩国成为"亚洲四小龙"奠定了坚实的基础。韩国过去曾是世界上贫穷落后的农业国之一,之所以能在较短的时期内跨入世界较先进的工业化国家行列,除了国内的经济政策对路等原因外,其中很重要的一个因素是受益于朴正熙的外交政策。

朴槿惠的一生中,家庭对她的影响很大。作为总统的长女,在母亲遇刺身亡后,她成为韩国"第一女儿",基本上代行了"第一夫人"职责;[①]在父亲遇袭身亡后,她不得不离开青瓦台,过了十几年的"隐居"生活,精神上承受极大痛苦。上世纪 90 年代后期,韩国遭受了前所未有的金融危机,许多企业倒闭、家庭破产。人们开始怀念朴正熙时代的经济高速发展。在韩国媒体对历史人物和历届总统的民意调查中,朴正熙名列榜首。

2. 国内政治

国内政治对外交政策的影响也很大。韩国实行"立法、行政、司法"三权分立政体。行政权属总统,总统是国家元首、政府首脑和武装部队最高司令,主持由国务总理和各内阁部长组成的国务会议,负责决定、协调和处理国家政策和重大事项;立法权属国会,主要职能包括:审议并通过或否决各项法案、审核和批准政府财政预算、检查政府工作、批准对外条约以及同意宣战或媾和、弹劾总统和主要政府官员、否决总统的紧急命令等;司法权属大法院和大检察厅,大法院院长由总统任命,须取得国会同意,而大法院的法官则由大法院院长推荐,由总统委任。目前,韩国国会中占据席位的主要政党有:执政的新世界党(154 席)、在野的民主统合党(127 席)、进步正义党(7 席)和统合进步党(6 席)。

朴槿惠当选总统后,曾与韩国的最大在野党——民主统合党就《政府

---

① 这段经历为朴槿惠积累了宝贵的从政经验。朴槿惠后来回忆说,正是 5 年的"第一夫人"的经历让她学到了如何处理国家大事。

组织法》修订案[①]等问题进行了协商，但由于双方分歧较大，协商宣告破裂，致使《政府组织法》修订案未能在新政府上台的2013年2月25日之前在国会获得通过。[②] 3月4日，朴槿惠总统在青瓦台春秋馆发表“对国民谈话”，就《政府组织法》修订案尚未获国会通过而影响到多项政府工作，向国民道歉。发表谈话后，她在青瓦台首席秘书会议上指出，韩国正面临安全和经济双重危机，《政府组织法》修订案如迟迟得不到通过，新政府将会成为“植物政府”，而受损失的将是国民。[③] 3月17日，韩国的朝野两党终于就《政府组织法》修订案达成一致，困扰朴槿惠政府施政的问题终于得到解决。

困扰朴槿惠政府的另一问题是新政府内阁的组建。根据韩国《人事听证会法》，内阁总理和部长等任命要经过国会听证，也就是由国会议员对被提名人进行审查，之后才能正式任命。而在朴槿惠总统新政府内阁提名人中，因诸如逃兵役、不动产投机、偷税漏税、获取不正当收入、论文剽窃等疑点，致使有些听证人未能获得国会的通过或放弃提名。由于朝野各党分歧严重，新政府组阁“搁浅”，直到4月17日，即朴槿惠就任总统52天后，才完成新政府内阁的组建。

新政府上台伊始，由于执政党与在野党围绕《政府组织法》修订案的长久对立、人事安排的失误[④]等，国民对新政府的期待变成了失望，导致朴槿惠总统支持率的下降。据韩国舆论调查机构“韩国盖勒普”3月18—21日的调查结果显示，朴槿惠总统的支持率由大选时的51.6%降到了44%。而在此前的“韩国盖勒普调查”中，李明博前总统上台后的3月份支持率是52%、卢武铉前总统的支持率是60%。[⑤]

3. 个人因素

外交政策制定过程中的个人因素，体现出政策制定者在制定、实施国

---

① 该修订案拟在新政府中设“17部3处17厅”，其中包括外交通商部改名为外交部，将其原来的部分职权移交给产业通商支援部；将有线电视运营业务移交给未来创造科学部等。

② 由于《政府组织法》修订案未能在国会通过，造成未来创造部、海洋水产部等新设部门的部长提名人的国会人事听证会也只得向后推迟，朴槿惠政府只能靠李明博政府的内阁和组织机构迈出政府工作的第一步。

③ 2013年3月5日《东亚日报》（中文网）http://china.donga.com/gb/srv/service。

④ 朴槿惠总统亲自选拔的国务总理候选人金龙俊、未来创造科学部部长候选人金宗勋、中小企业厅长黄哲柱、法务部副部长金学义、国防部部长候选人金炳宽等人均因各种原因自行辞职或落选。

⑤ 2013年3月22日《东亚日报》（中文网）http://china.donga.com/gb/srv/service。

家外交政策时的个人特色,这对于外交政策的内容以及实施方法等都有很大的影响。这种个人的特色包含了政策制定者所具有的能力、性格、信仰以及心理趋向等。每个人都会有各自不同的经历、价值观和特性等,而这种个人的特性将在政策制定过程中有所体现。① 韩国是具有总统制实质的政体国家,总统作为国家元首又掌握行政大权,是国家真正的权力中心。因此,总统个人的哲学观和领导能力,对政府的性质和国家运营影响很大。

朴槿惠 9 岁时就随父亲入住青瓦台,在那里生活十多年,亲身经历、见证了父亲领导韩国摆脱贫困、实现工业化和经济腾飞的整个过程。1974 年,朴槿惠从韩国西江大学毕业赴法国留学不久,收到母亲被刺身亡的噩耗后,中断留学生涯匆匆回国。此后 5 年时间,她一直代母履行"第一夫人"职责。正是这段时期,她历练出性格坚定、冷静的一面,获得"冰公主"的称号。1979 年,其父朴正熙遇刺身亡,朴槿惠被迫远离政坛。在此后的近 20 年里,她曾在女童子军、岭南大学和一家教育基金会等非政治机构任职。在那段艰难的时期,她开始学会卧薪尝胆,一边修身养性,一边寻找机会重返政坛。随着时局变换,朴槿惠抓住了机遇。1997 年,她加入大国家党(新世界党的前身),以支援大国家党总统候选人的方式重新回到人们的视线。1998 年,她在老家打出"要完成父亲未竟事业"的口号,以压倒性优势当选为国会议员。此后,她屡次创造选举成功神话,先后 5 次高票当选国会议员,获得"选举女王"称号。

在朴槿惠的政治生涯中,有几件事对她迈向青瓦台至关重要。2002 年,朴槿惠将个人仇恨②放在一边,以整个国家和民族大义、利益为重,率团访问平壤,会见朝鲜最高领导人金正日,还获准通过三八线上的板门店回国。她的这个惊人之举,赢得了极高的政治声誉;2004 年,大国家党弹劾时任总统卢武铉,导致支持率骤跌。朴槿惠临危受命,当选党首后,进行了大刀阔斧的党内改革。朴槿惠带领全党经过一年的努力,使大国家党重返第一大党的位置;2012 年 2 月,为挽救执政党腐败无能、挽回不断下滑的民意,大国家党在朴槿惠的领导下更名为新世界党,在 4 月的国会选举中成功"大逆转",获得过半席位,守住了国会第一大党的地位。这些事不仅为

---

① 沈定昌:《韩国外交与美国》,社会科学文献出版社 2008 年版,第 41 页。

② 1974 年 8 月 15 日,旅日朝鲜人文世光,利用纪念韩国光复活动的机会,企图暗杀朴正熙总统。但是,文世光暗杀朴正熙未能成功,却击毙了在朴正熙身后的朴正熙夫人。有媒体称,文的暗杀行为是受朝鲜指派。

朴槿惠在党内树立了极高的威信，同时也为她赢得了很高的民意支持。

4. 施政理念

朴槿惠总统经历坎坷，具有执著的信念和为国为民的献身精神。步入政坛以来，她始终不忘父亲的未竟大业，要“推动大韩民国的先进化”。当选总统后，她在通过媒体发表的新年贺词中曾表示，新政府将把关切民生、解决民生难题放在国政运营的首位，本着国民大团结的精神，努力建设所有国民都感到幸福的社会，同时建立社会安全网络，提倡共荣共存，由此缓解阶层之间的矛盾和两极化现象。并指出，韩国曾创造过辉煌的奇迹，只要国民齐心协力，一定能克服困难，谱写“国民幸福时代”的历史新篇章。[①] 为了实现这一施政目标，她在总统就职演说中表示，将顺应民意，实现韩国经济复兴、国民幸福、文化昌盛的伟大梦想，为建设一个国富民安的大韩民国而不懈努力，共同开创希望的新时代，创造“第二个汉江奇迹”。[②]

朴槿惠的另一个施政理念是“诚信”，她在就职演说中指出，唯有政府与国民相互信任、相互扶持，未来的路才能越走越好，并表示将全力打造一个公开透明、务实有为的政府，坚决维护民众对政府的信赖。[③] 而在外交方面，朴槿惠曾于 2011 年 8 月 23 日在美国外交专业双月刊《外交事务》上撰文表示，朝韩之间需要“信任外交”，让朝韩之间可以互相依赖[④]，提出了“信任外交”的理念。

二、继续推行“四强外交”

冷战结束以来，韩国政府一直非常重视与周边四个重要的大国美、中、日、俄的外交，把与美国、中国、日本和俄罗斯的外交关系作为对外交往的重点。韩国政府认为，处理好与这“四强”的外交关系并在其中寻求平衡，对于稳定朝鲜半岛乃至整个东北亚局势都有非常重要的作用，这一外交政策被称为“四强外交”。种种迹象表明，朴槿惠当选总统后亦将着重推动“四强外交”。2012 年 12 月 20 日，选举结果公布的当天下午，她就在首尔

① 韩国《联合新闻》2012 年 12 月 31 日电，www. yonhapnews. co. kr。
② 韩国《联合新闻》2013 年 2 月 25 日电，www. yonhapnews. co. kr。
③ 韩国《联合新闻》2013 年 2 月 25 日电，www. yonhapnews. co. kr。
④ 韩国《中央日报》2011 年 8 月 24 日。

汝矣岛新世界党党部依次接见了美国、中国、日本、俄罗斯四国的驻韩大使。2013年3月31日，在新政府组阁尚未完成的情况下，朴槿惠就内定前外交部第一次官安豪荣为韩国驻美国大使、新世界党议员权宁世为韩国驻中国大使、新世界党智库——汝矣岛研究所顾问李丙琪为韩国驻日本大使（现韩国驻俄罗斯大使魏圣洛留任），将自己最为信任的官员安排到"重中之重"的外交岗位，正式启动了"四强外交"。朴槿惠政府继续推行加强与周边四大国的外交，虽然延续了上一届政府的外交政策，但"四强外交"的侧重明显不同。她在就职演说中表示，"今后将与美国、中国、日本、俄罗斯及亚洲和大洋洲等区域内国家增进互信，缓和亚洲地区的紧张局势，增强亚太地区的和平与合作"[①]，明确提出了"四强外交"的顺序依次是美、中、日、俄。就任总统后，朴槿惠打破以往总统的惯例，在会见外国大使时，第一次出现了将中国排在日本前面的现象。

1. 韩美关系

韩美同盟关系历来是韩国外交的重中之重。李明博执政后，通过对美国的两次访问及多次韩美首脑会晤，修补了因两国间"不和谐"而形成的裂痕[②]，将韩美关系从军事同盟关系提升为"21世纪战略同盟关系"，并从美国政府那里获得了在朝鲜半岛出现紧急情况时提供核保护伞的承诺。朴槿惠亦将把加强韩美关系放在韩国外交的首位，她在竞选时就曾承诺，要将韩美同盟关系提升为"全面战略同盟关系"，就任总统后首个访问国依照惯例仍定为美国。2013年5月7日，朴槿惠与美国总统奥巴马在华盛顿举行首脑会谈，双方为纪念两国60年间的友好合作与共同繁荣，发表了《纪念韩美同盟60周年联合宣言》。宣言高度评价了60年来韩美关系的发展历程，对韩美同盟进行了重新定位，提出了今后两国关系发展的方向。[③]

---

① 韩国清瓦台网页，2013年2月25日。www. president. go. kr/kr/president/news/r。

② 自金大中政府实施"阳光政策"以来，由于双方在对朝鲜认知和政策上存在明显分歧，使两国经常发生一些"不和谐"的迹象。尤其是卢武铉执政后，"东北亚均衡论"战略的实施和"自主国防"的加强，给韩美同盟带来了重大影响，导致韩美关系出现裂痕。

③ 宣言指出："如今韩美同盟已经不仅仅局限于国家安全方面的合作，而是扩展到政治、经济、文化、人员交流等多个领域，发展成为全面战略同盟关系。……韩美同盟正逐步发展成为全球合作伙伴关系，美国欢迎韩国积极参与国际事务，在世界舞台上发挥领导作用。双方同意在气候变化、清洁能源、能源安全、人权、人道主义支援、援助发展中国家、恐怖主义、和平利用核能、核能安全、防止核扩散、网络安全、海盗等诸多问题上加强合作。"（韩联社华盛顿2013年5月7日电，http://chinese. yonhapnews. co. kr/allheadlines/2c）

今年时逢韩美同盟建立60周年，韩美两国将以此为契机，进一步夯实同盟关系，加强经济合作，[①]加深两国国民之间的交流与合作，发展新的两国关系。届时，修改《韩美原子能协定》[②]和《驻韩美军地位协定》(SOFA)、驻韩美军防卫费的承担问题、移交战时作战指挥权等事宜亦将是韩美两国政府需要解决的课题。而韩国是否加入由美国主导的《跨太平洋战略经济伙伴协定》(TPP)的谈判，将会对韩美关系产生微妙的影响。[③]

2. 韩中关系

中韩建交以后，在双方的共同努力下，两国关系长足发展，双方高层保持交往，政治互信不断加深，各领域的交流与合作持续扩大，在国际和地区事务中的协调与配合日益紧密，加强战略沟通，促进互利合作，推动双边关系不断取得新进展。短短20年间，中韩两国遵循相互尊重、平等互利、开放透明、合作共赢的原则，两国关系从建交初期的“友好合作关系”，到1998年建立“面向21世纪的合作伙伴关系”，再到2003年建立“全面合作伙伴关系”，并于2008年宣布建立“中韩战略合作伙伴关系”，实现了跨越式的发展。朴槿惠总统钟爱中国文化，喜欢中国哲学，精通汉语，曾经获得台湾中国文化大学名誉文化博士称号。她曾多次访问中国，与中国结下深厚情谊，“是谙熟中国并有很多中国人脉的知中派，她不仅知道中国担心和需要的是什么，同时也具有发展韩中关系的意志。”[④]她当选总统后，向海外派出的第一个特使团是访问中国，这充分显示了她高度重视中韩友谊和发展中韩关系的意愿。

今年，时值两国政府换届，中韩关系处于一个新的转型期，今后的发展

---

① 2013年5月，朴槿惠总统率领史上最大规模的经济代表团一同访问美国。经济代表团由韩国全国经济人联合会会长许昌秀、大韩商工会议所会长孙京植、三星电子会长李健熙、现代汽车集团会长郑梦九、LG集团会长具本茂、SK集团SUPEX追求协会会议主席金昌根、乐天集团会长辛东彬、浦项制铁公司会长郑俊阳、现代集团会长玄贞恩等51名大企业领导人组成。(韩联社华盛顿2013年5月7日电，http://chinese.yonhapnews.co.kr/allheadlines/2c)

② 韩美两国从4月16日开始就修订《韩美原子能协定》进行谈判，但18日仍未缩小意见分歧，于是决定将原定于明年3月到期的协定延长至2016年，此后继续进行谈判。韩美自2010年启动了修订该协定的谈判，但在核燃料再处理和韩国自主生产低浓缩铀的问题上，双方一直存在分歧。(韩联社华盛顿2013年4月19日电，http://chinese.yonhapnews.co.kr/allheadlines/2c)

③ 奥巴马政府希望继日本之后，韩国也能加入到这个覆盖太平洋和大西洋地区的自由贸易体系的谈判中来。(韩联社华盛顿2013年3月12日电，http://chinese.yonhapnews.co.kr/allheadlines/2c)

④ 李熙玉:《韩国新政府的出台与韩国对华政策建议》，成均馆大学东亚学术院成均中国研究所编《成均中国观察》2013年第1期(总第1期)，成均馆大学出版部，2013年1月15日，第10页。

将面临诸多新的挑战与机遇。中韩双方将深化两国合作关系，超越社会制度和意识形态，以信任的精神和积极的态度，增进相互了解与理解，优势互补，加强交流与合作，谋求共同发展。在新的国际和地区格局与形势下，中韩两国建设基于信任与合作的战略合作伙伴关系尤为重要。朴槿惠政府推崇“信任外交”，在加强两国互信和建立两国人民之间经得住考验的相互理解和信赖的关系方面将有所作为。① 中韩两国经济联系密切，进一步深化两国间的经济合作，符合两国的根本利益，是推动两国关系发展的重要动力，也是两国发展战略合作伙伴关系的基本内容，两国政府将为尽早签署中韩自贸协定（FTA）共同努力，并在应对非传统新安全威胁②等领域加强合作。

3. 韩日关系

韩日两国仅一水之隔，从地理和历史的角度看，其关系是既近又复杂，韩国人往往把日本视为“既近又远的国家”。日本在韩国外交整体政策中具有特殊性。尽管韩日两国于 1996 年确立“面向 21 世纪的新型伙伴关系”后，在政治、经济、外交、文化和青少年交流等领域的合作都取得了较大的发展，并在安全领域加强了合作，但两国仍然很难摆脱历史的阴影。

一方面，韩日之间的独岛领土主权之争、历史问题并未真正解决，包括日本至今不愿赔偿韩国“慰安妇”的损失、日本发行篡改占领朝鲜历史的教科书等；另一面，日本是韩国主要资金和商品来源地，韩日又是重要的贸易伙伴、同为美国盟友，双方无论在国家利益还是在地区发展上都有广泛的共同利益。

韩日两国政府换届后，新当选的领导人均有改善关系的意愿。安倍晋三政府在朴槿惠当选总统后立即表示，希望韩日两国新政府的上台能成为两国关系新的出发点，愿与韩国在诸多领域为发展两国关系展开紧

---

① 据环球时报·环球网披露，韩国政府欲寻求与中国建立“人文同盟”，韩国外交通商部去年底在向总统交接委员会提交《就夯实韩中战略合作伙伴关系的相关方案》中，曾探讨过使用“人文同盟”这一概念。他们的理由是：韩美同盟是基于相同的市场经济及自由民主主义理念之上的“价值同盟”；而从长远角度看，韩中关系也可从另一个层面提升至同盟关系。但最终提交给总统交接委员会的报告书中并没将“人文同盟”这一新概念写进去，取而代之的是相对委婉的词组“加强人文交流”。这可能是因为“同盟”还包括“军事”等敏感领域，因而被慎用。韩国政府内部正在讨论用“人文联盟”、“人文共同体”等字眼来代替之（摘引自 2013 年 2 月 23 日环球时报—环球网，www.huanqiu.com）。

② 新安全威胁扩散性强，形式多样，既有突发性的，如地震、海啸、核事故等，也有惯常性的，如沙尘暴、海洋污染、跨境毒品、有组织犯罪、网络犯罪、非法越境与滞留等。

密合作；[①]朴槿惠在结束总统就任仪式、非公开接见日本副首相兼财务相麻生太郎时也曾表示，希望韩日两国今后构建符合国民情感的信赖关系，以相互信任为基础，加强政治、经济、文化和体育交流，进一步发展成熟的伙伴关系。[②] 尽管韩日两国政府都有改善、发展关系的愿望，但由于日本政府错误的历史认知和言行、内阁人士参拜靖国神社等一系列右倾举动以及独岛的主权问题等，两国关系在近期内很难有实质性的进展。针对安倍政府的右倾立场，朴槿惠总统曾明确表示，韩日两国如果无法在历史问题上达成一致，今后将很难建立面向未来的关系。[③]

而在韩日关系中，美国将是一个很大的变数。在韩日都经历大选，政权平稳过渡之后，美国将会继续撮合韩国和日本。在美日韩之间的三对关系中，美日、美韩都是非常紧密的军事同盟关系，而韩日则只是“伙伴关系”。就韩日两国而言，日本促成三国同盟一体化的意愿非常明显，也非常希望同韩国发展成为“同盟关系”。而韩国却对日本存有疑虑，在历史等问题得不到妥善解决的情况下，很难跨出这一步。[④]

4. 韩俄关系

俄罗斯是韩国的潜在市场，并能提供资源，韩国将其视为重要的经济合作对象。两国关系正常化以来，在贸易、投资、能源、工业、信息通讯、科技、渔业、铁路运输、尖端技术、航天航空、机械制造等领域加强了合作与交流。由于自然资源匮乏，长期以来韩国的主要工业原料都依赖进口；另一方面，随着韩国的经济发展，作为主要能源的石油需求量也大幅增长，而韩国在国内至今尚未找到油田，原油一直依靠进口。因此，韩国为解决经济发展中所需的资源和能源，在俄罗斯积极推进“资源·能源”外交。韩国每年要从俄罗斯进口原油、金、银、铅、锌、铀、石棉、煤炭等自然资源，在开发西伯利亚的山林、萨哈天然气田、萨哈林海上石油天然气等资源方面，韩俄双方也有所合作。

---

① 韩国《联合新闻》2013 年 1 月 4 日电。www. yonhapnews. co. kr 海洋污染、跨境毒品、有组织犯罪、网络犯罪、非法越境与滞留等。

② 韩国《联合新闻》2013 年 2 月 25 日电。www. yonhapnews. co. kr

③ 韩国《联合新闻》2013 年 4 月 25 日电。www. yonhapnews. co. kr

④ 为加强军事合作，韩国国防部和日本防卫省曾计划签订《军事情报保护协定》和《军需相互支援协定》，以便共享有关朝鲜的军事情报和在参加联合国维持和平行动时相互提供后勤支援。但是，由于韩国政府受到执政党和在野党压力，在国内一片反对声中，不得不两次推迟该协议的签署（至今未能签署）。

在韩俄关系中，朴槿惠政府仍将把加强与俄罗斯的经济合作与交流作为重点，在科技合作、韩朝俄输气管道建设项目、远东西伯利亚地区开发等领域加强实质性合作。俄罗斯政府对加强与韩国的经济合作也表现出积极的态势，参加朴槿惠总统就职典礼的俄罗斯使节团团长在与朴槿惠进行会谈时，转达了普京总统希望与韩国在太空开发等各个领域加强合作的意愿。[①] 今后，韩俄两国在太空开发等各个领域将加强合作，双方在新的火箭和人造卫星开发及制造、俄自主开发的全球卫星导航系统"格洛纳斯"（GLONASS）等领域能共享潜力。

三、致力于改善南北关系

韩国不同于其他国家，由于朝鲜半岛的分裂状态，其外交政策也有"内"与"外"之分。韩国外交的对"外"主轴是美国，而对"内"基轴则是朝鲜。自卢泰愚政府推行"北方外交"以来，韩国几届政府尽管在做法上不同，但都把对朝鲜的政策作为对外政策的重要内容之一。朴槿惠也不例外，亦将对朝关系作为外交工作的重要一环。她于2012年11月13日在《亚洲华尔街日报》上发表题为《有关东北亚和平的构想：韩中日合作和正确的历史认知》一文中，就如何解决朝鲜问题阐明了自己的立场。文章指出，当前对韩国来说最重要的是促使朝鲜进行实质性的变化，要积极说服朝鲜领导人实现朝鲜无核化、改善朝鲜居民生活质量、推进朝鲜经济发展战略等。文章并强调，为了实现东北亚和平，必须解决朝鲜问题，韩国应同周边国家加强合作，营造诱导朝鲜进行改革的环境。[②] 她还提出了改善南北关系的"朝鲜半岛信任进程"方案。[③] 这一方案是韩国对朝政策的核心，即韩国和朝鲜增进互信，朝鲜无核化取得进展，届时实施国际社会共同参与的大型经济合作项目。

---

① 目前韩俄之间的年均贸易规模为200亿美元，普京希望到2015年实现两国贸易规模达300亿美元的目标。普京邀请韩国参与俄的太空开发项目，同时他还对TKR（朝鲜半岛纵贯铁路）和TSR（西伯利亚横贯铁路）的连接项目等韩朝俄三方共同合作事业表示了关注。韩国《联合新闻》2013年2月28日电（www.yonhapnews.co.kr）。

② 韩国《联合新闻》2013年1月13日电（www.yonhapnews.co.kr）。

③ "朝鲜半岛信赖进程"方案的主要内容是：韩朝通过非政治领域的交流和人道主义问题来增进"低层次"的信赖，然后根据核问题的进展情况，分阶段推进朴槿惠提出的为建设朝鲜半岛经济共同体的大规模援助方案。韩国《联合新闻》2013年1月16日电（www.yonhapnews.co.kr）。

当选总统后,朴槿惠改变上届政府对朝鲜一味实施强硬政策的做法,采取的是"施压·对话"双轨并行的对朝政策。针对朝鲜核试验等挑衅行为,韩国加强与美国的军事同盟关系,以超强的军演向朝鲜施压。自2013年2月初以来,韩美两国多次举行军事演习,进行了登陆、反潜、舰对舰、舰对空、海上战术机动训练等海上综合演习以及包括联合攻击编队训练、反击作战、紧急空中遮断、近距离空中支援、战斗侦查营救训练等。其间,美国向韩国相继派遣了B-52轰炸机、"夏延"号潜艇、B-2隐形轰炸机和F-22隐形战斗机等,9700吨级的"尼米兹号"核动力航空母舰也参与了演习。在向朝鲜施压的同时,韩国政府分三步推动"朝鲜半岛信任进程"。首先,韩方将向朝鲜提供人道主义援助,同时呼吁朝方遵守南北先前达成的协议。如果第一阶段措施在南北建立互信方面有成效,韩方将扩大南北经济合作,且不与朝鲜核项目挂钩;第三步将是韩国政府向朝鲜提供大规模援助,只是,那将取决于朝方用行动展示弃核的诚意。①

朴槿惠政府试图通过对话、人道主义支援,与朝鲜重新建立信任关系。韩国统一部部长柳吉在3月11日的就任仪式上指出,局势再严峻,韩朝也要为改善双边关系进行对话,过去达成的《7·4韩朝共同声明》、《韩朝基本协议书》、《6·15共同宣言》、《10·4宣言》等协议应被尊重和得到落实。并表示,不管政治局势如何,还将研究对朝鲜婴幼儿、弱势群体提供人道主义援助的问题。② 3月22日,韩国政府批准对朝援助团体向朝鲜发送结核药品。这是朴槿惠上台后,韩国民间团体第一次向朝鲜提供人道主义援助,是韩国新政府提出的"朝鲜半岛信任进程"所迈出的第一步。尽管朝韩关系不断恶化,③韩国政府仍在努力谋求南北文化交流,把交流范围逐步扩大至经济、学术、宗教、体育等领域。为了营造朝鲜半岛的和平氛围,朴槿惠总统还在访美期间提出了在朝韩非军事区(DMZ)④建设世界和平公园的

---

① 《新华网》2013年3月28日(http://www.xinhuanet.com/world/zltx.htm)。

② 韩国《联合新闻》2013年3月11日电(www.yonhapnews.co.kr)。

③ 3月5日,朝鲜人民军最高司令部发言人发表声明宣布,朝鲜将不承认朝鲜停战协定,全面停止朝鲜人民军板门店代表部的活动,决定朝鲜人民军处于进入全面对抗战的准备状态;3月30日,朝鲜政府、政党和团体发表特别声明,宣布朝韩关系进入战时状态,所有朝韩之间的问题将根据战时状态来处理;5月3日,最后7名韩方人员撤回韩国,象征朝韩经济合作的开城工业园区时隔10年被关闭。

④ 韩朝非军事区(DMZ)是横贯韩半岛中部的军事缓冲区。根据1953年7月27日签署的《停战协定》,交战双方将北纬38度线定为军事分界线,分界线南北两侧各2公里以内的地区为非军事区。非军事区内部严禁布置任何军事设施,但在周边地区韩朝均安排有重兵把守。

构想。对于朝鲜方面多次提议将《停战协定》改为《和平协定》一事,朴槿惠表示需要通过一系列的验证来建立与朝鲜的互信关系,扩大韩朝间的各种交流和合作后,才能谈论和平条约的问题。她还就韩半岛统一问题提出了三项原则,即通过与国民协商,在获得全体国民支持的基础上实现统一;要在朝鲜半岛所有居民均获得幸福的情况下实现统一;要实现对亚洲合作和共同发展、世界和平做出贡献的统一。①

四、加强区域合作

2013 年 5 月 8 日,韩国总统朴槿惠在美国国会发表演说时,正式提议推行"东北亚和平合作构想",即首尔进程。这是韩国政府发出的一个积极信号,它将有利于这一地区,特别是朝鲜半岛的和平与稳定。早在 2012 年 11 月 13 日,朴槿惠就撰文阐述了"东北亚和平合作构想",认为东北亚国家构建信赖关系非常重要,希望能像欧洲的赫尔辛基进程那样,将主要国家的双边关系发展与三边关系、东北亚多边关系、亚欧合作等结合,构建信赖关系的同时进行经济合作。② 由于东北亚的问题比较复杂,这一地区的合作还存在不少障碍:从战后到现在,东北亚一直未能摆脱冷战的范式(朝鲜半岛的南北分裂、中国的大陆和台湾问题);社会制度的不同,经济发展水平的显著差异,大国利益交织在一起,大国之间复杂的利害关系很难轻易得到解决;历史问题(韩日、中日、朝日等)。由于这一地区强烈的民族主义倾向,体现在与过去的矛盾与竞争关系不易解决,因此加强地区内相互信赖和区域合作尤为重要。

韩国对东北亚地区的合作持比较积极的态度。区域合作带来的不仅仅是经济上的效果,区域合作如能顺利实现,会随之出现扩散效果。许多区域外国家会同区域内国家建立起经济、社会文化以及政治上的关系,同时也会使区域内国家之间的经济、社会文化以及政治上的关系得到进一步的发展。在东北亚地区,最不稳定的因素在朝鲜半岛,通过东北亚区域合作进行的经济交流与合作越深化,这种不稳定因素也会越来越减少。资源分配会更为合理、有效,从而产生出经济方面的协调效应,使该地区的紧张

---

① 韩国《联合新闻》2012 年 11 月 8 日电(www. yonhapnews. co. kr)。
② 韩国《联合新闻》2013 年 1 月 13 日电(www. yonhapnews. co. kr)。

局势逐步缓和。目前,韩国感到最大威胁来自朝鲜。因此,韩国试图通过区域合作,诱导朝鲜融入国际社会、改善国内经济状况,缓和南北关系。

朴槿惠深受父亲朴正熙的影响,为了实现“第二个汉江奇迹”,将大力推行“实用主义”的外交政策,在安全保障的前提下,最大限度地获得有利于经济发展的外部环境。因此,韩国将不遗余力地开展经济外交,大力开拓海外市场,在加强与美国、中国、日本等国经济合作的同时,积极参与区域经济合作,推动自由贸易协定(FTA)的进程,谋求经济的稳定持续发展。今年5月,韩国派遣由产业通商资源部、企划财政部、农林畜产食品部、海洋水产部、外交部、关税厅、山林厅等部门和机构有关负责人组成的强大阵容的代表团,参加在文莱举行的“区域全面经济伙伴关系”(RCEP)①谈判,保护韩国敏感领域的利益,同时努力争取实现高层次的区域经济一体化。韩国希望,到2015年完成谈判,2016年各方正式签署“关于建立区域全面经济伙伴关系的协定”。②

五、结语

韩国是具有总统制实质政体的国家,总统作为国家元首又掌握行政大权,是国家真正的权力中心。因此,总统个人的哲学观和领导能力,对政府的性质和国家运营影响很大。朴槿惠从小随父亲朴正熙在青瓦台生活、成长,亲身经历并见证了父亲领导韩国摆脱贫困、实现工业化和经济腾飞的整个过程。朴正熙总统执政期间,在积极治理国家的同时,大力开展外交活动,为韩国营造了一个良好的国际环境,促进了韩国的经济发展。朴槿惠将效仿其父的做法,在国家安全得到保障的前提下,积极实施“实用主义”外交政策,以获取有利于韩国经济发展的外部环境。

朴槿惠政府继续推行加强与周边四大国的外交,虽然延续了上一届政府的外交政策,但“四强外交”的侧重明显不同,将其顺序由过去的美、日、中、俄改变为美、中、日、俄;面对不断恶化的韩朝关系,朴槿惠提出了改善

---

① RCEP是中国、日本、韩国、澳大利亚、新西兰、印度、东盟为实现区域经济一体化而进行的谈判。其中,中国、日本、韩国、澳大利亚、新西兰、印度等6国分别同东盟签署了FTA。出席本次谈判的有该6国和东盟10国,5月9日开始在文莱进行为期5天的谈判。

② 韩国《联合新闻》2013年5月5日电(www.yonhapnews.co.kr)。

南北关系的"朝鲜半岛信任进程"方案。改变上届政府对朝鲜一味实施强硬政策的做法,采取的是"施压·对话"双轨并行的对朝政策;正式提议推行"东北亚和平合作构想",谋求将主要国家的双边关系发展与三边关系、东北亚多边关系、亚欧合作等结合,构建信赖关系,促进经济合作。同时,试图通过区域合作,诱导朝鲜融入国际社会、改善国内经济状况,缓和南北关系。

朴槿惠任期内面临的挑战是严峻的,她是韩国传统社会的首位女性总统,必须妥善应对本地区不断升级的紧张局势,确保国家安全与繁荣,必须带领国家安然度过金融动荡……美国战略重心转向亚太地区,势必加剧与中国的竞争,美国会利用"同盟国"来牵制中国,韩国如何处理这一关系?另外,中国和日本的紧张关系亦将令朴槿惠政府左右为难,而中国和韩国在对日领土争端上立场接近,但韩日又都是美国盟友,如何把握分寸,也将是对朴槿惠政府的考验。

(作者系北京大学韩国学研究中心主任、教授)

New Diplomatic Tendencies of Park Geun-hye Administration

Shen Dingchang

Abstract: Under the influence of her father Park Chung-hee, South Korean President Park Geun-hye will carry out pragmatic foreign policies which is to continue the strengthening with neighbouring four big nations. However, the priorities will be adjusted to: US, China, Japan and Russia. Park Geun-hye Administration will abandon the tough stance of last administration and practise the parallel policy of "stress and dialogue" in order to defuse the tension between North Korea and South Korea. This is to create a helpful environment for economic growth and new development.

Key words: Park Geun-hye; South Korea; Diplomacy; Tendency

反思与重构

——浅析蒙古国当代文学批评的历史使命感

郭艺华

【内容提要】 20 世纪 90 年代以来,蒙古国经历了社会政治、经济、文化等各方面的变革,文学发展面临新的环境与挑战。文学批评家也开始反思社会主义时期文学的经验教训,同时试图解释,民主改革以后为何一直未能出现如社会主义时期的扛鼎之作。在新的形势下,文学发展该沿着怎样的方向,文学能够为社会的进步承担怎样的责任,是这一时期蒙古国文学批评家主要的思索。该时期文学批评中折射出批评家强烈的历史使命感。

【关键词】 蒙古国;文学批评;历史使命感

蒙古国文学的动向往往与社会政治的动向密切相关。20 世纪 90 年代初,蒙古国经历了民主化改革,社会各个领域因此发生了广泛而深刻的变革,这一时期也成为蒙古国现代文学发展的分水岭。社会主义时期形成并逐渐固定化的社会主义现实主义不再是文学创作和批评因循的唯一准则,取而代之的是多种文学思潮和文学形式的引进与尝试。如何定位和评判上一时期文学创作的成败得失,是这一时期文学批评的重要任务。批评家反思社会主义时期文学的工作具有为文学与为社会的双重目的。

一、蒙古国现代文学批评回顾

“现代文学”是一个以历史时期作为划分标准的文学概念。关于它的开端,有自 1911 年始与自 1921 年始两种观点,目前蒙古国学界普遍认同的是第二种。蒙古国著名学者桑皮勒登德布在《蒙古国新文学史研究》一文中指出,尽管1911年喀尔喀社会政治生活与思想领域都掀起了变革的序幕,但文学领域的变革并未开始,佛教思想和中国中原汉族地区文学理论仍占主导地位。1921年人民革命之后,才出现了真正意义上的"新文学"①。蒙古国作协前任主席策·恩赫巴特也认为,19世纪末20世纪初是蒙古文学新形式与新内容的探索时期,此时藏传佛教的文艺理论与汉地诗文学在喀尔喀地区的影响力并未改变,直至1921年之后系统地自苏联译介西方文学经典与文学理论开始,文学领域的根本性变革始才发生②。

现代文学批评也被认为出现于这一时期。文学批评最初的形态为文学作品集的前言,文学批评家同时也是当时代最为活跃的文学创作者。30年代后,文学批评指导文学创作的地位愈发凸显。索·博音尼木赫被认为是蒙古国文学批评的先驱,在蒙古国1929年出版的第一卷《文学集》上,博音尼木赫著文论述了文学的主题、文学家的职责、文学的类型以及诗歌创作的原则。另一位现代文学批评的奠基人希·阿尤喜。阿尤喜主要从事戏剧研究,他注意将西方戏剧理论引入蒙古国并将蒙古国现代戏剧纳入西方戏剧理论框架之中进行评判。他提倡利用戏剧这一群众喜闻乐见的方式宣传革命。索特那木是蒙古国现代文学史的第一位梳理者。他在《蒙古文学发展史》中指出,新时期的文学应当反映革命,反映新时期新变化,树立劳动模范典型;此外,社会主义文学还应当使群众易于理解,真实反映生活。作为社会主义时期核心文学理论的"社会主义现实主义"理论首次提出于1939年,成熟于20世纪50年代末到60年代初。在蒙古人民共和国时期,蒙古政府和执政的人民革命党对文学的性质、功能作用及创作方法有系统的理论和政策,对文学批评的目标和作用也有明确的要求。这一时期主流文学批评的功能是为"以文学传播革命思想"提供理论依据,并具体探讨如何利用文学这一宣传工具更好地为社会主义新生活新文化建设服务。这一时期,虽也时见关注文学作品本身的批评,例如热·达什尼姆和德·僧格等批评家认为文学批评的重要作用是揭示文学作品中的隐含意义,但文学批评更多地承担了社会功能,其主要目标是讨论文学的功利性目的如何实现。

---

① 〔蒙〕浩·桑皮勒登德布:《蒙古国新文学史研究》,载《关于蒙古国新文学写作的一些问题》,乌兰巴托,2006年版。

② 〔蒙〕策·恩赫巴特:《蒙古国现代文学革新史略》,载《星火》2008年第4期。

20 世纪 90 年代蒙古国民主改革之后,国家不再将文学创作作为政治宣传的工具加以扶持,文学创作走向自由化,各种文学思潮纷纷涌现,年轻作家争相进行新形式文学创作的试验,此时的文学批评家[1]一方面拥抱文学创作的多元化,认为这正可为走入僵化的社会主义现实主义文学提供出路,一方面又缅怀社会主义时期国家在政策和经济方面对文学的大力支持。批评家看到,社会主义时期文学创作始终具有一个确定的中心话题,90 年代之后文学的中心原则不复存在,各种“主义”“流派”盛行。许多批评家将民主改革时期文学始终未能具有深度的代表作出现的原因归于文学发展尚未形成“新质”,在拥抱文学发展自由化之后,这些批评家重又开始呼唤一个中心原则的形成。

随着文学批评的不断发展成熟,对文学批评的研究著作也开始出现。首先,在不同时期出版的文学史中,陆续出现独立的文学批评介绍和研究。1955 年前苏联蒙古学家米哈依洛夫著《蒙古现代文学简史》出版,这部简史的最后一章介绍了蒙古到 1955 年为止的现代文学批评状况。米哈依洛夫认为,蒙古现代文学的起点是 1948 年第一次作家大会,首批文学批评家是达木丁苏伦、索特纳木和当桑。他以具体批评文本为对象对索特纳木、当桑、策登扎布、舍·纳楚克道尔基等批评家的批评活动进行了评述,并着重强调了作家代表大会的导向性作用。受当时苏联文学批评模式的影响,米哈依洛夫主要评述不同批评家的立场倾向,他重视对作品的思想定性;对关注文艺审美方面的批评,例如仁钦的一些戏剧批评,则持否定态度。米哈依洛夫认为 1955 年之前的蒙古文学批评大多是对文学创作个案的评述,更为详细的专题论著尚未出现[2]。与米哈依洛夫的文学简史一脉相承,1968 年出版的索·罗布桑旺丹主编的《蒙古国现代文学简史,1921—1965》用单独一章评述这一时期文学批评的发展与成果;蒙古国在 1985、1989、1998 年先后出版的《蒙古现代文学史》第一、二、三卷以 1961 年和 1980 年为界将蒙古国现代文学分为三个时期,每个时期断代史的最后一章均为文学批评史。这些文学史中的文学批评章节介绍了各个时期重要的文学批评家及其作品,在前代研究的基础上又补充了更为翔实的资料。这一时期

① 应当指出,这一时期年轻一代的文学批评家尚未形成气候,有威望的文学批评家仍是经历过社会主义时期的老一辈学者。

② 〔俄〕米哈依洛夫著,张草纫译:《蒙古现代文学简史》,作家出版社 1958 年版,第 212—234 页。

的文学批评史秉承文学作为革命宣传工具的要求,评述各位文学批评家的批评活动是否达到应有的标准。文学批评史肯定文学批评对文学的推动作用,并注意将蒙古文学批评中出现的思潮和方法与世界文学批评的发展相联系。同时也显现出对文学批评片面关注作品思想而对作品文学性有所忽略的反思。2007 年,中国学者王满特嘎著《蒙古现代文学理论批评研究》在乌兰巴托出版,该书第一章介绍了蒙古现代文学批评至 20 世纪 60 年代为止的成果概况、理论发展与国内对外蒙古现代文学批评的研究现状,为这一领域的研究补充了丰富的资料,具有独创性的学术价值。该书第二到六章则分别评述了索·博音尼木赫、希·阿尤喜、齐·达西尼姆、穆·雅达姆苏伦、策·达木丁苏伦等学者的批评思想与批评活动。

从上述回顾中可以看出,蒙古国内外学者对社会主义时期蒙古现代文学批评的发展脉络与成果已进行了一定的梳理与研究。这些研究多以文学史的形式出现,依时间顺序及不同文学类别进行评述。然而专题性的文学批评研究仍有待问世。此外,蒙古国民主改革至今已有 20 余年,这 20 余年蒙古国文学批评逐渐完成由政党主导向学者主导的转型,如浩·桑皮勒登德布、策·哈斯巴特尔、桑·白格勒赛罕等学者的文学批评活动十分活跃。这一时期的文学批评对社会主义时期的批评理论与方法既有继承,也有反思与重构。对这一时期蒙古文学批评的研究尚处于开始阶段。对上一时期文学的批评是考察这一时期文学批评思想发展变化的关键,本文以此为切入点,尝试提炼这一时期文学批评的焦点与走向。

二、对社会主义时期文学的反思与思考

(一)构建新的价值评判体系

20 世纪 90 年代初,蒙古经历了深刻的社会变革,经济关系的变化带来思想观念的转变,新的文学思潮纷纷兴起。这一时期标志着蒙古文学界转折点的一个事件是蒙古作家组织一分为二,蒙古国自由作家协会成立。新的形势下,文学创作走向多元化,不再具有统一的标杆,社会主义现实主义不再主宰文坛,随之而来的是文学批评界对 70 年来文学创作轨迹的重新定位。前一个时期的经典作品被定性为"党的意识形态的工具",文学批评倾向于否定前一时期作为主流的现实主义文学,而肯定曾经处于支流地位

的思潮如抽象主义尤其是其中现代主义因素的存在则被重新关注和评价；在现实主义中，否定社会主义现实主义主导下文学创作的僵化、类型化现象，而肯定多元化的现实主义创作形式的存在。随着上一时期占统治地位的文学思潮的失势，文学批评开始构建新的批评价值体系，一方面引入多元的西方现代文学理论，这其中现代主义尤其受到重视，批评家试图以其平衡现实主义对文学的影响；诉诸民族文学和文化传统是另一个方向，曾在社会主义时期被认为是落后于现实主义文学的民间文学以及宗教思想在文学中的地位也正在被正视和重视。

（二）反思社会主义现实主义

如何评判社会主义现实主义是90年代之后文学批评的一个核心议题。完成对其评判的首要任务是梳理社会主义现实主义产生和发展的脉络。如果将“现实主义”泛泛地看做一种正视现实的创作精神，或理解为一种如实反映生活的创作方法，那么从蒙古古代文学经典中一定可以找出这样的“现实主义”来。桑皮勒登德布就曾谈到蒙古民间文学中的现实主义因素。[①] 而事实上“现实主义”作为一种文学思潮传入蒙古，是与20世纪初启蒙文学家大量译介西方文学作品与文学理论的活动紧密相连的。由于还处在探索与实践期，这一时期的现实主义与多种西方文学思潮并存于蒙古文学中。新时期的文学评论家对这一时期的现实主义文学普遍给予肯定，认为它们起到了揭露社会弊端，促进革新的积极作用。而对此后成为主流的社会主义现实主义则倾向于整体的否定。

社会政治领域的变革给文学评论家重新看待社会主义现实主义如何取得一家独大地位的政治因素提供了条件。桑皮勒登德布论述现实主义在蒙古传播的必然性时说，20世纪20年代蒙古谋求脱离中国取得独立，只能依靠另一邻国苏联的力量，政治上的依附也必然带来文化思想层面的影响，因而社会主义现实主义的地位上升就在所难免。社会主义时期，文学对政治存在着独特的依附作用和服务职责，蒙古人民革命党在社会生活的各个领域均以马克思列宁主义为指导，现实主义的文学原则是马克思列宁主义的必然要求。[②]

① 〔蒙〕浩·桑皮勒登德布：《蒙古国新文学史研究》，载《关于蒙古国新文学写作的一些问题》，乌兰巴托，2006年版。

② 同上。

新时期的文学批评家们认识到，在社会主义现实主义为唯一标杆的话语体系下，文学作品的思想性成为判断作品优劣的主要标准，文学的艺术价值则往往被忽视。恩赫巴特指出这一问题，并提出文学创作与政治运动目标相统一使得现实主义文学失去了对现实应有的批判性，社会主义现实主义成为“时代的颂歌”，描写蒙苏、蒙中人民友谊、塑造红军英雄等成为主要内容，作品类型化现象严重，“社会主义现实主义”事实上已偏离了“人”的现实。蒙古国现代文学曾在20世纪50到60年代经历过一段发展的黄金时期，这一时期世界大战的余波逐渐平息，社会平稳发展，国家在“社会主义现实主义”原则下系统地扶持文学创作。一些社会主义时期公认的成就最高的文学作品如恰·洛岱丹巴的《清澈的塔米尔河》、敦·纳姆达克的《动荡的岁月》、图德布的《山洪》、伯·林钦的《大迁徙》等作品都诞生于这一时期，从20世纪70年代中期至90年代初，蒙古现代文学从数量上来看仍有发展，但却没能再有能与之前的作品比肩的经典出现。新时期的文学批评家普遍认为这一现象的产生是因为社会主义现实主义的单一标准束缚了文学的发展，导致新出的作品不断重复已有的经典情节模式和叙述方法缺乏新意。

（三）重新定位社会主义时期文学成就

社会主义现实主义作为一种权威的话语体系，固然对社会主义时期作家创作产生有意识或无意识的影响，甚至在20世纪50年代之后，更逐渐发展为一种程式化的创作方法；但它毕竟是属于文学理论层面的，跳出这一话语体系从更多角度来看当时的作品，一些曾经被忽略的因素就会显现出来。活跃于90年代初期的批评家策·哈斯巴特尔在《20世纪文学批评研究》一文中，致力于寻找社会主义时期文学批评的不同声音。他指出，早在30年代就已经有批评家关注社会主义现实主义文学过于政治化的问题。[①] 这一时期已有批评家指出博音尼木赫、雅达姆苏伦、阿尤喜等剧作家的戏剧作品中的感伤主义和自然主义因素。在新的社会政治形势和文学发展趋势下，社会主义现实主义的主导地位已然被推翻，文学批评家开始探索社会主义时期文学作品中反映出的其他支流思想与创作方法。哈斯巴特尔认为，文学作品有自发的发展规律，政治的要求可以在一段时期内左右

① 〔蒙〕策·哈斯巴特尔：《20世纪文学批评研究》，乌兰巴托，1998年版。

文学的主流，然而政治的"枷锁"一旦解除，文学自身的要求就会显现。例如30年代现实主义文学提出"生活就是斗争"的口号，在此口号下创作了一批反映阶级矛盾的作品。如今这一口号依然回响在人们耳边，然而文学作品中矛盾冲突已悄然由表面转入人物内心，"生活就是斗争"事实上变成了"生活就是感伤"。[①] 政治的束缚解除后，被压抑的文学思潮会自暗流中涌出。《黑色的石头》是蒙古国现代文学奠基人之一达·纳楚克道尔基创作的一篇解读一直存在争议的作品。社会主义时期多有研究，但大都判定这是一篇现实主义的文学作品，且从反映真实具体生活的角度进行解读，但一直未能形成定论。新形势下，文学批评有可能抛开社会主义时期官方对纳楚克道尔基作品的经典化解读模式，一些批评家发现，这篇文章可能受到抽象主义或象征主义思潮的影响，在表面叙事之下隐晦地表现了30年代之后蒙古国社会生活中的矛盾冲突。达·纳楚克道尔基的另一篇短篇小说《喇嘛爷的眼泪》，在社会主义时期被看做是一篇讽刺性的经典作品，其中"喇嘛爷"被定为一个可悲又可笑的小丑式人物。然而民主改革后藏传佛教在蒙古国的地位日趋正面化，小说中"喇嘛爷"的形象也有了新的解读方式：他成了一位特殊历史背景下的悲剧性人物。社会主义现实主义的"大旗"倒下之后，一段时期内出现了全部否定上一时期文学成果的趋势。在"去经典化"的过程中，批评家也不得不面对这样的现实，新时期文学发展已不再受到社会主义现实主义的约束，为何十年、二十年过去，可作为时代扛鼎之作的作品仍未出现？不可否认，社会主义时期的一些经典作品，现在仍然是未能逾越的高峰。显然，仅做"社会主义时期文学是政治宣传的工具"的定论未免粗而表面化，重写文学史的任务并不能止步于此，尝试从更多角度解读社会主义时期经典，阐发经典中未曾揭示的新的意义，是新时期批评家对反思社会主义文学的再反思。

此外，由于社会主流价值取向的改变，一些在"反映思想"方面与社会主义时期的政治宣传目标不相符而未入"正史"的作品，这时却受到格外重视，并成为批评家重写文学史活动的素材。诗歌是蒙古国现代文学最初的形式之一，且这一时期的诗歌多为保留了民间文学特征的、表现时事的歌谣。社会主义时期纳入文学史的著作中，八世哲布尊丹巴博格多活佛多以勾结外敌，背叛民族利益的负面形象出现。民主改革之后，蒙古国希望利

---

① 〔蒙〕策·哈斯巴特尔：《20世纪文学批评研究》，乌兰巴托，1998年。

用藏传佛教信仰重塑民族性，更在着力重塑历史观的过程中，将博格多活佛定位为领导蒙古民族取得民族独立和解放的精神领袖。在蒙古国作家协会成立80周年的大会上，作协主席恩赫巴特发表的演讲中，以一首诗为革命初期诗歌作品中的代表，这首诗中博格多活佛的形象是一位努力抗争的民族英雄，只因大臣与中国政府暗中勾结，卖国求荣，才导致1911年革命的失败。[①] 新时期，文学批评家对文学与政治的关系进行了深入的思考，认为社会主义时期的政治过度侵入了文学，文学成为主流价值观念的反映。九十年代之后，文学批评阐释文艺政策的功能已经弱化，文学批评选择的自由性与多样性增强，然而文艺批评仍然一定程度与国家意识形态保持一致。这与其看做意识形态仍在要求文学批评，不如看做文学批评家主动地将文学批评的任务与民族利益相统一，期以重塑文学史的活动推动新的民族史观的形成。

（四）关注民族文学传统

关于社会主义时期的作品是否继承了蒙古民族文学的传统，有两种截然不同的观点。一种是在社会主义时期，文学传统遭到了彻底的破坏。持这一种观点的代表人物是蒙古国作家协会前主席策·恩赫巴特。[②] 他认为社会主义时期一切宗教思想以及民族文学的遗产都被彻底抛弃，而全盘替换为“社会主义现实主义”的创作方法，这是上一时期文学发展走入困境的原因所在。

另一观点则认为社会主义时期最经典的作品正是传统与革新的结合。桑皮勒登德布认为，蒙古的社会主义现实主义并非只是照搬苏联模式，而是具有本民族特色的文学思潮。它尤其受到东方民间口头文学中的现实主义传统的影响。20世纪20年代开始，蒙古国文学发展始终置于苏联式“革命文学”的框架之下，然而这一文学形式并未阻断蒙古文学中的文化内核。这一内核是在经由西藏传入的印度佛教文学美学思想、中国古典文学传统以及蒙古民族独特的民间口头文学传统的基础上形成的，它不但在过去、在社会主义时期，就是在现在也依然发挥着影响。[③]

---

① 〔蒙〕策·恩赫巴特：《蒙古国现代文学革新史略》，载《星火》2008年第4期。

② 同上。

③ 〔蒙〕浩·桑皮勒登德布：《蒙古国新文学史研究》，载《关于蒙古国新文学写作的一些问题》，乌兰巴托，2006年。

以上两种观点对"传统"的定义是较为相似的,即桑皮勒登德布所说的三种来源。暂且放开两种观点的分歧,可以看出这一时期文学批评家建构具有民族独特性的"文学传统"的努力。翻开蒙古民族文学史,可看出无论是民间文学还是作家文学,都曾受到印藏文学和汉族文学的巨大影响。社会主义时期文学创作受到苏联文学理论的影响之大也是毋庸置疑的。然而从古至今的文学创作者和评论者都不是被动地接受影响,而是力图本土化"为我所用",将外来的文学理论与文学观念的影响纳入本民族的文学传统之中。近年来,本民族文化的独特性,尤其是区别于中、俄两邻国的文化独特性越来越受到蒙古政界与学界的重视,文学领域建构本民族传统文学系统的努力可看做是全方位的文化独特性建构中的有机组成部分。

(五)关注文学作品的美学价值

这种以"外部价值"为重的文学批评带来的一个结果,是全盘而简单化地否定社会主义时期的文学成就。处于低一级的价值等级使得上一时期的文学作品丧失了深入剖析的必要。随着社会改革的深入,新的问题也不断显现。面对文学作品中虚无主义和感伤主义盛行,市场经济大潮冲击下文学失之严肃与深刻性而成为快速的消费品,以及各种以先锋文学思潮为名的文学实验流于表面化等现象,一些批评家开始呼唤重视文学作品的美学价值。

哈斯巴特尔在1998年提出,文学批评最终还是要回到文学作品的质量上面,文学批评的任务是促进文学作品整体创作质量的提升,进而实现读者群审美素养的提高。[①] 不同于西方大多数文学批评对文学作品的美学价值的定位:文学作品的美学价值在于其本身,作家一旦进入创作过程,就应当放弃任何艺术之外的既定目的。蒙古国批评家这种对美学价值的重视依然带有某种功利性的目的。这也为评述社会主义时期的文学提供了一个新的角度。事实上,改进文学创作方法,提高文学作品可读性是蒙古民族文学历来重视的问题。16、17世纪,伴随着藏传佛教在蒙古地区的兴盛和佛教典籍的翻译工作,一些印度诗学理论著作也被译介至蒙古并对蒙古民族诗歌创作产生了深远的影响。清朝中后期,大批汉文文学作品被翻译为蒙古语,在蒙古地区还产生了以中原故事为蓝本、仿效中原文学创作方

① 〔蒙〕策·哈斯巴特尔:《20世纪文学批评研究》,乌兰巴托,1998年版。

法创作的本子故事和长篇小说。著名文学家尹湛纳希的《一层楼》和《泣红亭》等小说则是其中的代表作。这些文学作品并非被动接受汉地文化影响的结果，而是蒙古民族文学家主动自觉地择取适合蒙古民族文学发展的创作方法，有意识地推动蒙古地区文学改革的成果。20 世纪初，一批启蒙文学家开始引进西方现代文学思潮，他们格外重视现实主义，不仅接受其思想观念，也系统地吸收了现实主义创作方法的艺术特征。哈斯巴特尔指出，蒙古民族的传统文学只注重表面化、概括性的描写，而现实主义则注重发掘事物的本质。①

需要说明的是，美学价值的分析往往需要更为深入的解读文本，然而蒙古国的文学批评目前大都停留在文学史的梳理和整体评价的阶段，针对一位作家、一部作品乃至一种文学思潮的专论都尚不多见。

三、文学批评家的历史使命感

20 世纪 90 年代以来，蒙古国经历了社会政治、经济、文化等各方面的变革，文学发展面临新的环境与挑战。文学批评家也开始反思社会主义时期文学的经验教训，同时试图解释，民主改革以后为何一直未能出现如社会主义时期的扛鼎之作。在新的形势下，文学发展该沿着怎样的方向，文学能够为社会的进步承担怎样的责任，是这一时期蒙古国文学批评家主要的思索。强烈的历史责任感，是这一时期文学批评的鲜明特征。

（一）为社会

蒙古国文学批评从最初的萌芽阶段，即是带有某种功利性的。如同许多东方国家的文学界在 20 世纪初经历的那样，文学批评写作者以介绍西方“先进”的文学思潮、写作方法为己任，力图改革本民族传统文学套路的弊端，有意识地运用西方文学已有的发展成果，并以文学为启迪人民、介绍新文化的媒介，此一时的文学批评家同时也是文学创作的拓路者和谋求民族振兴的先觉之士。社会主义时期的文学批评家往往首先是已有相当成就的文学创作者。文学创作与文学批评一体化的现象体现着社会主义时

① 〔蒙〕策·哈斯巴特尔：《20 世纪文学批评研究》，乌兰巴托，1998 年版。

期文学批评家的特殊使命与特殊地位。文学批评不是文学创作的附庸与阐释,它承担着指导文学创作的职责。文学理论不只是论述文学发展规律的命题,它同时规定着评判文学作品孰优孰劣的标准这种单一化的标准不可避免地将一些与之不符的作品排除于文学史之外。

活跃于新时期的批评家独立于文学创作群体而职业化,他们更多地从学术研究的角度进行文学批评活动,然而这并不是说文学批评已摆脱了与政治的紧密联系。这从作家协会在文学批评领域扮演的角色可以看出。不同于西方文学批评领域基本为"学院派"的状况,蒙古作家机构的批评家和学院的批评家可以说是二分文学批评的天下,有学者认为蒙古国自由作家协会与作家协会分离的现状是解决文学界面临问题的关键。反映国家意识形态要求的作家机构在文学批评中依然承担着举足轻重的作用。尽管政治对文学的要求弱化,意识形态的要求却一直体现在文学批评之中,只是这一要求本身发生了变化。

批评社会主义现实主义的一元理论体系,肯定多元化的现代文学发展趋势,树立民族传统趋势是与政治的趋势相一致的。这种一致,已经不是文学成为政治工具的结果,更多的是文学批评家的主动选择。这种强烈的历史使命感,在历史上长期存在,在20世纪初叶表现得尤为明显,现在也从未间断过。

(二)为文学

民主改革之后,文学批评在打破原有以社会主义现实主义为最高点的等级制度的同时,又建立了新的价值评判体系,这个体系中,社会主义时期被判定为"资产阶级文学"的浪漫主义、现代主义地位被提升,而现实主义的地位则相应下降。90年代初关于现代主义的讨论反映了批评家试图推动新的主流形成的努力。然而没有了强有力的政治扶持,现代主义并未能代替现实主义成为新的主流。以哈斯巴特尔为代表的一批批评家认为,若不出现新的主流思潮,蒙古国文学就无法取得质的进步。

从表面上看来摆脱了社会主义现实主义的绝对权威的蒙古现代文学批评,事实上依然没有摆脱二元对立的价值体系。这与蒙古文学批评对自身任务的定位有很大关系。从马克思主义为指导的社会主义时期到民主改革之后的新时期,文学批评关注文学的"外部价值"都明显先于其"内部价值"。文学批评关注作品反映的思想,并以此判定一部作品的价值,一篇文学批评往往通篇分析作家、作品想要表达的思想，却鲜少关注文学作品的美学价值。新时期，文学承担的社会职能或许与社会主义时期有了方向上的区别，却依然是文学批评首要的关注点。相应的，相对于“发现文学发展的内部规律”，文学批评也更为关注如何“提升文学作品的质量”以更好地实现文学作品的外部价值。正因为如此，社会主义时期的“现实主义”与民主改革之后的“现代主义”事实上都已部分地脱离了其西方起源，批评家自觉地选取了最为适合这一时期文学承担的社会职能的西方文学思潮，摄取其中能够“为我所用”的部分，形成建构本国相应阶段的文学理论的因子。西方现代主义在本质上是一种“对于西方文明的危机意识，同时又是对人类的历史感到失望的产物”，民主改革初期，蒙古现代文学批评似乎并未取现代文学对现代文明的怀疑（这或许是因为现代文明在当时的蒙古社会是一种普遍积极的价值取向），而是仅取其抽象、象征式的创作方法，以平衡现实主义创作方法对文学创作的过度影响。

四、结语

从20世纪90年代初期开始，文学批评对历史重新评价的工作正在进行着。这一工作伴随着旧有价值评判体系的破除和新的价值评判体系的建构。批评家在总结上一时期文学发展的教训的同时呼唤文学传统的回归和新的文学主流的形成。在肯定这一时期蒙古文学批评对文学发展的积极作用的同时，我们也可以看出，新时期蒙古文学批评尚处于文学理论的“补课”时期，批评家怀抱促进蒙古文学与世界接轨的愿望，希望将蒙古文学发展纳入西方文学理论框架，但尚缺乏系统探讨西方文学理论发展后结合民族文学传统的适合本民族文学的理论体系；文学批评尚未跳出“非此即彼”的二元对立观念，批评家在肯定一种文学现象时往往将另一种做彻底的否定；文学的外部价值仍然是批评家关注的焦点，而针对文学审美价值的批评则尚处于起步阶段。在以教训为主的反思之后，如何发掘并继承上一时期文学取得的成就，仍是文学批评面临的问题。

（作者系北京大学外国语学院硕士研究生）

Reflection and Reconstruction: On the Historical Sense of Mission of Mongolian Contemporary Literary Criticism

Guo Yihua

Abstract: Since the 90s of 20th century, Mongolia has gone through revolution in every aspect such as society, politics, economy and culture. The development of Mongolian literature faces new conditions and challenges. Literary critics began to reflects on the experience and lessons endowed by the literature of the socialist period. They are looking for the reason why masterpieces caught up with those of the socialist period's are yet to appear. Literary critics of this period mainly concern about the developing direction and the responsibility literature borne for social improvement. Criticism of this period shows strong sense of historical mission.

Key words: Mongolia; criticism of Literature; sense of historical mission

东南亚研究

关于东南亚历史"整体性"问题的思考

余定邦

【内容提要】 西方学者中提出东南亚历史"整体性"的第一人是法国学者赛代斯。他是在1947年提出的。而我国对东南亚地区历史的认识和把东南亚作为一个整体进行研究要比西方人早。到了20世纪70年代英国学者霍尔进一步将东南亚历史的"整体性"与同一性并提,在学术界引发了不少争议。作者认为对"整体性"的理解不应只停留在研究方法层面,还应涉及深层次的历史观问题。要看到各国历史的共同点和差异性,还要看各国间的联系与交流。重点是本地区的发展,而不能放在关注外来文化影响上。既不能过高估计印度文化的影响;也不能过分强调中国王朝势力对他们的"制约"。

【关键词】 东南亚历史;整体性;思考

关于东南亚历史"整体性"问题曾是东南亚历史研究的一个热门话题。但是,对于"整体性"的具体含义似乎未能有一个清晰的说明,容易引发出不同的见解。"东南亚"一词在二战之后才被广泛采用,东南亚历史的"整体性",能否理解为由于东南亚地区在历史发展进程中具有不少共同点,我们要把东南亚地区作为一个整体来研究?这是值得深入探讨的一个问题。

一

关于东南亚历史"整体性"问题,最先由法国学者乔治·赛代斯提出。1947年他在《远东印度化国家古代史》一书第二版序言中指出,该书写作方法是"把外印度作为一个整体,将课题照横断面切开,或者说按年代编写”①。在书中,赛代斯还没有使用“东南亚”这一专有名词。“东南亚”一词,在西方学术界1939年才开始使用。就在这一年,J. C. 范勒尔发表了一篇题为《东南亚世界》的文章。不过,这个名词被广为使用则在第二次世界大战期间太平洋战争之后。因为战争期间蒙巴顿设立了东南亚盟军总部。1949年,英国伦敦东方与非洲研究学院设立东南亚系。同年,霍尔在伦敦大学主持东南亚历史讲座。最早出现的东南亚史专著是1954年出版的哈里森的《东南亚简史》。霍尔的《东南亚史》也在1955年问世。

法国学者乔治·赛代斯撰写的《远东印度化国家古代史》一书1944年由河内远东出版社出版。1947年在巴黎再版,1964年出了第三版,书名为《印度支那和印度尼西亚的印度化国家》。1955年,英国学者霍尔在其所著的《东南亚史》第一版序言中说赛代斯这本著作“头一次把东南亚早期历史作为一个整体展示出来。”②1972年,在一次专题报告中霍尔又把它誉为15世纪以前东南亚历史的整体性的先驱著作。③

中国对东南亚地区历史的认识和把东南亚作为一个整体进行研究要比西方人早。从汉代开始,中国古籍就出现了对东南亚国家的记述,众多的东南亚古国名字见诸历代史册。对于今天我们所说的东南亚地区,我国明代就有东洋、西洋之名。南洋一词则始于清代,介绍东洋、西洋、南洋历史和现状的史籍十分丰富。陈伦炯的《海国闻见录》在“东南洋记”和“南洋记”部分,徐继畬的《瀛寰志略》“南洋滨海各国”和“南洋各岛”部分的记述,均涵盖了当今整个东南亚地区。有关东南亚的历史著作的出现也比西方国家早。1927年,上海暨南大学就设立南洋文化教育事业部,并出版学术刊物《南洋研究》,以促进对东南亚历史的研究。郭韶九的《南洋华侨血泪史》、温雄飞的《南洋华侨通史》、李长傅的《南洋华侨史》出版于1929年。冯承钧的《中国南洋交通史》出版于1937年,李长傅的《南洋史纲要》出版于1938年。

---

① G. 赛代斯:《东南亚的印度化国家》,蔡华、杨保筠译,商务印书馆2008年版,第6页。

② D. G. E. 霍尔:《东南亚史》上册,中山大学东南亚研究所译,商务印书馆1982年版,第13页。

③ D. G. E. 霍尔:《东南亚历史的整体性》,1972年12月29日作者在一次学术会议上的报告,刊《东南亚研究学报》1973年9月第4卷第2期。译文载中山大学东南亚研究所编《东南亚历史译丛》1979年第1辑。

二

1972年12月29日,霍尔在新奥尔良美国历史学会87届年会上向亚洲史小组作了题为“东南亚历史的整体性”的报告。报告列举了不少东南亚各国历史发展过程中的共同特点,最后的结论是:“东南亚历史的整体性,与欧洲人的整体性一样是真实地存在着的,没有人对此提出异议的。”

在报告中,霍尔将整体性与同一性并提。说到东南亚,霍尔指出,“第二次世界大战与东南亚指挥部的建立,不但使之明显地突出起来,而且赋予了其自身固有的同一性”。“自太平洋战争结束以来,大部分学者都接受‘东南亚’这一名词作为此一研究领域的通用的同一概念,在大量的出版物中已加以使用,在这个问题上似乎已没有多少疑问”。他认为,乔治·赛代斯著作的主题是东南亚的印度化,“他把印度文化在东南亚的扩张,作为一个运动加以理解。因此,在讨论东南亚历史的整体性时,它的同一性问题就不是可有可无的。”他还指出,乔治·赛代斯的著作把东南亚视为一个整体,把东南亚国家描绘为共同文化的所有者,“首先是从其史前时代便继承了水稻的耕种和它赖以生存所必需的社会组织。在这个社会中妇女居于高位。男女双方都有继承权,这与印度和中国形成了强烈的对比。他们的宗教是泛神论与祖先崇拜的混合体。丰收祭祀与土地神有关。巨石在祭礼中起着显著的作用。神龛放在山上或高处”。“印度化更进一步使之增加了新的特点……印度化提供一个极好的手段使东南亚各国的历史成为一个整体。”

霍尔对赛代斯另一本著作,1962年出版的《印度支那半岛的民族》推崇备至。他认为作者在书中“作了一个重要的声明,即将东南亚看做是一个整体”。霍尔还关注到东南亚国家历史上的相互关系,以说明东南亚历史的“整体性。”他指出,“从939年起,越南的历史已更加紧密地与东南亚结合在一起了,这一点是多么令人瞩目啊!”霍尔提到了越南与所谓印度化国家占婆的斗争,提到了为了控制柬埔寨和老挝而与暹罗的斗争。他认为越南在东南亚的扩张主义“不单只寻找广泛的政治控制,而且企图在其俘获物上打上越南的文化烙印”。“十六、十七、十八世纪,缅甸、暹罗、柬埔寨与郎勃拉邦、万象、清迈等老族人国家的历史更紧密地交织在一起了。这主要是由于这些王国的创建者的野心，其次则是由于文化的交流。”

在报告中，霍尔赞扬了伦敦大学费希尔 1964 年出版的《东南亚—社会、经济、政治地理》一书，认为它“特别注意研究在当地广大人口中占最大多数的低地人民的文化的一致性，并注意研究他们在体质上和精神上的特点的普遍共同性”，说明“它确是一个有其本身特点的地区”。

为了说明东南亚历史的“整体性”，霍尔还强调中国、日本、西方国家跟东南亚的关系。他说：“东南亚的统治者与中国皇朝之间成长起来的关系，为该地区历史的整化提供进一步的因素”。“日本人的入侵也是所有东南亚国家的一个共同的经历”。至于西方国家的影响对东南亚历史的作用，霍尔认为，“除香料群岛、菲律宾和爪哇之外，欧洲统治的主要特点是时间很短。西方的统治是一种分裂的力量。宗主国列强套在他们臣民头上的绳索主要是在于防止他们之间的接触。他们企图利用这样的方法使已经存在的分裂倾向更长久存在下去。外国统治必然引起的民族解放运动都是各自发展的，相互很少或完全不发生联系。现代化也是沿着一条独特的路线发展的，每个宗主国列强都是按照其本身的观点和利益来选择时机和制定其现代化计划的。在回答每个独立自主的要求时，如果允许我用最简单的语言来表达的话，那就是将完全的拒绝改为有保留的接受。”①

三

霍尔将东南亚历史的“整体性”与同一性并提，提出东南亚历史“整体性”这个问题，在学术界是有不同意见的。他在 1972 年发表上述讲话时，就估计到他的朋友休·廷克(Hugh Tinker)会有异议。1980 年 9 月，休·廷克在《东南亚研究学报》第 11 卷第 2 期发表了题为《探索东南亚的历史》的论文，提出了自己对所谓东南亚历史整体性的看法。他是强调东南亚各国历史发展过程中表现出来的差异性对霍尔提出的东南亚历史的“整体性”提出质疑。

休·廷克质疑，“在这轻率的‘东南亚’一词后边真的有一个完整的历

① D. G. E. 霍尔：《东南亚历史的整体性》。

史上和地理上的实体吗？……在这一从阿萨姆、缅甸延伸到菲律宾的地区里，能像欧洲和阿拉伯那样地存在着血缘的同一性吗？”他认为，东南亚这个名字，正像印度尼西亚的名字一样，“是个外来物”。“意味深长的是，东南亚盟军总部管理的地区是不包括菲律宾的。不知为何，历史学界一直不把这个用西班牙国王的名字命名的遥远群岛完全列入历史学之中。”他在布赖恩·哈里森的《东南亚简史》中找到了跟他观点相近的论述。哈里森说：“东南亚既未形成一个政治上文化上的整体，……就是在地理上……也未形成一个自然单一体”。

休·廷克说“霍尔构思大胆，令人震惊。他一开始就坚持东南亚的统一性与自主性。”对此，休·廷克指出：“东南亚由于葡萄牙、西班牙、英国、荷兰、法国与美国等多国的侵占而被分割得支离破碎。原由印度教、佛教、伊斯兰教的传播和南海的世界贸易中心的兴盛而建立起来的联系，已被西方的冲击割断。各国与里斯本、伦敦、海牙、巴黎、华盛顿的联系比本地区内各港口和移民点之间的联系更为重要。各地区被分割开来的人民对各自宗主国的主人比对他们彼此之间的风俗更为熟悉。”①

四

自从东南亚国家联盟的建立和自由贸易区的形成之后，“一体化”趋势日益加强，大概没有多少人怀疑东南亚地区是一个整体这一提法了。但是，在20世纪的40年代，面对东南亚各国地理上的分散性和历史发展进程中的差异性，一些人无法一下子接受东南亚历史“整体性”这一概念。

对于东南亚历史“整体性”的理解，不应只停留在由于东南亚国家的历史发展进程有其共同特点，应把东南亚地区作为一个整体来研究这一认识上。因为这仅涉及研究方法的层面，而未涉及历史观的深层次问题。要把东南亚作为一个整体来研究，写出一本完整的地区史，而不是一本当今东南亚各国国别史的凑合物。在书中不但要让读者看到这个地区历史发展的主线，各国历史发展的共同特点和差异性，还要看到历史发展进程中各国之间在政治、经济、文化、军事各个方面相互联系和交流。研究的重点是

① H.廷克：《探索东南亚的历史》，刊《东南亚研究学报》1980年9月第11卷第2期。译文载中山大学东南亚研究所编《东南亚历史译丛》1982年第2辑。

本地区的政治、经济、社会、文化的发展史，而不是将重点放在关注外来的文化对它的影响上。

要准确地探求东南亚各国历史发展的主线和发展进程中的共同特点，就必须弄清楚那些历史事件对整个东南亚地区的发展起过决定性的影响，或是成为从一个历史发展阶段转向另一个阶段的标志性事件。赛代斯的《印度支那和印度尼西亚的印度化国家》被霍尔誉为15世纪以前东南亚历史的整体性的先驱之作。在书中，赛代斯把所谓“印度化”问题作为研究东南亚古代史的主题，这是欠妥的。它容易产生两种倾向，一是过高估计印度文化的影响，把东南亚古代史视为印度化王国的兴衰史；一是无根据地夸大中国对东南亚古国的政治影响，认为蒙古军队到东南亚导致印度化王国的毁灭。

在古代，印度文化曾对东南亚地区发生过较大影响，把它视为东南亚地区历史发展进程中的一个共同特点，这是让人容易理解的。但对此不能估计过高，把它夸大为“印度化”，甚至把它视为东南亚历史发展的主题。印度文化对古代东南亚的影响比较大，毕竟它是某一历史时期的文化现象，这种外来文化它根本不可能完全替代当地的本土文化。由于印度文化传播到东南亚，导致一批所谓印度化王国的建立。这些王国沿袭了印度的艺术、习俗和宗教，并将梵语作为神圣的语言来使用。但不能据此就把东南亚古代史视为所谓印度化王国的兴衰史。赛代斯也承认，传播到东南亚的印度文化“是一种上层社会文化，而不是属于全体居民的”①。但他还是把印度文化向东南亚的传播不恰当地称为“印度化”和“殖民化”。他在书中大谈印度文化的扩张和印度对外移民。对此，霍尔也不大赞同，认为赛代斯“忽略了在这个过程中东南亚人民自己所起的作用”②。

导致东南亚“印度化”国家衰亡的原因是什么？赛代斯说，“一个原因是穆斯林入侵印度”，“另一个原因是蒙古人的征服，它导致了各个古老印度化王国的毁灭”。③ 说到这个问题，霍尔指出，赛代斯“坚持认为东南亚的真正危机不是起源于十六世纪的葡萄牙人与西班牙人的到来，而应回溯到十三世纪梵文文化的衰落、上座部佛教的传播与蒙古人的入侵，直接或间

① G.赛代斯：《东南亚的印度化国家》，第35页。

② D.G.E.霍尔：《东南亚早期历史的研究的最近动向》，载《太平洋事务》第39卷第3、4期合刊。译文见中山大学东南亚研究所编：《东南亚历史译丛》1979年第1辑。

③ G.赛代斯：《东南亚的印度化国家》，第321—322页。

接地招致了政治地理的巨大变动”。霍尔也认为,“蒙古的入侵在不同的方面影响了东南亚的大部分地区”。他同意赛代斯的说法,“十三世纪出现的东南亚命运中的危机,正是东南亚历史的一个巨大的分水岭”。[①] 13 世纪元朝军队到东南亚,16 世纪以后西方殖民者东来,导致大多数东南亚国家沦为西方国家的殖民地,这两个大事件,到底哪一个对东南亚历史发展进程影响更大? 这是值得深究的一个问题。

对于这个问题,西方学者也有不同的看法。密尔顿 · 奥斯本在《东南亚历史导言》一书中就指出,“不应过高估价中国元朝摧毁这些建立在蒲甘的国家的意义。”他认为蒲甘的衰落主要是由于自然的原因,即砍伐树木,土壤流失以及缅甸河流两岸的“水”、“旱”地区边界的变迁。[②] 至于元朝军队 1292 年进攻爪哇一事,元朝军队在爪哇停留时间很短。1289 年,元朝使者到爪哇,要新柯沙里统治者格尔达纳卡拉遣使朝贡。元朝使者在爪哇受辱,导致元朝军队在 1292 年对爪哇发动进攻。元朝军队到爪哇后,格尔达纳卡拉已被谏义里副王查耶卡旺所杀。新柯沙里王室后裔韦查耶正在起兵反对查耶卡旺。他先利用元朝军队打败查耶卡旺,继而向元朝军队发动进攻,迫使元朝军队撤出爪哇。韦查耶创建的满者百夷王朝曾是东南亚强国,仍是一个所谓“印度化”国家。赛代斯也承认,“蒙古人原为惩罚格尔达纳卡拉而发动的远征的结果,出乎意料地把王位合法继承者重新送上了王位。”[③]很难看出,赛代斯认为蒙古人的“征服”导致古老印度化王国的毁灭有哪些充分的根据。

在古代,印度文化的确对东南亚国家(越南、菲律宾除外)产生过较大影响,但不能因此把东南亚古代史视为所谓印度化国家的兴衰史。赛代斯在他的著作最后两章中大谈印度化国家的衰落和灭亡,霍尔认为,这会“使东南亚史十四、十五世纪中的真正中心问题被模糊了。这个中心就是东南亚各主要民族发展了他们自己的政治制度和文化”[④]。

赛代斯指出,东南亚的印度化国家在公元 2 世纪就出现了。“已受到印度文明影响的马来群岛和印度支那各国,由于地理位置的关系,也受中国政治势力的制约”。“中国的大事件都非常明显地影响了外印度的历史。

---

① D. G. E. 霍尔:《东南亚历史的整体性》。
② 转引自 H. 廷克:《探索东南亚的历史》。
③ G. 赛代斯:《东南亚的印度化国家》,第 342 页。
④ D. G. E. 霍尔:《东南亚早期历史的研究的最近动向》。

中国人对在南海形成的那些强国从不以赞同的眼光看待。有一个值得注意的事实是，扶南、柬埔寨、爪哇和苏门答腊各王国鼎盛之际，一般均值中国各大王朝衰弱之时。”[①]他又说，“阿瑜陀耶和满者百夷分别成为外印度陆地和岛屿上的两极，外印度的大部分地区就此分为两大势力范围”。“有意义的是：各小国被组合进入两个大国的势力范围的事件，恰巧发生在蒙古王朝开始衰落的时候。蒙古人的政策则相反，它促成建立许多小国，以便于它对这些小国进行控制。”[②]按照这样的说法，只能引申出下面的结论：中国封建王朝强盛之时，东南亚的古王国就衰落；中国封建王朝衰落之时，东南亚就会出现强大的王国。这样的结论符合历史事实吗？应该看到，东南亚地区在古代是中国与印度、中国与阿拉伯之间经济、文化联系的桥梁。由于航海技术和造船技术发展，航道不断发生变化。凡是国际航道必经之地，都会兴起一个强大的国家。国际贸易的交通要冲，都在一个强大国家控制之下。东南亚古国顿逊、扶南、室利佛逝、满剌加、满者百夷均先后出现在当时国际贸易的交通要冲。这些东南亚的古代强国的兴衰。跟古代中国封建王朝的兴衰谈不上有直接关系。

赛代斯错误地把中国文化和印度文化在东南亚的传播和影响的过程视为“殖民”过程。他甚至强调说，“东南亚诸印度化国家从来不是印度的政治藩属，而是它的文化殖民地。”[③]他指出，中国文化对越南的影响非常强烈，而对东南亚其他地区的影响微不足道，“造成这种差别的原因在于中国人和印度人所使用的殖民方法根本不同。中国人是以征服和吞并来进行的：首先是军队占领一个地区，然后派行政官员去传播中国文化。而印度人的进入和渗透则好像几乎总是和平的。”[④]这种说法也是与史实不符，中国从来没有派军队占领东南亚地区强行传播中华文化。至于中国文化对越南有强烈的影响，这完全不是靠派军队去占领的结果。历史事实是，今天越南的北部，在公元10世纪以前一直是中国封建王朝统辖下的郡县，自然深受中华文化的影响。

总之，在研究东南亚历史发展进程时，把东南亚地区作为一个整体来进行研究，这更多的是一个研究方法问题。最重要的是历史观问题，先要

---

① G.赛代斯：《东南亚的印度化国家》，第6页。
② 同上书，第392页。
③ 同上书，第419页。
④ 同上书，第66页。

确定研究主题是什么。是研究东南亚地区本身的政治、经济、文化的发展史以及各国相互之间的关系,还是外来文化对东南亚地区的影响过程?这才是问题的关键。过高估计外来文化的影响,就会引申出许多不符合历史事实的结论。

(作者系中山大学历史学系教授)

Reflection on the "Integrity" of the History of Southeast Asia

Yu Dingbang

Abstract: In 1947, G. Coedes was the first to mention that the history of Southeast Asia has the characteristic of "integrity". It's much earlier that researchers of our country recognized this reality and brought it under research. Till 1970s, D. G. E. Hall discussed the history of Southeast Asia with "integrity" and "identity", causing a lot of debates in the academic circle. From my point of view, to understand integrity of the history of the Southeast Asia we must notice the conception of history rather than the method of studying history. We must notice the difference of Southeast Asian countries as well as the similarity and the contact between countries. We must emphasize the internal development rather than the external influence. That's to say, we shouldn't overestimate the impact of India and restrict of China.

Key words: History of Southeast Asia; Integrity; Reflection

东南亚古代地区史写作的一次探索与尝试

——《东南亚古代史》的分期、概要与写作特点

梁志明

【内容提要】 上古至16世纪初叶古代东南亚历史可分为原始时期(上古至公元前1世纪)、早期国家时期(公元初至10世纪前后)和中央集权王国的兴起与更迭时期(公元10世纪前后至16世纪初)三个阶段。《东南亚古代史》的写作特点是:全球的视野区域史的框架;发掘和利用多种史料来源;将历史与文化结合起来研究;对古代东南亚受外来文化影响的"印度化"、中国与东南亚各国的"宗藩关系""朝贡贸易"等问题提出有别于传统的看法;认为东南亚各国间和平交往或战争冲突,都是东南亚地区发展的重要因素;此书是课题组成员间精诚合作、集思广益、多学科互动、取长补短、集体协作的成果。

【关键词】 《东南亚古代史》;历史分期;写作视角;创新理念

《东南亚古代史》是北京大学东南亚学研究中心组织撰写的一部阐述从远古至16世纪初叶东南亚历史发展的地区史,也是入选"2012年国家哲学社会科学成果文库"的一部东南亚历史著作。北京大学出版社于2013年3月出版。

由于东南亚民族众多、语言和宗教文化多样、历史上又受多种外来文化影响,各国历史及其与东南亚整个地区历史发展的关系相当复杂,尤其是保存下来的古代历史资料甚少,文字记载不详,因而东南亚古代史的写作研究难度颇大。众所周知,改革开放以来由我国学者编撰的东南亚地区史大多是在近现代史领域,还没有一部完整的东南亚古代地区史著作出版。然而,不了解和不研究古代历史,就不可能对近现代的发展有深刻的认识,只有"厚今"而不"轻古"才能推动我国东南亚学研究全面均衡的

发展。

本书作者在前人研究成果的基础上，利用掌握当地语言文字等有利条件，利用和发掘西方国家和东南亚国家的资料，包括考古发掘等原始资料，并运用历史学、考古学、东方文化学的基本理论以及比较史学的方法，通过集体的协作，开展有组织的研究。经过6年多的共同努力和反复修改，终于完成了《东南亚古代史》的撰写。这部书既是地区史与国别史撰写相结合方式的一种尝试，也是将历史与文化发展相结合的写作尝试。

撰写一部富有研究性的东南亚古代史无疑具有学术价值与重要意义。毗邻中国南疆的东南亚国家与我国山水相连，有着悠久而亲密的历史联系。东南亚地处东西方交流的要道，历来是世界上的一个战略要地，其研究的重要性是不言而喻的。总结东南亚古代历史的经验，也有助于读者更全面地了解当代东南亚的发展，并促进东南亚历史与文化的研究，增进我国与东南亚邻邦的睦邻友好关系。这将具有较高的应用价值和实际意义，并可能产生良好的社会影响。

通过《东南亚古代史》的撰写，我们有几点认知和体会。

（一）关于东南亚古代史历史分期的探讨

研究东南亚古代史必然会首先要论述历史分期问题，它涉及研究论著的基本发展轨迹，但古代东南亚史分期问题是一个有争议的难题，意见纷纭而莫衷一是。

以往史学著作的传统是以王朝的更迭断代为线索，采用王朝体系说。后来又依据社会进化论的学说，来划分历史发展的阶段。从20世纪20年代起，随着唯物史观的传入，以社会形态学说为历史分期标准日益流行。这一分期方式树立了从经济、政治、社会、文化各个方面全方位的综合考察的新范式。

20世纪80年代以来，中国史学界坚持唯物史观的基本原理，并扩大了史学研究的视野，在吸纳、借鉴国际学术界研究新成果的基础上，重新审视了“文革”前的研究，提出一些新的史学理论与范式。例如，吴于廑先生提出的世界史研究中的“从分散向整体的发展史观”，强调世界历史的纵向发展与横向发展。他与齐世荣教授合作主编的6卷本《世界史》突破了以往世界通史的模式，尤其是前苏联学者所编世界通史的模式，以唯物史观为指导，重构世界史的宏观体系。在分期断代方面，从历史实际出发，与原先以政治兴替或以重大事件为分期标准有重大区别。[1] 在现代化进程研究中,罗荣渠先生剖析了"五种生产方式依次更替"的单线范式,系统地探讨马克思以来的社会发展观,指出人类社会发展有一条基本规律和发展趋势,但又是不平衡的。各个地区和国家之间所处的地理生态环境不同,经济与政治状况和文化与宗教的发展均有差异,呈现一元多线发展的态势。[2] 他阐释了"一元多线发展论"和多因素论,并将其建构为一种史学范式的基础,从世界文明发展进程来看,东西方之间、各大文明区之间存在巨大的多样性和差异性,不可用一种凝固的一线发展的范式来观察。我们认为东南亚也不应例外,这个地区的社会发展就很不平衡,用单线发展论的标准来划分世界各国和东南亚地区的历史分期是与历史实际不符的。

著名的东南亚研究专家陈序经先生在论说东南亚历史分期时曾说:"在东南亚历史上,有原始社会,有奴隶社会,也有封建社会,可是若把整个东南亚的历史分为原始社会、奴隶社会与封建社会,那也是困难的。因为除其早期历史都处在原始生活的状态以外,我们不易划分从某个时代到某个时代都是奴隶社会,从某个时代到某个时代都是封建社会。"又指出:"不只整个东南亚的历史难以这样划分,其实就是任何一个东南亚的国家,也难于这样的划分。"[3]由于东南亚社会发展的差异性与多样性,带来东南亚历史分期的复杂性。我们认为陈先生的分析是中肯的。

在分期断代方面,从历史实际出发,没有采用社会形态变迁的传统分期方式,也没有采取有的西方学者的以"印度化王国"的建立和发展为标准的分期方式,而是采取以古代东南亚国家的形成、发展与兴衰来划分古代东南亚社会历史的发展阶段。

关于东南亚古代史的起点问题,中国学界的意见有基本相似的共识,均认为东南亚存在漫长的原始社会时代,大约在公元前后进入有文字记载的历史时期。而东南亚古代史截止于 16 世纪初。这与国外史学界的划分是一致的。国际史学界一般是以 1500 年以前为世界古代史时期,其划分的基本依据是 1500 年前后新航路的开辟第一次把整个世界联系起来了,世界开始形成一个整体。英国学者 D. G. E 霍尔是以 16 世纪初叶为界划分的。

---

① 参阅《中国大百科全书》外国历史卷第 1 册,中国大百科全书出版社 1990 年版,第 1 页。

② 参阅罗荣渠:《现代化新论》,北京大学出版社 1993 年版,第 3 章、第 4 章(二);罗荣渠:《现代化新论续篇》,北京大学出版社 1997 年版,第 54—57 页。

③ 《陈序经东南亚古史研究合集》上卷,第 19 页。

他的《东南亚史》的第一部分为"16 世纪初叶以前的时代"，而第二部分是"欧洲人扩展初期的东南亚"。16 世纪初，葡萄牙殖民者的入侵，是东南亚历史的一个重要转折点。霍尔说："亚洲感觉到欧洲统治的威胁是从 1511 年（马六甲被占）开始。"[①]

澳大利亚安东尼·瑞德所著《东南亚的贸易时代》则以 15 世纪为分界，从经济贸易发展史的视角出发，考察了 15 至 17 世纪东南亚的自然环境、社会结构和社会生活，论述了这一时期东南亚社会的深刻转变。[②] 中国国内学者的著作与教材大多是以 16 世纪初叶为分界的，但也有学者主张以社会形态变化为标准，把 19 世纪作为东南亚由古代社会向近代殖民地社会转变为分界线。以上划分都有其依据与道理，我们根据多年的教学与研究，并参照国际学术界关于历史分期划分的论述，最终仍决定选择 16 世纪初作为东南亚古代史结束和向近代时期过渡的年代。

因为 1511 年，葡萄牙人以印度为基地，用炮火轰开一个东南亚国家——马六甲王国的大门，开始了西方殖民侵略的时代。随后，西班牙人、荷兰人相继侵入，东南亚殖民地化进程开始，这是从殖民主义历史来观察。但换一个视角，从东南亚自身的历史发展进程来考察，也可以看到，此时的东南亚国家处于古代中央集权国家由盛而衰的过渡时期。虽然东南亚整个地区社会状态尚未发生质的变化，特别是农村地区仍保持着农业与手工业相结合的传统社会的基本面貌，但伴随着西方资本主义的输入和西学的东渐，东南亚地区已开始出现经济、社会和宗教文化的新变动，形成了由古代社会和向近世过渡的某些特征。

唯物史观指出，国家是人类社会发展到一定阶段的产物，是原始社会向文明社会转变的重要标志，国家是有阶级社会的组织。这说明国家是一种历史现象，不是从来就有的，也不会永远存在下去。它是社会内部矛盾运动发展的结果，是私有制出现、阶级形成后，阶级矛盾不可调和的产物。同样，国家也必然伴随着阶级、阶级矛盾的彻底消灭而自行消亡。这是国家的产生、发展、消亡的客观规律。东南亚各国毫无例外地经历了从原始社会向阶级社会的转变，而国家的形成与发展是一个重要的标志和转折。东南亚作为一个相对独立的历史、地理与区域的研究单位，在原始社会之

① 〔英〕D. G. E 霍尔：《东南亚史》，商务印书馆 1982 年版，第 822 页。

② 〔澳〕安东尼·瑞德著，吴小安、孙来臣等译校：《东南亚的贸易时代》，商务印书馆 2010 年版。

后出现了众多的国家，鉴于自然环境、社会经济、政治与宗教文化发展的差异性，受不同文化的影响的古代国家有不同类型，半岛地区与海岛地区的国家的形成、形态与发展各具特色。从地域性的氏族部落"国家"，到早期王国，从君主集权国家向中央——帝制王国的演进，是东南亚国家发展的共同趋势，因而以古代东南亚国家的形成、发展与兴衰来划分古代东南亚社会历史的发展阶段，可以勾勒出其社会历史发展的基本轨迹。

（二）东南亚古代史发展阶段与内容概要

古代东南亚地区历经原始社会、早期王国、中央集权王国兴起、发展和兴衰的历程，因而本书将古代东南亚历史与文化划分为三个发展阶段，设置了三编。

第一编　史前时代的东南亚，即原始时期（上古至公元前 1 世纪）
第二编　东南亚的早期国家（公元初至 10 世纪前后）
第三编　东南亚中央集权王国的兴起与更迭（公元 10 世纪前后至 16 世纪初）

1. 从上古到公元初始前后是东南亚的史前时期。曾经有人认为古代东南亚地区文化滞后，东南亚文化是在外来先进文化的影响下才发展起来的，但这种观点是不符合历史实际的。

东南亚的原始社会史告诉我们，在外来宗教与文化输入之前，东南亚已有自己固有的独特的文化，而且在史前时代已与中国华南地区有着密切的文化联系。从 19 世纪以来，东南亚就发现有一系列原始人类遗迹和史前文化遗迹。爪哇直立猿人和智人时期，东南亚地区处于旧石器时代。约在距今 1 万年前起始，东南亚由旧石器时代向新石器时代过渡。这一地区新石器时代遗迹的发现，足以说明它是世界上最早出现栽培农业的地区，是稻作文化的发源地之一。

东南亚的岩画很有特色。各地岩画有不少相似之处，不论是岩画用的原料——红赭石，还是绘制的内容都很相近。使人联想到东南亚上古人群的太阳崇拜与祖先崇拜。东南亚青铜时代的铜鼓文化与巨石文化则是这个地区的另一特色。学术界以前不承认东南亚地区自身存在过青铜时代，而将这里的青铜器归之为从外部传入的。近几十年来东南亚考古发掘的进展证明，公元前第二个千年期间，青铜器在东南亚北部地区普遍出现，铁器也在公元前 500 年以后大量使用。令人瞩目的是，越南东山文化遗址和东南亚不少地区发现的造型独特、纹饰繁茂的古代青铜鼓。已有的考古资料表明，云南中西部地区是原生形态铜鼓的集中地。古代铜鼓广泛散布于中国西南各省和东南亚越南、泰国、缅甸、老挝、柬埔寨、印尼、马来亚等国家和地区。它是青铜时代人类生产技术，尤其是青铜工艺制造技术发展到一定水平的产物。铜鼓代表着东南亚青铜时代繁荣的顶峰。由于其所包蕴的丰富的物质和文化内涵，成为东南亚早期文化的集大成者。东南亚的巨石文化与欧洲和拉丁美洲不同，但与亚太地区的巨石文化有较密切联系。它的宗教气息强烈，表现了人们万物有灵的自然崇拜、祖先崇拜，以及对男女性标生殖崇拜的结合，反映了人类对自身繁衍的朴素认识和对生理现象的神秘心态。

位于南北东西交往十字路口的东南亚，历来是各民族交汇的地方。东南亚的远古居民经历了三次大迁徙，从亚洲大陆腹地分批迁来，这一地区的原始居民不断和相互融合，逐步形成了多民族和多元复合文化的分布格局。

本书第一编用较多的篇幅阐述了东南亚的原始社会的发展与文化，弥补了国内东南亚史著作中的薄弱点。本编“结语”对东南亚的史前社会的文化特征有以下的概括：一、栽培农业基础上形成的稻作文化；二、妇女和以母性为世系的作用占有重要地位；三、以太阳崇拜为主的自然崇拜和生殖崇拜与祖先崇拜。同时指出：东南亚的史前文化的源头并非来自西方，而是本土，但它与中国南方原始文化有着密切的关系。作者将东南亚旧石器时代、新石器时代和青铜时代的种种历史文化遗存与中国古代对应时代的历史古迹进行比较，发现了许多相似之处。

2. 从公元初至10世纪前后是东南亚早期国家出现和发展的历史时期。公元初，在诸多内外因素的影响下，东南亚半岛和海岛地区都出现了一些早期国家。本书作者将公元初年到10世纪前后的东南亚国家定位为属于次生形态的早期国家，认为它们的形成受外来文明的重要影响，但又具有浓厚的本土化因素。

古代东南亚早期国家的出现和发展，是社会发展到一定阶段的产物，而外来文化恰好符合其发展需要而被当地社会主动吸收，从而催生了东南亚早期古代国家的诞生。生产与贸易的发展是早期国家出现的最基本动力。

早期东南亚社会是在水稻文化的基础上发展起来的。由于东南亚处于印度与中国之间的交通要道上，最早的东南亚王国可能主要是由贸易而非农业立国的。文献和考古资料证明，约在公元前后，在东西方海上贸易的商品货物集散地，在贸易交往的港口、码头所在地或稻米的集中产地，开始出现称之为“印度化”的早期政权。这时东南亚一些小的“国家”，或称“氏族部落国家”，它们只具有国家政权的雏形。经过一段时间，在公元后几个世纪，在大河流域、平原和三角洲，富庶的农业资源托出了几个较为强大的早期王国。

东南亚早期国家是以生存于东南亚地区某个特定民族为基础建立起来的。它们有高棉人的古国——扶南、真腊，占人的古国——占婆，孟人的古国——金邻、堕罗钵底，孟人、泰人混居的古国——哈里奔猜，骠人的古国——骠国，若开人的古国——维沙里和地处马来群岛的古国——古戴、达鲁玛、诃陵、前马达兰、室利佛逝等。

除了对这些古国的政治发展、经济状况进行了梳理外，本书着重对这些古国的社会文化以及宗教信仰状况进行了阐述。其中有些结论，比如：骠人的源流、哈里奔猜是孟人与泰人混居的国家等都是有别于传统说法的。在论述早期国家社会发展的同时，本编还着重论述了这一时期印度与中国文化在东南亚的传播时间、途径与影响。“印度文化在东南亚的传播与影响”一章对从印度传入东南亚的两大宗教，婆罗门教、佛教的传播作了归纳，指出印度文化不仅对东南亚早期国家的社会政治历史产生过巨大的影响，而且对这些国家的宗教、社会生活等领域都有着深刻的影响，并指出这种影响是一个吸纳融入本土文化的过程。在“中国文化在东南亚的传播与影响”一章中分析了以儒释道为中心的中国文化在东南亚传播的总体态势，着重论述了中国文化对中国郡县体制范围内的交趾、安南的直接而深厚的影响，同时对印度文化与中国文化在东南亚影响的不同特点作了比较分析，指出中国与东南亚的联系是以官方为主，但也有民间的参与，特别是华人侨居东南亚国家的历史非常悠久，平民百姓在中国与东南亚的早期国家之间的联系和文化交流中占有一席之地。

此外，本编还专门研讨了菲律宾历史上的“巴朗盖”问题，分析了它的历史定位与特征，指出，菲律宾巴朗盖的形成和存在经历了漫长的历史时期，当东南亚其他地区开始出现规模不等的古代早期国家的时期，在菲律宾群岛上尚未形成一个完整的国家政权组织形式。巴朗盖作为最基本的社会组织形式，尚处于部落、部落联盟的发展阶段。巴朗盖可能是一个存在简单劳动分工、存在社会阶层,存在奴隶制度、存在神灵信仰的混合体。

第二编"结语"中,作者把东南亚早期国家时期的社会文化特征作了归纳,概括为:一、水稻种植与产品交换:东南亚早期国家发展的物质基础;二、村社:东南亚早期国家基层单位的广泛存在和持续发展;三、曼陀罗制与神性国王:东南亚古代早期国家的政权体制;四、庙宇网络:早期东南亚早期国家的社会控制和管理系统;五、多元文化形态:印度宗教与本地原始宗教信仰的交织。同时指出,东南亚早期国家与中央集权国家有承前启后的关联,东南亚早期国家为中央集权国家建立和发展奠定了经济、政治政治制度和精神文化的基础。

3. 公元10世纪前后至16世纪初叶是东南亚中央集权王国兴起与更迭的历史时期。本书对东南亚半岛与海岛地区出现的各中央集权王国的社会发展、历史传承和更迭作了系统的论述,重点阐述了它们的政治、经济、文化的发展,国家之间关系的变化,并对与之相联系的历史事件、历史人物和一些重要的历史文化遗迹作了评介,深入地剖析了导致各中央集权王国兴衰的内外因素,指出到16世纪初叶东南亚中央集权王国大都发展到极盛,有的开始走向衰落,而此时西方势力和文化开始进入这一地区,但影响尚未能深入。

本书指出,东南亚中央集权国家以土地国有制或王有制为经济基础,普遍实行"租税合一"的赋税制,劳役地租和实物地租是剥削的基本方式,而商业和外贸的垄断是东南亚国家的基本政策。在广大的农村,村社制普遍存在,同时存在着严格的等级制。国王、王室、贵族、官僚为上层统治集团,广大村社农民、农奴、奴隶和奴婢为下层被统治阶级。

东南亚的中央集权王国大约为两种类型:中南半岛地区的国家大都建于大河中下游地带,它们以稻作农业为主要经济部门,大规模的灌溉农业是它们兴旺发达的物质基础。越南、柬埔寨、泰国和缅甸等地中央集权王国的兴起与红河、湄公河、湄南河、伊洛瓦底江流域农业的发展密切相关。岛屿众多的海岛地区,尽管地理阻绝,也曾先后出现另一种类型的海上商业大国。

首先是柬埔寨吴哥王朝,公元9世纪初,由阇耶跋摩二世(802—835年在位)建立吴哥王朝,定都吴哥,至1181年阇耶跋摩七世(JayavarmanVII),发展至最高峰,是柬埔寨历史上显赫的吴哥时期,历经多个世纪。吴哥诸王大力扩张,四出征战,其势力范围曾东邻南海,西达缅甸中部,南抵马来半岛，一度称雄于东南亚，并与中国王朝关系相当密切。吴哥王朝建有发达的灌溉系统，农业高度发展，贸易繁荣，创造了以其精美辉煌的建筑和雕刻艺术为代表灿烂文化，著名的吴哥寺和吴哥城堪称人类的瑰宝。作者分析了以吴哥为中心的高棉帝国由盛而衰，走向分裂的多种原因。

其二是越南自主王朝。10 世纪初，中国出现“五代十国”的割据纷争局面，为安南（今日越南北方一带）地方势力的崛起提供了有利时机。939 年吴权称王揭开了越南独立自主建立集权王国的序幕。其后经丁朝、前黎朝、李朝、陈朝和胡朝，越南君主制国家走向统一，不但有了较完整的政治体制，而且疆域拓展，“南进”步伐加速。源自中国的儒释道为核心的文化持续发展。喃字作品和《大越史记》的问世，体现了越南民族文化的繁荣。经历明朝短暂的统治后，1428 年建立的后黎朝国力鼎盛，成为东南亚一个强盛的国家。但这种局面只维持近百年时间，16 世纪后内部矛盾激化，南北分裂，走向衰落。作者依据中越文古籍资料，对越南的政治制度和社会经济与宗教文化的发展，如土地制度等方面作了系统的论述。

其三占城王国的兴衰。从 10 世纪后，位于今越南中南部的占城王国进入以佛逝为京都的时期，成为半岛地区的一个重要国家。但它处于越南、吴哥两强之间，受到南北威逼夹击，与吴哥百年战争，国力大损。从 11 世纪后，又与南下的越南战事不断，失地频频。14 世纪后半叶占王制蓬峨在位期间，一度兴盛，但在制蓬峨阵亡后，一蹶不振。1471 年，在越南后黎王朝的强大攻势下，佛逝王朝倾覆，只保持着一个存在着的名义而已，作者分析了占婆王国兴衰的内外因素，指出占婆国政权一直延续到 19 世纪初。占婆文化深受到印度文化的影响，又受中国和阿拉伯伊斯兰文化的影响，是本土文化与外来文化融合的产物。占城国家虽已不复存在，但其民族文化依然顽强地保持着。

其四是缅甸王朝的建立与分合。关于缅甸王朝建立与更迭，作者根据所掌握的缅甸本土文献及中国史料进行了对比分析，摒弃了目前大多数学者所沿袭的西方学者看法，采纳了缅甸一些学者的意见，认为缅甸蒲甘王朝是从 849 年彬比亚王建成蒲甘城时开始至第 55 代王苏蒙涅王 1368 年去世为止，共历 522 年。原认定的蒲甘王朝的建国者阿奴律陀，实际只是一位王朝的中兴者，作者着重议论了三个人物：阿奴律陀、江喜陀和阿朗悉都的政绩。还用了较多的笔墨论述了蒲甘年代的经济与辉煌的蒲甘文化。在蒲甘王朝灭亡后缅甸进入了四族争霸的“战国时期”，这部分在传统的东南亚史、缅甸史中都很少提及。本书在这方面做了较多的补充,尤其在宗教和文化的发展方面。佛教传入缅甸后,蒲甘王朝时独尊上座部教派,使佛教在印度境外获得了大发展,为后来建成几乎遍布半岛地区的南传佛教文化圈立下了头功。留存于今世的"万塔之城"蒲甘的奇观就是一个重要的遗迹。

其五是泰人王国的建立与发展。本书着重阐述了兰那泰王国及其建立者孟莱,素可泰王国及其最主要的国王兰甘亨,阿瑜陀耶王朝前期及在这一时期中政绩斐然的两位国王拉玛铁菩提一世和戴莱洛迦王。有学者说13世纪是泰人的世纪,因为在13世纪中叶,在它北方中国元朝开始兴盛,而它以东的缅甸蒲甘王朝和以西的吴哥王朝双双败落,邻近它的孟泰人混居的哈里奔猜国势也开始下滑,这就给兰那泰和在它以西的帕耀、素可泰几个泰人的国家有了进一步发展的契机。1350年建立的阿瑜陀耶王朝则从开始就以一个强势国家的形象出现,使原来统治泰人国家的高棉人臣服,并对原本强大的西邻缅甸构成了威逼之势,1529年以后阿瑜陀耶才逐步走向衰亡。作者剖析了13世纪泰人崛起的历史条件,指出泰人国家是由泰国最北端的清线→清莱→清迈→素可泰→阿瑜陀耶,一直沿着湄南河谷地带逐步向南转移的,泰人的势力逐步南下。

其六,湄公河中上游老挝王国的兴起。法昂于1353年建立的澜沧王国,在东南亚中央集权国家中,是建立最晚,但可视为泰老人崛起的又一重要表现。

作者指出,澜沧王国一度成为中南半岛腹地颇具影响的中央集权王国。这一时期,老挝的版图大致形成,并创建了颇具特点的经济社会制度和宗教文化。

东南亚海岛地区各国的历史发展比较复杂,留下的文献资料甚少,本书作者尽力发掘和梳理,力求将这一地区的发展理出一个较清晰的脉络。这一时期,东南亚海岛也出现了中央集权的跨岛大国,但与半岛地区有所不同。海岛地区大都是商业贸易王国。由于所处地理环境不同,海岛地区的中央集权王国比半岛地区出现较晚。其中最重要的有:室利佛逝、前马达兰王国、谏义里王国、新柯沙里王国、麻若巴歇和渤泥王国等。15世纪后,位于马来半岛南端海峡蜂腰部的马六甲王国仰仗其重要的战略位置,发展为新的跨岛的商业贸易大国。

一是7世纪建国的室利佛逝。它以苏门答腊岛为中心,几乎独霸了马来群岛的北部地区。其权力触角向北已伸至印度南部的锡兰岛(今斯里兰卡)、马来半岛甚至中南半岛东南部高棉人、孟人控制地区。它向南则与爪哇古王国对峙。室利佛逝王国强盛时,全面控制着马六甲海峡、克拉地峡和巽达海峡,成为当时东南亚的海上强国和贸易中心,吸引了印度、中国和阿拉伯等国众多商人来此经商或中转。

二是11世纪中叶至13世纪间,以爪哇岛为中心的马来群岛南部地区的中央集权王国先后建立,有前马达兰、谏义里和新柯沙里王国等。为争夺东西方国际贸易航线在东南亚的控制权,马来群岛地区演变成强国争霸的局面。苏门答腊南部为中心的室利佛逝起初占有一定的优势,但因南印度注辇王国加入控制这条商路的斗争中,它的实力逐步削弱。13世纪末叶以爪哇岛为中心的中央集权王国——麻若巴歇王国崛起,并陆续将周边诸国纳入其麾下。14世纪末,麻若巴歇王国取代室利佛逝,成为了在马来群岛的一霸。

三是马六甲王国的兴起。位于马来半岛西南部的马六甲,扼守马六甲海峡,原是一渔村。离家出逃的室利佛逝王子帕拉莫斯瓦拉来此立足,1403年建立马六甲王国。1404年其子即位,皈依伊斯兰教,凭借至关重要的战略位置,马六甲王国发展成为控制了海上商业贸易的新的跨岛大国。15世纪中叶,马六甲王国进入鼎盛时期,势力范围达到加里曼丹岛,先后征服了马来半岛上诸国,迫使苏门答腊岛甘巴河、因德拉吉利河等流域的居民承认它的政权,并把影响扩展至米南加保和寥内地区。

此外,15世纪时先后曾为室利佛逝与麻若巴歇属国的渤泥,依靠着与中国通好和与15世纪初建立并迅速强大的马六甲王国的联姻,在改宗伊斯兰教后,国势振兴。而偏离连接东西方海上主航道,处于东南亚地区东南角的菲律宾地区社会发展较滞后,直到10世纪后才出现了一些古国,如:麻逸、吕宋、苏禄等。但这些小国远没有达到中央集权王国的规模与水平。

本编对10世纪至16世纪初中国与东南亚诸国关系作了综合论述,对东南亚古代国际关系史的一些重要问题,如"宗藩关系"与"朝贡关系",学界已对对其范围和实施的有效性提出了质疑,并认为这在"更多的时候是中国朝廷的一厢情愿"。[①] 本书作者也剖析了"宗藩关系"、"朝贡贸易",提

① 庄国土:《略论"朝贡"制度的虚幻》,载《古代东南亚历史与文化研究》,昆仑出版社2006年版,第95页。

出了自己的看法。

“郑和下西洋”是15世纪初中国与东南亚关系史上的重大事件。关于对“郑和下西洋”的评价问题，作者认为除了要看这一事件的积极意义外，还应看郑和下西洋明显的历史局限性。郑和航海事业的兴废，取决于皇帝的个人意志，限定在当时经济能够承受的范围之内，且它是为帝王一定的政治目的服务的。耗资庞大的下西洋活动并没有给中国带来什么经济实惠，反而造成了很大经济压力；它也没有激起举国上下特别是民间的航海热。因而郑和航行没有能开辟一个持续开放的新局面。随之而来却是明朝严厉的“禁海”政策，重新走上闭关锁国之路，这是历史的重大教训。

元朝对部分东南亚国家的征讨，具有牵涉范围广、涉及国家多、发兵规模大、发动战争时间集中的特点，因此，对当时东南亚地区的历史发展和国家关系都产生了相当大的冲击，造成了颇为重大的影响。元军在越南、占城、爪哇等地均因受到顽强抵抗铩羽而归，但在缅甸却是导致强盛一时的蒲甘王国覆灭的因素之一。当然这也是利于泰人的崛起，导致这一地区国家关系格局与力量对比发生变化的因素之一。然而，西方学者提出了所谓的“十三世纪危机论”，夸大了元军在这一历史变革中的影响力，特别是把它上升到使13世纪的东南亚因此产生“危机”的论点，显然是不符合历史实际的。本书对此作了论证。

本编的“结语”论述10—16世纪初东南亚社会文化的变化与特征，指出这一时期东南亚社会政治体制与法律法规已日益本土化，栽培农业与贸易的地位提升，宗教信仰发生改变，突出的是上座部佛教文化圈的形成。作者具体论述了民族文字的形成与民族文学的成熟，并阐述了长期融合而成的东南亚民族相似的民俗文化及其表现。

全书的“终章”即结束语，以古代东南亚历史发展的基本特征和历史地位为题。分为颇具特色的东南亚史前文化，以灌溉农业和海上贸易为基础的古代社会结构，神权与王权相结合的王国政治体制，东南亚宗教文化的多样性和本土化特征，和平交往与战争冲突交替的国际关系特征几个方面，作了较为全面的概括和小结。同时论述古代东南亚历史文化的重要历史地位，指出，历史悠久，灿烂辉煌的东南亚文化是世界文明的组成部分，在世界和亚洲文明舞台上占有一席重要的地位。

本书作者还拍摄和采集了有代表性的图片作为插图，绘制了考古发掘地点分布图和古国所在方位示意图，并编制了东南亚古代史大事记，文献资料书目、中英文名词对照和索引。

(三)《东南亚古代史》的写作视角与学术创新尝试

如上所述,《东南亚古代史》是研究和撰写东南亚古代地区史著作一次探索。东南亚古代史研究是国内外学术界长期耕耘的领域,成果丰硕,本书在吸取国内外东南亚历史研究成果的基础上,力求突出中国东南亚古代史研究的独特视角和文献基础,作了一次较新的尝试。笔者认为,《东南亚古代史》的写作有以下几个特点:

第一是全球的视野和区域史的框架。采用何种观点,从哪一视角来考察东南亚的历史与文化,这是东南亚史研究中的遇到的第一个至关重要的问题。过去,受过印度学和汉学训练,或多或少都为欧洲殖民利益效劳的一些西方学者,往往从欧洲人的角度、殖民主义的观点观察东南亚国家的历史与文化,他们仅仅将东南亚看作欧洲对外扩张的一个延续部分、一个隶属于欧洲的地域,不适当地夸大了西方对东南亚的影响。

本书写作从全球的视野和区域史的框架出发,将东南亚视为一个相对独立和统一的整体,并从东南亚自身历史的视角出发,努力摒弃长期主导东南亚学的"欧洲中心论"、"印度中心论"抑或"中国中心论"等偏见和旧识,强调东南亚文化的主体性与延续性;从东南亚的历史实际出发,探索东南亚历史发展的不平衡性与多样性的特点,通过梳理东南亚古代历史发展脉络,对东南亚诸王国兴衰的历史经验作了一定的归纳与总结,并对重要的历史事件与人物给予了适当的评析。

与以往出版的国别史汇编不同,本书既有对地区历史发展的综合性整体论述,又有对各主要国家和重要事件的具体分析与专题研讨;既有古代东南亚国家经济、政治、国际关系的历史论述,又有对古代东南亚国家各民族宗教文化的阐述。本书的绪论、各编编首语和结语等均为综合性的论述,而各编都有对东南亚各国和各地的历史的具体考察和系统阐述。这避免了以往按王朝和分国的撰写历史的方法。视角有新意,结构点面结合是本书的一大特色。

第二是发掘和利用多种史料来源。本书的作者都曾出国留学、访问或调研,分别掌握了英语、法语或东南亚国家的语言文字,如缅甸语、越南语、泰语、印尼—马来语、菲律宾语等,与有关国家的学术机构,如法国的远东学院、新加坡国立大学和东南亚研究所、南洋学会、缅甸历史研究会、越南社科院、河内国家大学、泰国朱拉隆功大学、印度尼西亚的大学、菲律宾的大学与学术机构等建立了学术联系，对国外学术动态有所了解，并可直接获得与利用国外的文献资料。作者们发挥了掌握多种语言文字，特别是东南亚国家语言的特长，在努力吸纳国内外已有的研究成果的同时，尽量发掘和利用了东南亚国家的史料与古籍文献。本书参考文献引用了多种东南亚国家语言的著作。以前中外学者对东南亚早期国家的了解大多依靠中国的古籍记载和西方文献与考古材料。而本书作者在力所能及的条件下，尽可能利用了当地的文字材料与考古所得，并依靠当地和邻近地国家及境外的文献的充实、互证与比对。如老挝的考古与历史的写作利用了越南文献资料，泰国史的写作利用了缅文文献资料。

第三是将历史与文化结合起来研究，是本书的又一个重要特色。本书在论述古代东南亚的经济、政治与社会的发展的同时，对东南亚的古代文化，特别是宗教的发展作了较为充分的阐述。宗教对东南亚国家的社会生活有着广泛而深刻的影响。对东南亚国家创造的以宗教文化为特色的蒲甘、吴哥、婆罗浮屠和巴厘等著名的文化古迹均有描述和评介，指出东南亚宗教、文化发展具有的多样化和本土化的突出特征。同时，以相当大的篇幅介绍和论述东南亚国家之间彼此的文化交流及其对该地区历史与文化发展的影响，诸如上座部佛教文化圈和伊斯兰教文化的传播等问题。

本书论述了稻作文化与东南亚社会的基本结构、指出了东南亚的社会结构以家庭为基础，村寨为社会的基层组织，而农村村社的长期保存和双系继承制的存在，是东南亚社会结构的重要特征，并论述了东南亚历史上妇女的重要地位与作用。

本书作者分析了王权与神权的关系与互动和结合，指出王权神化，是古代东南亚国家带普遍性的政治统治形式，在中央集权国家形成的过程中，东南亚国家统治者的王权甚至大于神权。这是东南亚地区颇有特色的政治文化。

古代东南亚历史与文化的发展雄辩地证明东南亚地区有其鲜明的文化特征，把历史与文化结合起来研究，可避免把古代历史写成单线性的政治史或民族斗争史，从而可以较为全面系统地勾画出古代东南亚社会发展的全貌。

第四是对东南亚古代史研究的一些重要问题提出自己的见解。厦门大学南洋研究院庄国土教授在评议本书时写道："作者们在东南亚古代史分期、史前文化及其特色、稻作文化与古代社会结构、早期国家的形成和演进、中央集权国家的兴起与特征、宗教与民族文化的多样化和本土化,以及中国、印度与古代东南亚国家的关系等等方面均提出了颇有新意的见解”。

有人认为古代东南亚地区文化滞后,东南亚文化是在外来先进的影响下才发展起来的,本书认为在外来宗教与文化输入之前,东南亚已有自己固有的独特的文化,而且在史前时代已与中国华南地区有着密切的文化联系。

本书肯定外来文化对古代东南亚的深刻影响,指出东南亚的广大地区深受外来文化的影响,但不应片面夸大外来文化的影响。一方面,东南亚的发展既不是也不可能是孤立的,外来文化是影响东南亚历史进程的一个不可忽视的因素。东南亚与世界两大文明古国印度和中国的联系源远流长,深受印度文化和中国文化的双重影响。特别是由于地处东西方文化的交汇和接触的十字路口,东南亚国家还受到伊斯兰文化和基督教文化的冲击。东南亚地区和国家的社会进步和文化发展打下了亚洲两大文化和其他外来文化的某些印记。拒不承认外来文化的影响,甚至认为古代东南亚走在了它的北方和西方邻居的前面,是违背迄今所知的历史实际的;另一方面,古代东南亚国家并非原封不动地照搬外来文化,而是有选择地主动吸取。在其发展过程中,本地的传统文化与外来文化往往互相融合,形成一种具有特色的东南亚国家的民族文化。东南亚各国由于其自身的传统与条件不同,各国文化又各自具有不同的特点。东南亚亚地区是一个多元复合文化区,其文化发展既融合了多种外来的文化,又保持着本地区文化的鲜明特色。

“东南亚印度化”或谓“东南亚印度教化”是东南亚古代史研究的一个重要问题,对其内涵与影响等问题学界均有不同意见,还可作进一步研讨。本书作者认为,用“印度化国家”这一概念来表述印度宗教文化对古代东南亚一些国家的深刻影响,或用以说明印度与东南亚国家的历史文化的密切联系,未尝不可,否定印度宗教文化对古代东南亚的影响是片面的,但所谓“印度化国家”既非印度人的移殖区,更非隶属于印度的殖民地。古代印度与东南亚地区的关系主要是经贸关系与宗教文化的交流,而非政治隶属关系。

关于中国古代东南亚的关系和中国对古代东南亚历史与文化发展的影响问题,即如何客观地评价中国对古代东南亚历史与文化发展作用,涉及到历史上中国与东南亚国家之间的关系如何评析的问题，本书认为古代东南亚与中国有悠久而密切的关系。先秦时期中国与东南亚已有交往，有文字可考的历史记载则是从秦汉时期开始的。到唐宋时期，中国已使用罗盘指针，造船和航海技术大有提高。海上丝绸之路的开通，使璀璨辉煌的中华物质文化，精美的丝绸、瓷器，以及造纸、火药、指南针和印刷术等四大发明向外远播，中外交流的规模随之日益扩大，层次提升。有学者认为古代东亚地区曾建构有以中国为核心，以“朝贡贸易”与“宗藩关系”为表现形式的国际体系，或简称“朝贡”体系，这一体系被认为概括了东亚国际关系的主要体现。但学界已对其范围和实施的有效性提出了质疑。本书认为，古代历史上，东南亚国家与中国之间曾互派使者，建立邦交，开展贸易，保持着密切的交往。中外交往不但有移民寓居、僧侣和留学生的互访，又有书籍、艺术交流等等方式，其中所谓“朝贡贸易”只是中国与东南亚国家之间官方经贸的形式，而边境贸易和海上的民间贸易则是更为持续开展的另一种方式。

中国王朝与邻邦，特别是与朝鲜和越南确曾建立“朝贡”册封关系，并以“朝贡”方式开展了官方贸易，与东亚几个国家形成了中国文化圈，或称“汉文化圈”。但是，如果深入考察这种关系，可以看出以中国为中心的“四方来朝”的国际政治体系并非完全真实的历史原貌。东南亚国家对这种“朝贡”关系的态度各异，有的确曾承认过这种关系的存在，目的在于通过“朝贡”册封来巩固与提高自身的政权地位；或则通过“朝贡”贸易获得经济实利，表面上承认而已，大多数国家其实并不承认这种不平等的关系。

本书提出，中国与东南亚国家的文化相互关联又各具特色，具有互动性很强的特征。中国文化对东南亚国家的文化产生了程度不同的影响，与此同时，东南亚国家的文化对中国文化的丰富和发展也做出过重要贡献。同时东南亚国家之间的文化交流也是彼此互动的。当前研讨中国与东南亚国家的关系，应当注意继承优良传统，扬弃传统的旧史观，以新的观念重新审视古籍的记载。

第五是本书在研究和平发展的关系的同时，并不回避战争关系。本书认为，在中国与东南亚邻国的关系史的长河中，和平的交往，人民之间的友好关系是发展的主流。虽然在历史上曾有统治者发动过一些战争，但是比起那些战争来，2000 多年中国与东南亚国家之间的友谊关系，经济和文化上的相互交流和影响，所遗留下来的痕迹要深刻得多，所发生的作用要广泛得多。

东南亚国家建立和发展的过程中，它们之间经常发生纠纷和战争。究其原因，主要是因为一个国家与王朝的兴起与繁荣，往往伴随着对外扩张，而战争则是对外扩张的最重要的手段。掠夺人口和财富，扩张领土的欲望是爆发战争的重要根源，这是由社会的性质和国家政权的本质所决定的。本书认为，在拥有广袤的森林、无垠的土地，但人口短缺的东南亚，发动战争的基本目的都在于控制人力资源。而在当时的历史条件下，东南亚国家之间虽频繁发生战争，但经济贸易和文化交流在东南亚国家之间的关系中仍占有重要地位。各国之间的交流并未中止，而且日益密切，甚至战争有时也成为其相互交流的重要途径。比如，在战争中，战胜国往往将所攻占国家的大量工匠强制迁移回国，以促进本国经济的发展。

历史是一面镜子，总结历史经验，本书认为，国家之间的和平交往或战争冲突，都是加速东南亚地区双边或多边互动的重要因素，也都曾对东南亚国家各自的政治、经济社会状况的演变和发展产生了重要的影响。

最后需要说的，本书是北京大学东南亚学研究中心的“古代东南亚历史与文化研究”课题组的集体成果。课题组成员由北大外国语学院东方语言文学系、国际关系学院和历史学系教师梁志明、李谋、杨保筠、梁敏和、赵敬、傅增有、吴杰伟组成，并有中山大学历史学系教师牛军凯加盟。梁志明、李谋、杨保筠任主编负责全书统稿。作者们既分工写作，又密切配合，既完成本人承担的写作任务，又对其他成员的写作提供资料与建议，全书的总体设计、大纲的拟订、综论部分以及各个章节的写作主要是执笔人的辛勤劳动，但又渗透了其他成员的心血与奉献。有些章节是多作者参与修订完成的。可以说，本书是课题组成员之间精诚合作、集思广益的产物，是多学科互助、取长补短的集体协作工程。

综上所述，在数年的撰写过程中，本书作者从中获益良多，同时深感东南亚古代史的著述实在不易。当前，东南亚古代史研究进展迅速，成果日益增多，而我们在理论研究、学术动态与资料的掌握方面均感欠缺，写作的难度大，需要研讨的问题很多。重新审视、重新编著一部全新的具有国际水平的东南亚历史是一项重大而艰巨的任务，不是我们这几个人力所能及的。这部书无论是在理论、观点、架构与体例，还是资料的收集与发掘等方面均有不足之处，疏漏之处更是在所难免，我们诚恳地希望多予匡正。

（作者系北京大学历史系教授、东南亚学研究中心主任）

An Attempt to Write the Regional History of the Ancient Southeast Asia: On the Writing and Publishing of *Ancient History of Southeast Asia*

Liang Zhiming

Abstract: From antiquity to the early 16th century, the ancient history of Southeast Asia can be divided into 3 periods: the original period (from antiquity to 1st century B. C.), the period of early states (from early AD to the 10th century) and the period of the rise and alternation of centralized states (around the 10th century to the early 16th century). The features of the *Ancient History of Southeast Asia* are as below: combining the global perspective and the framework for regional history; exploring and using a variety of historical sources; combining the history and culture of research; providing a different point of view on such issues: the impact of foreign culture and the Indianization of ancient Southeast Asia, the "vassal relations" or "tribute trade" between China and Southeast Asian countries and etc.; considering both peaceful and unpeaceful relations among Southeast Asian countries are important factors in the development of Southeast Asia. This book is a result of multidisciplinary interaction as well as the sincere cooperation among the seminar members.

Key words: *Ancient History of Southeast Asia*; Historical Stages; Perspectives; Innovative Ideas

古代东南亚社会与文化的特征

李　谋

【内容提要】 16世纪初叶以前的古代东南亚社会与文化的发展具有的特征是:长期融合而成相似的基本民俗;赖以生存发展的栽培农业与稻作文化;广泛长期存在的社会基层单位——村社;妇女的社会地位特别受到尊重;重视境内外贸易的发展;多元宗教信仰的交织与传承;从"王权神授"到"君神合一"的政体;对外来文化的包容、吸纳与融合。在16世纪初叶前后形成了独具特色的、既多元又统一的、以多元—交汇—共生为特征的东南亚文化。

【关键词】 古代东南亚;社会;文化;特征

东南亚是一个地理上文化上相对独立的单元,诸多民族在东南亚这个大环境中共同生活、繁衍,它们经历了一个漫长的共生、融合、同化、发展的过程。它经历了公元前的史前文化期、公元后近十个世纪之久的本土文化发展与外来文化融入期和10世纪至16世纪初叶的文化定型成熟期。在这历史发展的长河中,中国文化、印度文化、伊斯兰文化等先后都对东南亚有所影响,尤其是印度文化的影响最为突出。但到了16世纪初叶,这些影响都已先后逐步被当地文化有选择地吸收融合了,本土化了,形成了一个丰富的多元的东南亚文化。虽然16世纪以后东南亚的历史也是非常丰富的,变化也很多,尤其是又传入了西方文化,但东南亚文化的核心内容却未再出现根本性的变化,一如既往地传承了下来。

分析16世纪初叶以前的古代东南亚社会与文化的发展,归纳起来古代东南亚的社会与文化具有以下几个特征:

一、长期融合而成相似的基本民俗

衣：干漫——纱笼——筒裙

筒裙是东南亚大多数民族的传统服装，虽然各族对筒裙的名称各异，但样式都是一样的。“男人和女人的基本服装是用一条未经缝制的布块，围着身体裹上一圈或数圈。”“无论平民还是贵族，都别无二致；唯一的差别在于布料的质地档次”。① 早期我国称为干漫（或干曼、干缦），干指的是躯干，漫或曼、缦的意思是罩满、布满，所以干漫就是罩满躯干的布。东南亚的华侨华人则称当地的这种服装为纱笼，我国古籍中记有：“……诸蛮并不养蚕，收娑罗木子，破其壳，中如柳絮，细织为幅服之，谓之娑罗笼段。”②可见华人称为纱笼者实际就是我国古代“娑罗笼段”的简称。

到了当代，人们才按照它的形状直呼为筒裙了。古代尚不称其为筒裙，也是有它的道理的，因为当初“腰以一布通前后缠之，贵者布长二丈余，贱者不逾一丈”③。最早谈到东南亚人穿筒裙的是写于公元初的中国古籍，“男无衣服，女横布帷”④。从我国多部史书转引过的关于印度婆罗门混填娶土著女首领柳叶为妻，令其“穿布贯头，形不复露”的扶南建国故事可知：东南亚一带穿筒裙的习俗是在公元初始前后才出现或逐步普及开来的。似乎也可解释为这种服装样式是由印度传来的。当时人们只是用一块布不需缝合直接围在腰间而已。后来才发展成为缝成筒状穿用的。有趣的是缅甸蒲甘王朝那腊都王1167—1170年在位时不知出于什么考虑还曾专门谕令国中妇女恢复古代穿法，筒裙不得缝合。另，在盛大典仪场合为了显示尊严与高贵，男子也必围穿不缝合的上等布料的长筒裙。今日在表演东南亚传统舞蹈戏剧时男女演员们还是这种装束。

今日筒裙用各种各样的面料制成，有贵重的，有普通的。男性所穿多以单色为主，也有穿格状花色的。女用筒裙则五光十色以带花的图案为主。尤以爪哇产的称之为“巴迪克”的蜡染花布制成的筒裙有名，不仅在今

---

① ［澳］安东尼·瑞德：《东南亚的贸易时代：1450—1680年》（第一卷季风吹拂下的土地），吴小安、孙来臣译，商务印书馆2010年版，第101、99页。

② （宋代）李石：《续博物志》。

③ （明代）钱古训：《百夷传》。

④ （东汉）杨孚：《异物志》。

日印度尼西亚和马来西亚境内,就是在东南亚其他国家也极负盛名。筒裙的穿法男女有所不同,男士穿筒裙皆在腰间左右对折后,在腰部正中打一活结,活结打成小口袋状,可放些零用钱物,一些老人也有用皮带系在腰间的。女子则将筒裙折叠平展,将筒裙头儿掖在一侧腰间。平时人们穿筒裙,下面的裙边要齐到脚踝。男子干重活时为了行动方便就把穿在身上的裙子两侧提起越过胯部,再把身前的裙头儿经胯下向身后提起掖在后腰间,看上去像是穿着三角裤一般。妇女干重活时为了行动方便就把围在腰间的部分加厚,将筒裙的底边从脚踝处提到膝部穿好。再有妇女们为了在河中、井边冲凉或沐浴的需要,则会脱去上衣,把筒裙的上端从腰部向上提至腋窝,把筒裙头儿掖在一侧腋下。

食:米饭——手抓饭——辛辣味食品

纵观今日东南亚各民族包括大部分居住在丘陵地带的山地民族的主要食品都是由稻米制成的米饭,这与东南亚文化的特色之一的稻作文化是密不可分的。食米的这一习俗早已就在东南亚各族中形成是不容置疑的。用手抓而食之更是自古以来就是这样。直至今日无论城乡大都仍如此。"在东南亚大部分地区,就餐时家庭成员不分男女老少,济济一堂,一起用餐。他们在地板上用餐,用香蕉叶或浅平木盘当盘子。餐前饭后必须用水将手嘴清洗干净,吃饭时用右手。他们吃饭时不用勺,而是每个人用手从盘子里抓饭。抓饭前,用水把手沾湿,这样饭便可以不粘手。他们用力把米饭捏成团,然后塞进口中。"①到了近现代随着西方文化的传入才开始有了以盘子盛饭,用勺、叉进食的习惯。进餐时用右手五指将一些米饭攥拢送入口中。当然每次攥的量要多少适中,而且送入口中时的姿势也有一定讲究。也有的是将米饭攥成饭团后再食用的。有些民族当客人来家中用餐时,作为敬客的礼节,主人必亲自为客人攥成第一个饭团送到客人手中。人们还是很注意卫生的,往往在餐桌上备好一小盆清水供餐前或进餐中洗手用。东南亚各族佐餐的菜肴多种多样,但鱼是重要的副食品。"在东南亚,无鱼不成饭,尤其是一种蛋白质丰富的香辣美味腌鱼酱(马来人称之为 belacan,泰国人称之为 kapi,缅甸人称之为 nga pee,越南人称之为 nuoc mam),更是各地东南亚人的最爱。"②烹饪方法也各有所长。但有一个非常明显的共同点。那就是他们普遍喜爱辛辣食品。咖喱、辣椒、大蒜等辛辣

---

① 《东南亚的贸易时代:1450—1680 年》第一卷,第 49 页。

② 同上书,第 35 页。

性佐料和食用香料等是必不可少的。这大约与东南亚大部地区处于潮湿炎热的热带或亚热带有直接关联。再有,茶余饭后食用槟榔,也是东南亚各族人的统一习俗。

住:干栏——高脚屋

约8000年前东南亚进入新石器时代,已有了栽培农业,开始了定居生活。在印度支那半岛地区,人们不再过洞穴人的生活,建起了高脚屋;印度尼西亚海岛地区出现了一种园屋和树上家屋,高桩居屋的建筑形式也逐渐从印度支那传播过来。[①]"依树积木以居其上,名曰干栏,干栏大小,随其家口之数。"[②]"所居皆竹楼,人处楼上,畜产居下,苫盖皆茅茨"[③]东南亚各地发现的古代铜鼓上有"干栏纹饰"与某些干栏残迹,就是新石器时代以后人们告别洞穴生活居于高脚屋的最直接证明。东南亚各地之所以广泛采用干栏式建筑,是因为"每当雨季来临之时,常常连日暴雨,洪水泛滥,淹没田野和庄稼。然而居住在高脚屋中的民众,因其楼板高出地面数米,通常可借此躲避水患。到了旱季,楼底可以饲养家畜,楼上住人,清凉爽快。"[④]干栏,古时也称之为麻栏。是东南亚一带居民传统住房形式。直至今日在广大地区尤其是乡村仍是如此。但今日人们多称为高脚屋。传统的高脚屋原本比较简陋,用竹子、木料作桩柱、楼板和上层的墙壁,下层则四周无遮拦。屋顶覆盖树皮、树叶或茅草等。上层住人,下层圈养牲畜或放置农具。古代头人、富绅、官员的住所,乃至王族宫殿都是干栏式的,只不过规模庞大,有了更多的装饰物而已。今日中外相关学者有关东南亚各国文化的著述中大都讲到"干栏式建筑"这一特色。

行:陆路的牛车——水路的帆船

古代东南亚内陆交通相对落后,主要的交通运输工具是牛车。东南亚的牛车是一种"使用由(两头)公牛或水牛拖拉的两轮车,载重240公斤至360公斤。这种牛车速度最慢,但也最方便。对旅客而言,这些牛车太过颠簸,一路上很不舒服,这是因为车子缺乏弹簧或轴箱,整个车身直接依托在木轴之上,而木轴则固定在车轮的轮盘之上"[⑤]这种牛车起源于什么年代已

---

① 参见王任叔:《印度尼西亚古代史》(上册),第153页。

② 魏收《魏书·僚传》

③ 明代朱孟震《西南夷风土记》

④ 段立生:《泰国文化艺术史》,第169—171页。

⑤ 〔澳〕安东尼·瑞德著,孙来臣、李塔娜、吴小安译:《东南亚的贸易时代:1450—1680年》(第二卷扩张与危机),第62页。

难考证，但是自古一直流传至今。凡到过东南亚农村的人，都亲眼目睹过这种牛车。东南亚的黄牛是一种“峰牛”，在它的颈后背部有一隆起的峰。车轭正好架在左右两牛牛峰之前的部位。古时东南亚商人经商在没有水路可用的情况下，往往组成几十辆牛车的“牛车帮”结伴而行。晚间露宿时，为了防止野兽侵扰，把牛车首尾相连围成一个“大圆阵”，驾车的牛统统赶入圆阵中心歇息，而驾车的人和随行的商人们都躲进牛车之上的棚中过夜。

东南亚古代铜鼓上可以看到大量的船形纹饰就从一个侧面说明了早在铜铁时代东南亚地区的居民就已掌握了一定的航行技术。水路交通中，人们视内河水路宽窄深浅情况用独木舟、竹筏、小船或小帆船；当时驰骋于东南亚海域的则是一种“它有时被称为东南亚帆船、或称南岛帆船，有时又被称为马来——波利尼西亚帆船，又有时直接称为‘叭喇唬船’（prahu）。其最为悠久的一大特色在于所有构成船体的木板彼此间以及与龙骨间都是以木榫固定连接的，没有使用任何铁钉或框架，船首和船尾均呈尖状，配以两只桨状侧舵和长方形大三角帆。”“在贸易时代（1450—1680）以及此前此后的几个世纪里，数以千计的此类帆船装载着4吨至40吨不等的货物来往穿行于东南亚的海面上。”[①]据考，东南亚的造船技术与工艺还受到13世纪元军远征爪哇时带去的“南中国海”式大型帆船的影响，后来又有所发展。

二、赖以生存发展的栽培农业与稻作文化

1952年美国地理学家索尔（Carl. O. Sauer）在其专著《农业的起源和传播》中提出了一个假说：世界上的种植技艺最早都源于东南亚，起始于和平文化。这一假说产生了较大影响。就在50年代，美国考古学家、夏威夷大学教授W. G. 索尔海姆（Wilhelm G. Solheim）大胆地宣布东南亚地区是一个早期人类文明的摇篮，并亲赴东南亚寻找有关史前农业的证据。1962年6月，W. G. 索尔海姆又向泰国提出了进行考古联合调查的计划，获得泰国考古学家孔·清·犹地（Khun Chin You-di）等的积极回应。在调查计划实施

① 《东南亚的贸易时代：1450—1680年》第二卷，第40页。

过程中，60年代中期美国和泰国考古学家们相继发现了泰国东北部的侬诺他、西北部仙人洞等著名考古遗址，轰动了史学界。尤为重要的是在仙人洞发现了类似于稻谷栽培用的石刀和很多的植物遗存。同期，越南考古学家在河内以北富寿省冯原地区也发掘到一处遗址，他们声称在冯原文化(Phungnguyenian Culture)时期，制造石器技术已达到“极盛阶段”，发现了稻谷遗存，并有狗、猪、牛、鸡等家禽家畜的遗骸。此后，就有学者更明确地提出早在8000年前东南亚就出现了栽培农业和稻作文化的论断。

但是，“根据公认的考古证据，稻谷首先是在全新世早期气候比较温暖的条件下在扬子江低地地区的某个地方培育成功”的。[①] 尤其是中国近40年的史前农业考古的一系列发现（包括1973年发现的浙江余姚市河姆渡镇遗址、1986年发现的湖南道县寿雁镇玉蟾岩遗址、20世纪60年代发现经1993年、1995年、1999年多次发掘的江西万年县大源乡的仙人洞和吊桶环遗址、2001年开始发现的浙江浦江县黄宅镇的上山文化遗址等）和研究的成果进一步表明，的确是中国最早种植了水稻，早在10000年前中国就有了栽培稻，即亚洲栽培稻。而东南亚地区的石器时代文化与中国华南属于同一文化类型，从旧石器时代迈入新石器时代后，东南亚的生产力进步，人口增加，进入农业创始时代，农耕经济萌生。东南亚的稻作文化可能是南岛语系、南亚语系和汉藏语系几大族群先后完成向东南亚地区的迁徙之后发展起来的。所以可以说东南亚也是世界上较早出现稻作文化的地区之一，而且具有地方特色的稻作文化成了东南亚文化的一个突出特征。稻作业水平的提高为东南亚地区提供了进一步发展的物质基础，是古代东南亚社会得以持久发展的根本动力。

处于江海之畔地带的东南亚地区早就有灌溉农业。中国古籍《交州外域记》载，“交趾昔未有郡县之时，土地有骆田，其田仰潮水上下，民垦食其田。”[②]“所谓‘仰潮水上下，人食其田’，并非引海水灌地，因海水不能有助于农作物，而是海水涨时引河水入田，海水退则阻河水外流，如同今日伊洛瓦底江流域的缅甸人的做法。当时来印度尼西亚的部落也已具备这一知识。……但不论如何印度尼西亚在铜铁时代已有稻谷类种植，是可以肯定的。”[③]

① 《剑桥东南亚史》I，第73页。
② 《交州外域记》，引自郦道元：《水经注》，卷十四。
③ 王任叔：《印度尼西亚古代史》（上册），第233—234页。

东南亚的稻作文化除了有东南亚多处考古遗迹可以佐证之外，较后一些时候发展形成的缅甸皎栖、柬埔寨洞萨里湖等地区的灌溉系统和菲律宾伊富高人的灌溉梯田都是东南亚稻作文化进一步发展的杰作。再如，口耳相传遗存至今的东南亚早期口头文学作品也在一个侧面反映了东南亚稻作文化存在之久并影响深远。与伊富高梯田紧密相关的伊富高人英雄史诗《呼德呼德》在2001年就被列入了联合国教科文组织设立的"人类口头与非物质遗产杰作名录"。《呼德呼德》是伴随着伊富高人稻作文化的发展出现的。它是与生产劳动密切相关，在稻田劳作过程中，播种和收获时进行的集体吟唱，有时也会与祭祀谷神等的典仪联系在一起。在古代原始社会人们大多进行集体劳动，在劳动中为了解除疲劳或企图用声音去感动超自然的力量帮助他们克服各种困难，就出现了号子、民歌之类的口头作品。印度尼西亚的古代"咒辞"就是这样产生的，在这类作品中也有表现稻作文化的。像"司谷女神咒辞"[①]就是。缅甸民歌中最精彩的一类"插秧歌"，也是在集体劳动中为了鼓舞士气或抒发劳动情感吟唱的作品。[②] 还有，在东南亚的神话故事中可以找到许多有关谷物的传说，也是对东南亚稻作文化的补充诠释。

东南亚的农业中心主要分布在热带季风地区的含有大量淤泥的河流冲积区和三角洲，在半岛地区，有红河、湄公河、湄南河、伊洛瓦底江和萨尔温江三角洲，洞里萨湖平原等；在海岛地区，爪哇岛中东部和附近的巴厘岛、马都拉岛等是最重要的水稻产区。在这些地区，农业的发展与文化的发展互为推动力，产生了东南亚历史上最主要的文明中心。公元前后，在这些农业中心地区建立起来了一系列早期国家。所以可以说稻作文明是东南亚早期国家出现的最基本的物质基础。经过了数百年的发展，在这些城邦式的早期国家基础上又先后形成了若干个中央集权的王国。而栽培农业与稻作文化在东南亚中央集权王国兴起发展的年代中仍是一个非常重要的因素。所以有学者说，"东南亚古代早期文化乃至整个东南亚古代文化，都与稻作业有着密切的关系。"[③]

---

① 参见梁立基：《印度尼西亚文学史》上册，昆仑出版社2003年版，第49—50页。

② 参见姚秉彦、李谋、蔡祝生：《缅甸文学史》，北京大学出版社1993年版，第18—19页。

③ 贺圣达：《东南亚文化发展史》，第92页。

三、广泛长期存在的社会基层单位——村社

农村公社制(简称村社)的广泛而持久的存在和发展,是古代东方社会的一大特征,东南亚地区尤为突出。铜铁时代的铜鼓文化与巨石文化时期,村社已广泛散布在东南亚的半岛与海岛的各个地区。作为地域性的村社组织是原始社会末期的产物,但进入有阶级出现的文明时期,东南亚的村社组织却没有解体,而是顽强地保存下来,甚至一直持续到近代。

在东南亚早期王国时期,基层社会控制系统一般表现为各种形式的村社组织,在爪哇地区,这种村社称为瓦努(Wanua)或德萨(Desa),在菲律宾称为巴朗盖(Barangay),在越南称为村社(Thon Xa)。它们原是在公元初年,在水稻种植与灌溉的农业文明发展的基础上,伴随着灌溉系统而产生的大大小小的灌溉会社,后又与各个农业村落相结合,产生了或紧密或疏离的社会控制和管理系统。这样,东南亚的村社便成为了古代社会控制与管理系统的组织,而后又作为国家统治的基层行政单位继续存在下来。

村社是在氏族或部落的基础上形成的,随着社会的发展,村社的性质与职能发生变化。在村社的基础之上,从部落联盟逐步发展为国家。村社头人和各种社会控制系统的领导者也逐渐超越旧有的权势,拥有更大的权威,逐渐变为社会基层的权力拥有者。由于在东南亚社会出现变动的时期,印度文化以较大规模在东南亚传播开来,而以印度教或佛教崇拜特征的印度王权观念和以《摩奴法典》为代表的印度法成为东南亚当地统治者所接受的重要内容。受印度文化影响深重的东南亚古代早期王国建立的典型方式就是:来自印度的商人与东南亚的某个村社头人家族联姻,在此基础上逐步通过推行印度文化以实施对整个村社的政治—文化领导权,乃至建立起一个小王国了。[①] 这样,就在村社之上,出现了王权,村杜土地公有制也逐渐演变为王有制与国有制。而且,这种土地王有制与国有制并未触动村杜对土地的定期分配制和和村社成员对土地的实际使用权。

进入早期王国时期,随着农业、手工业与商业贸易的发展,村社内部贫富分化加深,阶级出现。在东南亚一些早期王国内,明显地出现了三个等

① 至今仍广泛流传的有关扶南建国的混填与柳叶的故事就是一个典型例子。

级:国王与贵族集团、村社自由民和奴仆。但氏族、部落和农村公社仍是国家统治基础的基层行政单位。中国古籍记载的散布于东南亚各地的众多的"国",实际是具有部落联盟性质的"部落国家",尚未跨入文明社会的门槛,仅仅是国家的雏形。一些由扶南、占城、骠国等东南亚早期王国统治的所谓"属国",更显然是些部落联盟或氏族组织,它们有时也被称作"聚"。例如《南史》记载,婆利国"有一百三十六聚"。《新唐书》说,骠国有"属国十八","部落二百九十八"。《宋史》则说,占城"所治聚落一百五,大略如州县"。中国史籍之所以称其为国,一方面是由于客观上对其缺乏全面的了解;另一方面显然是中国王朝的统治者们出于"中央王国"的考虑,借抬高这些东南亚古国的地位来证明其本身的权威性。

然而,虽然这些小"国"尚处于氏族、部落阶段,但已处于国王统治之下;所以普遍存在的村社,已改变了其原始性质,成了东南亚早期王国统治的基础。

村社在东南亚早期王国的重要地位,也表现在当时的政治、司法制度等方面。以"王"为中心的国家形态虽已建立起来,但往往没有稳定的统治中心,国家机构不完整,或尚未建成系统的地方政权机构,而村社在政治上具有相对的独立性,自成一个半自治体,有自己的权力机构。有的一直延续至近代。以印尼为例,其村社有头人即村长,并设置了长老会议,还有会计、助理、村警、传令员及边界巡查员。村长一般由长老会议举荐,上级官府任命。[①] 菲律宾的"巴朗盖"组织也长期保留下来,其首领在比萨扬地区称达图(Gatu),他加禄地区称马吉努(Maginoo)。首领即是村社头人,又是部落或部落联盟的军事首长,首领主持农耕、贸易,指挥作战,又负责内部安全与秩序。首领们从乡亲中选拔人员协助自己管理巴朗盖的事务,并组成自己的卫队[②]。在司法领域,东南亚早期国家多采用神判法,而无成文法进行统治,有的较进步的国家开始引进和实行来自印度的"天竺法",但村社常用习惯法。越南俗语有"家规大于王法"之说,这实际上就反映了村社的实际权力往往胜过国王的法令。

到了10世纪左右以后,东南亚地区在一些早期王国的基础上先后形成了若干个地域更加广阔多民族组成的中央集权王国。村社仍是各个王国的社会基层单位。比如:越南李朝时村社仍是社会的基层单位,乡、甲等

---

① 黄焕宗:《亚洲封建村社制度初探》,载《厦门大学学报》1979年第3期,第83页。

② 金应熙:《菲律宾史》,第51—52页。

行政单位是建立在村社基础之上的。村社虽有一定自治权,但村社土地最高所有权为皇帝所有,农民耕种的村社田地要向国家纳税,服劳役和兵役;陈朝时村社发生许多变化,由于帝王使用村社公田封赏给功臣、贵族、寺院,允许土地买卖,土地私有制有所发展,许多村社既有公田,又有私田。作为国家基层组织的村社仍直接管理土地与居民。但村社成员已发生阶级分化。凡耕种公田的村社成员必须向国家交租服役。在食邑采地内的村社农民实际上变成了农奴;到了黎朝初期,村社公田仍保留下来,从黎利在位时起,已提出将村社公地分配给缺少土地的农民和士兵的问题。黎圣宗时全国范围统一分配公田,凡有公田的各村社,每六年一期,由府县州官亲行检度,随田多少肥瘠,分为一二三等,进行分配。[①] 又如:占城社会的大多数居民为农民,古代部落制尚存,农村村社仍居主要地位。据传,占婆存在两大部落,槟榔部落在南方,而椰子部落在北方。[②]《宋史》记载,占城有二百个村落,这与当时的人口数量大致相当。土地大部分属于村社,农民过着自给自足的生活。再如:14 世纪中叶建立的澜沧王国,村社也是该国社会和土地制度的基础。村社多由十几户乃至几十户组成,村长头人一般由家族的首领担任,并有头人选出的文书等协助他工作。村社成员以务农为主,虽然也有木匠、银匠、金匠、制陶匠以及民歌手等,但他们平时也是从事农业生产的。文书负责统计村社成员服役天数。村里的事务均由村长和村务会议决定,包括每年对村社成员耕种的田地多少进行调整,以免土地荒废。可见当时的村社实际上仍是澜沧王国政治和经济的基层单位。

四、妇女的社会地位特别受到尊重

东南亚地区旧石器时代是以狩猎和采集的原始部落群体为生产与生活的基本单位,劳动成果共同分享,全体成员之间平等互助。氏族为人类社会最原始之血缘集团,氏族大约产生于旧石器时代晚期,其主要特征是:靠血缘纽带维系,实行族外婚;生产资料归氏族公有,成员共同劳动,平均分配产品;公共事务由选举出的氏族族长管理,重大问题由氏族成员会议决定。进入旧石器时代晚期,人口增加,部落集体分出一些小单元,各小单

① 〔越〕申仁忠等:《天南余暇集》,第 5 册条例。
② 参见〔法〕马司帛洛:《占婆史》,第 8—9 页。

元之间平等、互助，共同组成一个大群体。

赛代斯曾指出，在印度文化进入之前，东南亚的社会结构方面，妇女和以母性为世系的作用占有重要地位。[①] 新石器时代，在东南亚地区的氏族社会，特别是农业发展的地区，大的氏族集团率先形成了部落。东南亚也经历了只知其母而不知其父的对偶婚阶段。东南亚的新石器早期社会已进入母系氏族公社时期。据有的学者对印度尼西亚地区氏族制的考察，米南加保人和恩加诺岛居民实行母系制，达雅克人、爪哇人等地区实行双系制。印度尼西亚某些地区，母系氏族社会可能到12—13世纪仍存在。宋人赵汝适指出，自爪哇"东至海，水势渐低，女人国在焉，愈东则尾闾之所泄，非复人世。"[②]王任叔说："看来，东部印度尼西亚，当时是有母系氏族部落分布着的。苏门答腊西海岸外的恩加诺岛一向被称为女人岛，就是母系氏族制社会的误传。"[③]苏门答腊米南加保地区，年长的妇女往往成为营地的管理者和主持人，婚姻按辈分为区别实行级群婚制。进入晚期则开始出现父系家长制氏族公社时期，族外婚制流行。从米南加保母系氏族部落制的残余中，可以找到典型的母系氏族制。它一般由4个氏族构成一个村落或称部落。4个氏族实行族外婚，但同一部落实行族内婚。4个氏族分为两组，即两个氏族合成一组，每一组的氏族内不允许相互通婚，而只允许同另一组的氏族通婚。氏族之下出现家族公社。米南加保的母系家族是由一位女性祖宗所传下来的子孙组成。他们有共同的居住地、共同的墓地、共同的家屋、共同的稻田。大家族居家的长屋为母系氏族所有。米南加保的长屋可住七八十人，他们都是由一个女性的先祖传下来的。长屋制的居住方式在印度尼西亚的巴塔、加约、达雅克、伊里安查亚和卡伊等地也很流行。达雅克人的长屋长达200～300米，各个家族有自己的房间。长屋前后有长长的走廊。母系氏族制社会，在印度尼西亚新石器时期可能相当普遍地存在。在爪哇东部的巨石文化遗址中，石棺外往往浮雕有形似尼格利陀人的妇女形象，大眼、厚唇、扁鼻，两脚叉开，两手并举，这既是一种祖先崇拜的标志，也肯定是母系氏族制的标志。

在东南亚一些地区，母系氏族制的残余延续很久。如：古代东南亚地区许多王国的统治者往往都非常注意迎娶某些强势王国的公主或某个王

---

① 参见〔法〕赛代斯：《东南亚的印度化国家》，蔡华、杨保筠译。

② 赵汝适：《诸蕃志》。

③ 王任叔：《印度尼西亚古代史》（上册），第155页。

族的女性后裔为后妃，甚至强娶或设法将几位公主姐妹一起据为已有，才能使国王的王位与权势有了“合乎法律的依据”。又如：14 世纪下半叶缅甸的彬牙王朝、阿瓦王朝的王位频繁更替，一位出身王族名门的苏翁玛竟连续当了先后继位的 6 位国王的皇后。[①] 孟王朝的著名女王“信绍布是孟王亚扎底律王后窭达玛娅之女。……20 岁时，缅历 775 年公元 1413 年与亚扎底律之甥德门西都婚配。25 岁时，缅历 780 年公元 1418 年生子彬尼亚勃尤。是年其夫去世。缅历 784 年公元 1422 年 29 岁时被献给（阿瓦王朝）白象主底哈都（为后），来到阿瓦。缅历 791 年公元 1429 年 36 岁时，在两位僧人达马达亚和达马尼亚那的帮助下，潜回到（孟王朝的国都）汉沙瓦底。缅历 814 年公元 1452 年她 59 岁时当了（孟王朝的）国王，取号彬尼亚江道。”[②]以上事例都说明了东南亚各族人对高贵女性的看法绝没有中国或印度那种女性“贞节”的观念，女权甚高。再如，东南亚绝大部分民族没有姓氏之分；父母两系亲缘关系的称谓完全相同；直至近、现代男女婚后，仍以“入赘”方式入住女家为主等皆说明了妇女地位较高，在祭祀、管理以及贸易活动中往往起着重要作用。在父系家长制发展的时期，东南亚的马来人仍保持有妇女的财产与权力地位的继承权，这使东南亚与其他亚洲国家有所不同。

亚洲文化的特征之一是历来重视家庭和家族关系网络的作用。而妇女的地位和作用特别受到尊重，双系继承制的延续，是东南亚古代社会文化的又一个重要特征。

五、重视境内外贸易的发展

纵观古代东南亚各国经济方面的政策与发展，几乎无一例外都很重视商业的发展与产品的交换。东南亚是中印两大国贸易的中介和商贸潮流的受益者，由于控制和利用这一商业通道，进而成为谋取更多利益的参与者。东南亚各国间进行贸易的大宗商品主要是稻米、食盐和金属器皿。而在这一时段发展起来的东南亚各国的国际贸易主要是与两大邻国中国、印度之间进行的。从中国输入的主要是丝绸、瓷器；从印度入口的主要是棉

① 参见〔缅〕李谋等译注：《琉璃宫史》上卷，商务印书馆 2007 年版，第 322—340 页。
② 〔缅〕李谋等译注：《琉璃宫史》中卷，商务印书馆 2007 年版，第 487—488 页。

布。而从东南亚输出的有稻米、蔗糖、香料等。虽然香料的数量远小于其他物产,但是其价值高,东南亚又是主产地,所以在东南亚对外贸易中占据了举足轻重的地位。

贸易的初始阶段都是物物交换,以物易物;随着商品交换大量化和当地统治者从中收取部分利润、税收的需要,固定地充当一般等价物的特殊商品——货币遂应运而生。东南亚大多数地区早期都在用布匹或金块、银锭做货币,小额贸易也有使用贝币的。"小交关则用米谷及唐货。次则用布,若乃大交关,则用金银。"[①]海岛地区或半岛沿岸一些地区如苏门答腊、爪哇、吕宋、若开等地早在9—10世纪时就已有当地制造的银币或铅币。据传素可泰兰甘亨王发明过子弹币,而兰那泰孟莱王则发行过手镯币。[②] 东南亚的中央集权王国兴起后,货币在东南亚的使用范围逐步扩展开来。由于东南亚与中国贸易的发展,中国的铜钱曾一度在东南亚较广泛地使用。东南亚一些地方也曾仿中国币式铸币,设官办工场。

贸易的发展经济的繁荣促进了集市乃至城镇的发展。东南亚各地出现的早期王国或后来形成的中央集权王国首府几乎无一例外都是一些发展起来的沿江或沿海的港口城镇。各国政府也无一例外地非常注意积蓄力量争夺出海口,以利各自的对外贸易的发展。一些大国则进一步争取控制横贯东南亚海路贸易航道的两个咽喉要道:马六甲海峡和巽他海峡、中南半岛南端的克拉地峡。在本文所述时期内的前期,室利佛逝王国、吴哥王朝、蒲甘王朝与南印度的注辇是争夺这两个咽喉要道的主要参与者;而后期这一控制权则落于麻若巴歇王国与马六甲王国手中。

六、多元宗教信仰的交织与传承

原始人类对太阳有着极大的崇敬感和依赖感。东南亚各地发现的史前岩画中,不论是半岛地区的缅甸岩画还是海岛地区马来西亚、印度尼西亚的岩画,都发现有太阳的形象或符号的出现。东南亚进入铜铁时代时铜鼓上普遍存在的"太阳纹"也是东南亚人对太阳崇拜的又一实证。另外,关

---

① 周达观:《真腊风土记》,"贸易"。

② 参见《东南亚的贸易时代:1450—1680年》第二卷;〔缅〕吴瑞赞等著,李谋译:《缅甸若开邦发展史》,《南洋资料译丛》2007年第4期等。

于太阳崇拜在东南亚各族的神话、传说中也可找到某些线索。东南亚有不少民族认为他们是太阳族的后裔。

原始人类以为对自身也有个神秘力量在控制着,遂出现了生殖崇拜与祖先崇拜,进而引申为灵魂崇拜。颇具特色形式多种多样的东南亚巨石文化就充分体现了这几种崇拜。东南亚各地发现的单个或成群的石柱或立石是印度称之为“林伽”的男性生殖器象征物,也有个别的是在立石之下有石座或在石柱之上顶有代表女性生殖器名之为“约尼”的圆石或石帽的,这表示生殖崇拜;石桌、石座、石坛等则主要体现了祖先崇拜,是古人祭祀的场所,也是当时部落族群议事的场所;再有一类是石缸、石瓮与石棺,这是埋葬死者的墓地,也是灵魂崇拜的证据。石缸、石瓮的大小与材质还表明了死者地位的高低。

早期东南亚地区普遍存在着原始宗教,最主要的是神祇崇拜,认为万物有灵,山川草木动物之神无不影响、支配着人们的命运,蛇神、山神更是普遍受到礼拜供奉。公元之初,随着东南亚各地古代早期国家的建立和发展,从印度传来的佛教(包括大小乘各种不同教派)和婆罗门教(包括湿婆教、毗湿奴教)适应当地统治者的需要,交替或同时成为这些国家占统治地位的宗教。但各种宗教“和平共处”,外来影响与古代东南亚的本地信仰密切地交织在一起。这些宗教的传播促进了该地区国家的形成和社会的发展。

佛教开始传入东南亚时正是印度本土佛教处于部派佛教时期,外传的佛教各派均有。大乘佛教一度在东南亚占据主导地位,比如,室利佛逝更是一度成为处于印度境外的一个佛教传播中心,早期我国赴印求取真经的僧人大多都在那里驻足。我国称为金刚乘的呾特罗教派也一度在东南亚地区盛行,在缅甸的“阿利僧”、柬埔寨的“阵毯”习俗都是有关这派曾流行一时的证明,海岛地区的一些遗迹或资料也说明该教派一度盛行。但传播最广、立足时间最长、影响最大的是上座部教派。最早传入的是半岛南部即印度古代称为“金地”孟人聚居区,上座部佛教在早期孟人古国立足后逐步传遍东南亚半岛地区,其历程是比较清晰的。

蒲甘阿奴律陀王时摒弃了其他佛教教派,立上座部为正宗。后又派兵支援与他信仰同宗的斯里兰卡摆脱注辇的统治,帮助斯里兰卡恢复佛教。此后缅甸与斯里兰卡间又有过多次僧伽的来往,巩固了上座部佛教在两国的发展与地位。当时两国都出现了源自对方的属于上座部的某些教派。

而上座部佛教在柬埔寨境内直到吴哥王朝衰落，阇耶跋摩八世（1243—1295年在位）时才占据了统治地位。泰国素可泰王朝兰甘亨王（1275—1317年在位）曾从洛坤把锡兰留学回来的高僧请到素可泰，并派人专程去锡兰请来上座部高僧，来素可泰弘扬佛法，上座部佛教开始繁荣。[①] 1353年法昂在今老挝地区建立了澜沧王国。法昂的王后是一位柬埔寨的公主娘巧肯雅。法昂请柬埔寨高僧到老挝传教。从此上座部佛教在老挝得以广泛的传播与发展，成为国教，深入老挝社会、文化等方面。至此东南亚半岛多数国家由分别信仰佛教多种派别变为绝大多数地区逐步归一，独尊上座部派佛教，并保留了某些印度教信仰成分的态势。以东南亚半岛地区缅、泰、老、柬诸国为核心，加上南印度的斯里兰卡，以及中国西南边疆一些少数民族聚居区，逐步形成了一个上座部佛教文化圈，即南传佛教文化圈。

伊斯兰教是7世纪初由穆罕默德在阿拉伯半岛创立的一种单神教。10世纪末伊斯兰教传入印度，部分印度人改宗伊斯兰教。13世纪印度建起了强大的德里苏丹国。伊斯兰教文化同印度教文化发生了碰撞、融合，印度文化中添加了一个重要成分即伊斯兰教成分。到1335年左右德里苏丹国达到极盛，伊斯兰教成为在印度仅次于印度教的第二大宗教。除了阿拉伯的穆斯林把伊斯兰教带到了东南亚外，印度人在与东南亚国家的商业交往中，也把伊斯兰教带到了东南亚。

约在13世纪中后期。苏门答腊的一位王室的后裔摩罗悉楼接受阿拉伯商人谢赫·伊斯迈尔和来自南印度的苏丹穆罕默德的传教，建立起信奉伊斯兰教的须文答剌—巴赛国。巴赛王国成了伊斯兰教在东南亚海岛地区最早的立足点和传教中心，伊斯兰教从这里向周围扩散。1450年从苏门答腊的巨港（巴邻旁）来的阿布·贝克到苏禄群岛传播伊斯兰教。他娶了当地首领之女为妻，并继承岳父的职位，自称苏丹，建立了苏禄苏丹王国。1475年，阿拉伯人谢里夫·卡本斯旺从马来半岛的柔佛到棉兰老岛传教，和一个土著首领结婚后建立了棉兰老苏丹国。[②] 1478年创建的淡目王国则是爪哇岛上的第一个伊斯兰教国家。14世纪初，随着海路贸易的发展，伊斯兰教在东南亚的传播范围开始扩大。印度、阿拉伯穆斯林商人直接在印尼群岛各港口建立贸易据点，并逐步控制了从欧洲到东南亚海域的商业网络。为了保障他们的利益，掌控东南亚地区的贸易，希望借助伊斯兰教，进

① 段立生主编：《东南亚宗教嬗变对各国政治的影响》，泰国曼谷大通出版社2007年版。
② 参见金应熙主编：《菲律宾史》，第45—46页。

一步与所在地王国的宫廷建立起密切联系。另一方面通过海上贸易能获得丰厚的经济利益，也极大地吸引了东南亚海岛地区其他王国的统治者们，促使他们决心改宗伊斯兰教。随后，才有了马六甲和渤泥两个强大苏丹国的兴起。

七、从“王权神授”到“君神合一”的政体

“国家是文明社会的概括”①。国家可以分为两大类，一是原始国家（pristine state），另一是次生国家（secondary state）。世界上目前公认的原始国家有6处起源中心，它们是黄河中游、美索不达米亚、尼罗河下游、印度河谷、中美洲和秘鲁—玻利维亚地区。② 东南亚早期国家是在中印文化的影响之下形成的，也就是在黄河中游和印度河谷文明的影响下催生和发展起来的，是典型的“次生国家”。

公元前后出现的东南亚古代早期王国是一批在引进印度文化之后，吸收印度的王权观念而逐步建立起来的，宗教祭祀和僧侣在其中发挥着重要的作用。但东南亚的古国在处理国王和王室与神和祭司的关系上却与印度或中国、埃及等古国都不同，它的“国王并不仅仅扮演牧师角色，他就是世界的超凡中心，祭司则是他的神圣特征的征象、组成部分和效应物”。③东南亚古国常以提婆罗阇（Devaraja，即“天王”或“神王”）崇拜来体现国王的神力，但又与印度的提婆罗阇崇拜内容完全不同，“已发展成为一种主体显然不同的政治思想和宇宙观”。④ 甚至在某些国家还可以“看到神王合一崇拜的极端例证”，国王本人的面目常常是主要的“建筑主题”。⑤ 古代东南亚的政权也不同于中国秦汉时期的中央集权制，而是西方学者们所说的曼陀罗制（Mandalas）或王圈制（circles of kings）。所谓曼陀罗制或王圈制，是指在没有确切地理边界和小的政治中心从各方面寻求其政治安全的

---

① 恩格斯：《家庭、私有制和国家的起源》，载《马克思恩格斯选集》第4卷，人民出版社1995年版，第176页。

② 陈淳：《国家起源之研究》，载《文物季刊》1996年第2期，第85页。

③ 〔美〕克利福德·格尔兹著，赵丙祥译：《尼加拉：十九世纪巴厘剧场国家》，上海人民出版社1999年版，第152—153页。

④ 〔澳〕A. L. 巴沙姆主编，闵光沛等译：《印度文化史》，商务印书馆1999年版，第658页。

⑤ 同上。

背景下形成的一种特殊体制。东南亚早期古代王国的国王们是利用神性确立其共主地位,而在王圈内,国王的政治地位主要以宗教的形式表现出来,因而其结构比较松散。这些政权内部都存在着多个政治中心,各个地方政治中心仅仅是在共主的影响下各自发展而已。不过,王圈的存在使各个政治中心加强了交流,有时共主也会去协调各个政治中心间的矛盾或利益冲突。王圈内的政治中心和宗教中心经常发生转移。王圈的共主——国王,并没有对其他地方势力的绝对控制力。在古代东南亚的早期王国中,扶南、真腊、室利佛逝、占婆等政权都是典型的曼陀罗体制。

公元10世纪前后,东南亚地区在早期古代国家的基础上先后出现了若干个中央集权王国,它们大多是当地早期国家的延续,也是以某个主体民族为主导的国家,如半岛地区高棉人为主的吴哥王国、缅人的蒲甘王朝、泰人的素可泰王国、老人的澜沧王国以及海岛地区的马来人诸王国等。

早期王国的行政体制为中央集权王国的建立与强化奠定了坚实的制度基础,早期王国不仅促进了该地区主体民族的团结和发展,并为中央集权王国的建立和发展提供了重要的经济支持。尤其是东南亚早期国家所推崇的"君权神授"观念为中央集权国家的建立提供了精神支撑。

东南亚中央集权王国建立后,王国的君王们普遍效仿印度孔雀王朝以来的惯制(越南是例外),除了国王往往有个相对较长的巴利文的名号之外,都被尊为全国"水和土地的主人"。国王在宫廷里重用从印度来的或由本土培养的婆罗门,叫他们司职祭祀占卜,但他们的地位却低于君王。东南亚中央集权王国的君主们根据自己的信仰,有的明确宣称自己是大神毗湿奴转世,比如,蒲甘王朝一代明君江喜陀(1084—1112年在位)本人就多次自称他是毗湿奴再世①,"谏义里王朝(1100—1222)的绝大多数国王都被称为是毗湿奴的化身"②;有的把自己说成是印度教大神湿婆的化身,到处竖立起代表国王的林伽供人顶礼膜拜,如:从创立吴哥王朝的阇耶跋摩二世(802—850年在位)开始,多位吴哥君王在所属各地广泛竖立起代表自己的林伽,并建造"庙山";有的则声称自己是佛的化身或未来的佛陀③,或命臣民们直呼其为"佛爷"④。可见这一时期,东南亚的各国君主已不再停留

① 贺圣达:《缅甸史》第68页。

② 《剑桥东南亚史》Ⅰ,第240页。

③ 如在吴哥阇耶跋摩七世(1181—1219年在位)时,崇信大乘佛教,遂以佛陀形象代表自己。

④ 如在缅甸王朝时代,臣民与君王对话时除用词称谓等方面与一般人之间所用不同外,且在句尾或句首加上"佛爷"一词相称。

在“王权神授”的概念之上，表明自己当政的合法性了，而是进一步表明“君即神”“神即君”，君神合于一体了。

而且，王权大于神权成为日益突出之势。实证之一是：君主可以根据自己的好恶与需要，扬抑某一宗教派别或使自己的臣民改宗另一宗教。如，10世纪后半叶，蒲甘王朝阿利教派势力大盛。11世纪中叶阿奴律陀王即位后，意识到阿利教派的“神权”势力已危及到“王权”，必须削弱“神权”将其置于“王权”之下，才能巩固王位。阿奴律陀王下令处死阿利教派首领，强制阿利教派僧人及其弟子还俗，充任刀枪手和象粪清扫夫。立孟族青年僧人阿罗汉为国师，在全国范围推崇传播上座部佛教。① 又如，13世纪中后期，崇信佛教的苏门答腊一位王室后裔摩罗悉楼接受了阿拉伯商人谢赫·伊斯迈尔和来自南印度的苏丹穆罕默德的传教，建立起信奉伊斯兰教的须文答剌——巴赛国，称王号为苏丹·马利克·阿斯—萨利赫，贵族们也随其皈依伊斯兰教。实证之二是：君王可以随意改变“神权”的结构，使其置于自己掌控之下。如，阿奴律陀王即位后可以封本非自愿遁入空门、且在僧团中原无任何资质经历的父亲担任僧王。再如，15世纪初越南胡朝时，胡季犛实行限佛尊儒政策。甚至征召僧人当兵出征。到15世纪下半叶越南后黎朝时，皇帝不但是全国的最高统治者，甚至连对神仙都有奖惩的权力。②

八、对外来文化的包容、吸纳与融合

人类的文化是伴随从猿到人而同时出现的，从原始社会开始，人类的文化便逐步创造、进化和积累起来。史前时期，东南亚不但有原始人类遗迹，而且发现了旧石器时代、新石器时代和青铜时代的文化遗迹。东南亚地区存在古老的原始民族—尼格利陀人，而后又有从中国南方迁徙而来的诸族群，在史前社会，他们虽没有创立自己的文字，但已学会用双手制造工具和火的使用，他们建立了原始社会组织，凭借自己的劳动，披荆斩棘，共同创造了史前时代东南亚社会的文化。

在外来宗教与文化输入之前，东南亚并非文化的真空地带，它已有自

① 《琉璃宫史》（上卷），第199—203页。

② 参见越南社会科学委员会编著：《越南历史》第一集，第313—314页。

己固有的独特的文化。法国学者赛代斯在《东南亚印度化国家》一书中,对东南亚早期固有文化的特征作过学界比较普遍认同的概括,指出在雅利安文明之前,东南亚文化的特征大约是:"从物质文化方面看,有水稻的耕作,黄牛和水牛的驯养,金属的初步使用和航海技术;社会结构方面,妇女和以母性为世系的作用占有重要地位,以及因灌溉耕作的需要而产生的组织;宗教方面,万物有灵论、崇拜祖先和土地神、修建在高地上的祭祀场所、石瓮葬和石棚葬;从神话方面看,皆为宇宙二元论,其中高山对大海、飞禽对水族,居住在山区的人与沿海的人相对。"①

其他学者也曾先后对赛代斯所列举的特征作过某些补充。比如,N. J. 克罗姆指出,印度文化传入前的爪哇文化的特征有:(一)皮影戏,(二)佳美兰乐队,(三)蜡染法②等。

东南亚的史前文化的源头并非来自境外,而是本土,但它与中国南方文化有着密切的关系。东南亚处于种族和民族迁徙的"十字路口",东南亚,历来是大陆原始部落居民理想的移民之地,而流经中国西南部和中南半岛诸大江的河谷地带就成为了原始族群迁徙的天然走廊。进入石器时代,特别是新石器时代,东亚大陆南部的原始族群开始从陆路或海路,一批又一批地移居中南半岛,渐次南下海岛地区,并在那里定居下来,与当地古老的原始民族结合,形成新的族群。从中国大陆南下的诸部族带来了他们的文化,因而东南亚的原始社会文化必然与中国文化有着多方面的相似性。

把东南亚旧石器时代、新石器时代和青铜时代的种种历史文化遗存和相对应的中国古代遗物进行比较,可以发现许许多多相似之处。了解到古代东南亚民族形成与分布的过程,我们就可发现这一现象的深层次原因就是两地绝大多数的民族是同源的。虽然后来因定居的环境有所差异,使得他们的文化发展出现了某些不同的特点。但是两种文化之间相似点很多,基点是一致的。

公元初始前后,随着水陆交通的发展,人群间交往的增多,东南亚两个近邻印度和中国的文化不间断地影响到东南亚地区。但中国与印度的文化传入东南亚地区并非被当地囫囵吞枣地全盘接受,而是在本土文化包容

---

① 〔法〕赛代斯著,蔡华、杨保筠译:《东南亚的印度化国家》,第25页。

② 〔美〕N. J. 克罗姆:《印度—爪哇史》,转引自〔英〕霍尔著,中山大学东南亚研究所译:《东南亚史》上册,第27页。

的态势下，有选择地被吸纳了，融合于本土文化之中。

众所周知，中国文化很重视伦理与亲情。东南亚古代文化无疑也吸纳了其中的某些成分。东南亚人与人之间重视伦常，尊老敬师，各国王位的传承也很注意血缘关系问题就是个极具说服力的例证。当然东南亚各族所沿袭的是双系继承制，而且非常尊重妇女的地位，这是与中国遵循父系继承制，强调女性的“贞节”是明显不同的。

东南亚文化在某种意义上说仍属于宗教性文化，但是宗教的排他性在这一地区显现得较少，而包容性却较大。表现为：多种宗教的相互交织。如：公元初不少国家中佛教的密宗与湿婆信仰结合得非常紧密，“这两种宗教在东南亚的发展史中，要在它们之间划一道明显的界线，往往并非易事。”①“（真腊）国尚佛道及天神，天神为大，佛道次之。”②著名的婆罗浮屠也兼有大乘佛教和婆罗门教的特点等。

印度文化中种姓制度是非常严格的。四大种姓中的第一种姓是婆罗门，专司祭祀，负责与神的沟通，被婆罗门教、印度教称之为“人间之神”。而君王则属于第二种姓的刹帝利，地位低于婆罗门。而到了东南亚这两类人的社会地位却被完全颠倒了过来，君王们成了“人间之神”，而婆罗门却成了没有实权的专司祭祀的臣子。多种宗教教徒和睦相处，而且就东南亚地区信仰的某种具体宗教来说，也比该教原创教规戒律要宽松、灵活得多。

剖析东南亚中央集权国家的政体法制建设，可以明确地感到各王朝大都是仿照印度的《摩奴法典》制定的。比如，在缅甸12世纪末13世纪初出现的《达摩伐罗沙法典》；1287年孟王瓦里鲁（旧译“伐丽流”）命人参照《摩奴法典》制定过《瓦里鲁法典》；阿瑜陀耶前期根据印度《摩奴法典》结合泰人的习惯制定了《王朝法典》等。

在印度宗教文化传入东南亚各地的过程中还促成东南亚绝大多数民族创造了他们自己的文字。只有越南是个例外，因为越南曾长期是中国王朝的郡县。随着印度的婆罗门教、佛教的传入，这些宗教经典使用的梵文巴利文也随之传入东南亚。所以至今我们所发掘到的东南亚最早的文字记载都是梵文或巴利文的。文字是人类进入文明社会的标志。东南亚也不例外，当这些民族迈入文明社会后，都先后借鉴南印度婆罗米字母结合

---

① 〔英〕霍尔著，中山大学东南亚研究所译：《东南亚史》上册，商务印书馆1982年版，第31页。

② 《旧唐书》卷一百九十七（真腊传）。

本民族的特点传造出各有不同的拼音文字，而且最晚到13—14世纪时都已发展成独立的成熟的文字系统，并创造出各自的古典文学，沿用至今。当然，遗憾的是由于不同原因，有的今日已失传，有的在这一历史的长河中发生了变化改用其他书写办法，当时的文字今日已弃用了。

概言之，本土的原始文化，经过较长期的不间断地对多种外来文化的包容，有选择地吸纳，进一步整合，在16世纪初叶前后形成了独具特色的、既多元又统一的、以多元—交汇—共生为特征的东南亚文化。

（作者系北京大学外国语学院教授、东南亚学研究中心副主任）

Social and Cultural Characteristics of Ancient Southeast Asia

Li Mou

Abstract: Before early 16th century, the social and cultural characteristics of Ancient Southeast Asia are as follows: similar folk custom due to long-term integration, cultivation agriculture and the rice culture, Widespread and long-standing social unit-agricultural community, special social status of women, emphasis on the development of domestic and foreign trade, diverse religious beliefs; the polity of "divine right" and the assimilation of foreign culture. Around early 16th century, with "diversity-intersection-symbiosis" as its characteristics, the formation of a unique, diverse but unified Southeast Asian culture began.

Key words: Ancient Southeast Asia; Society; Culture; Characteristics

关于印度与东南亚历史上文化交流的若干思考

杨保筠

【内容提要】 关于印度语东南亚历史上文化交流中的“印度文化”的概念、赛代斯所指的是东南亚的“印度化”还是“印度教化”国家、上座部佛教的兴盛与伊斯兰教的传入和迅速扩张是否具有“反印度教”的意义、关于“十三世纪危机”、印度文化对东南亚地区影响的持续性等问题的再思考。

【关键词】 历史;印度;东南亚;文化交流

印度与东南亚之间的文化交流,在东南亚历史研究方面占有非常重要的地位。无论在远古还是近现代,印度和东南亚都有所联系。而在古代时期,印度与东南亚地区的关系格外紧密,甚至出现了被称为“东南亚的印度化”时期。在编撰《东南亚古代史》的过程中,笔者与项目组的其他成员一起,对这一问题做了更多的深入思考,并觉得有些议题值得引起人们更多的关注和研讨,故在此提出自己对其中一些问题的想法,以期抛砖引玉,得到大家的批评与指教。

一、关于“印度文化”的概念问题

何谓“印度文化”?其概念的界定就存在着一些值得探讨的问题。

首先,是“印度”的空间概念。一般认为,“古代印度”包括现今的印度、巴基斯坦和孟加拉国,面积约410万平方公里。[1] 但是,印度历史上很少出现大一统帝国,而是长期小国林立,有时多达上百个。泰戈尔也曾因此而

① 刘建、朱明忠、葛维钧:《印度文明》,中国社会科学出版社2004年版,第2页。

指出：印度从来就不是一个国家，而是一个地理概念，这反映了历史事实。[①]在这样的状况下，以今天的“印度”地理概念来看历史上的“印度”与东南亚的文化交流就可能出现一些问题。例如，向东南亚传播的“印度文化”，究竟是指来自印度文化摇篮的恒河流域，还是边缘地区，抑或来自也是受到过印度文化濡染的其他国家的文化？

其次，从时间观念来看，印度文化向东南亚的传播是一个长期的历史过程。由于印度自身的历史发展，其不同时期的政治体系、社会结构、文化特点等也有很大的不同，因此，不同时期的“古代印度”与东南亚文化交流的情况也各不相同，不可一概而论。

再次，从印度文化的传播途径来看，印度文化传入东南亚的途径也各不相同。有些甚至是从古代“印度”地域范围以外的地区引入和发展起来的。例如，11 世纪以后在中南半岛得到广泛发展的上座部佛教主要是与锡兰（斯里兰卡）有着密切联系的，那么，我是否也应将其称为“锡兰化”或者“斯里兰卡化”呢？

最后，印度传播的东南亚的文化内容也值得深入探讨。除了学术界公认的发源于印度的宗教文化，如婆罗门教、佛教（实际上，它们的教义之中也含有更古老的外来文化因素）以外，由于印度自古以来对外来文化持开放、包容的态度，甚至采取“拿来主义”，在多种文化因素融合的基础上，形成了“印度文化”丰富多彩的特点。今天，在印度各个地区，确实都可以看到极为丰富的文化特色。因此，由印度传入东南亚地区的文化，也是受多种外来文化的影响而形成的，其中包含着多种外来文化的要素。即使在早期传入的佛教造像等，也含有明显的欧洲艺术的因素。这也使得东南亚古代雕塑具有西方艺术的某些特征。至于后来经印度传入的伊斯兰文化，其特征则更明显。

从东南亚方面来说，该地区多国接受来自印度的多种文化的历史悠久，但在不同时期，被这些国家所接受的印度文化的来源地、传播途径、内容也各不相同。其中有各种客观因素，但主要还是由东南亚各国的统治者根据自己的需求所作的主观选择而决定。而且在其传播过程中，一些较早接受印度文化的国家成为向其他地区和国家传播印度文化的中转站，它们通过和平的或者是战争与征服方式把印度文化的要素带到那里，扩大了印

---

① 刘建、朱明忠、葛维钧：《印度文明》，中国社会科学出版社 2004 年版，第 20 页。

度文化在东南亚的影响范围。因此,可以说印度文化在东南亚的传播主要是由该地区国家的统治者来完成的。此外,虽然法国学者赛代斯(G. Coedès)在其题为《印度支那和印度尼西亚的印度教化国家》(Les états Hindouisés d'Idochine et d'Indonésie,1948年出版,1964年修订再版)一书中明确表示印度文化对菲律宾的影响甚微,但事实上菲律宾也包括其中。有学者明确指出"在七世纪,菲律宾是印度文化系统的室利佛逝帝国的一部分。"①因而不可避免地受到印度化海上强国的影响,如:菲律宾语的古文字来源于南印度的古代文字。这些文字通过印度佛教僧团的传教活动和印度商人的海上贸易传播到东南亚国家,再进一步传到了菲律宾南部的苏禄群岛和棉兰老岛。这些实事也印证了安东尼·瑞德的看法:"在东南亚,各个地区之间的内部联系都要比它们和中国或印度的联系更加密切。"②

正因为如此,法国著名学者赛代斯就印度文化在东南亚的传播问题也曾强调"印度文化的传播并非一个有清楚时间、空间界限的历史事件,而是这样一种现象,它波及广大的不同地区,并且延续了好几个世纪;它是波浪式的,包含着渊源各异的许多有地方特色的潮流,而且受到了有马来半岛上第一批印度(教)化王国构成的传布中心的推动,这些王国充当了印度本土与外印度之间的中继站。"③

那么在此基础上,又如何来界定"印度化"?在汉语中,"化"字是个多义字。但用在名词或形容词后,可以"表示转变成某种性质或状态"④。若按此解释,东南亚的"印度化"意味着东南亚泰国与印度的文化交流,具有印度文化的"性质"或"状态"。但据研究,事实并非如此,而且东南亚也不可能具有与印度完全同一的性质或状态。所谓"印度化",只是形容东南亚受印度文化影响的程度。毋庸讳言,历史上印度文化在东南亚地区的影响的确是显著、广泛和深远的,但这并不是说东南亚成为文化意义上的"远印度"或"外印度"。

---

① 格雷戈里奥·F.赛义德著,吴世昌译,《菲律宾共和国——历史、政治与文明》,商务印书馆1979年版,第1页。

② 〔澳〕安东尼·瑞德著,吴小安、孙来臣等译校:《东南亚贸易时代:1450—1680年》第一卷,商务印书馆2010年版,第11页。

③ 〔法〕赛代斯著,蔡华、杨保筠译:《东南亚的印度化国家》,商务印书馆2008年版,第63—64页。括号内的内容为笔者所加。

④ 《辞海》,上海辞书出版社1980年版,第208页。

由此可以看出,在历史上印度与东南亚文化交流研究方面,还有许多基础性的问题需要做进一步的厘清。

二、赛代斯所指的是东南亚的“印度化”还是“印度教化”国家

今天,我们通常把历史上受印度文化影响深刻的国家称为“印度化国家”,这一点是值得商榷的。

乔治·赛代斯于1944年出版的《远东印度化国家古代史》(Histoire ancienne des états hindouisés d'Extrême-Orient)一书,后修订改名为《印度支那和印度尼西亚的印度教化国家》,从印度文化影响的角度开始把东南亚作为一个整体来考察,并且论证了印度文化移植东南亚所产生的巨大作用。不过,赛代斯在其著作中所称的les états hindouisés的原意当是“印度教化[①]国家”,而非简单的“印度化国家”。但英译本将其译为indianised states,并将书名简化为《东南亚的印度化国家》。这不仅强调了“印度化”的方面,而且还造成在东南亚地区“印度化国家”的分布范围更加广泛的印象。[②]

实际上,“印度教化”和“印度化”两者之间还是有很大区别的。

印度文化开始大规模传入东南亚的时间大致是公元前后东南亚早期国家开始建立之初。这一进程自开始起,婆罗门教就是其中的主要内容,尽管佛教等皆参与其中。这是由于在公元之初的印度,南部有主要信奉婆罗门教的安度罗王朝,北部有信奉佛教的贵霜王朝。来自这些地方的商人与移民,把婆罗门教或佛教传到东南亚。尤其在贵霜王朝迦腻色伽王(约公元70—102年)在位时,王朝势力盛极一时,他也效仿阿育王的做法,促进佛教东传进入东南亚地区。但是,我们在观察东南亚的古代历史和文化时可以看到,尽管来自印度的主要宗教佛教和婆罗门教(后来的印度教)对东南亚都有深刻的影响,但最终到所谓的“十三世纪危机”时期的主要还是

---

① 在法语中,hinduisme为“印度教”,而Inde为“印度”,而“印度化”一词的对译当为indianisé。例如:法国集美博物馆的刊物之一的名称就是:“L'Inde et le monde indianisé au Musée national des arts asiatiques”(《国立亚洲艺术博物馆的印度与印度化世界》),以突出印度文化的全面影响。

② 为了简化起见,中译本也采用了《东南亚的印度化国家》译名。见〔法〕赛代斯著,蔡华、杨保筠译:《东南亚的印度化国家》,商务印书馆2008年版。

印度教,而且所涉及的范围最为广泛。

印度教的影响在东南亚古代国家的上层统治者中的表现尤为深刻。东南亚早期国家的统治者接受了以印度教或佛教崇拜为特征的王权概念,实行“神权合一”的“提婆罗阇”(即“神—王”或“天—王”)。例如,在海岛地区,一块达鲁玛王国的刻有国王足印的石碑碑文把国王足印比作婆罗门教大神毗湿奴的足印。又如,在吴哥王朝的建立者阇耶跋摩二世统治期间,大力推行对源自印度的婆罗门教大神湿婆的崇拜,①并通过湿婆的化身林伽来体现国王的神性。他在各地竖立起代表国王的林伽,营建寺庙供奉。对国王林伽的崇拜使扶南时期就已经存在的“天王”崇拜上升到一个新高度,为维护王国的统一和稳定发挥了重要的作用,同时也使柬埔寨历史进入了一个新时期。

在东南亚其他古国的宫廷中,也都广泛存在类似的情况。婆罗门们被聘为宫廷大祭司、大臣,成为国王的幕僚或高级顾问。他们在宫廷行政方面发挥重要作用,主持占星学和宫廷礼仪,包括国王的加冕礼和主要王室成员的葬礼等宫廷法事等活动。一些国家采用印度的法律“天竺法”进行治理,把遵守印度教的神圣法典,特别是遵守《摩奴法典》视为最重要的法则。

婆罗门教在东南亚民间也有相当广泛的影响。在有些国家中,“大姓号婆罗门,”②可见印度的种姓制度也曾传入东南亚。又如中国国关于东南亚古国林邑的记载有:“每有婚媾,令媒者赍金银钏酒二壶,鱼数头至女家,于是择日,夫家会亲宾歌舞相对,女家请一婆罗门,送女至男家,婿盥手,因牵女授之”③,说明印度教礼仪已经深入民间生活。

伴随着印度文化在东南亚的传播,印度古文字传入该地区。各国或借用印度梵文、巴利文进行记录,或借用印度梵文字母拼写本民族语言进行书写,印度教文化的影响也因此而渗透到东南亚古国的艺术、生活方式等各个领域。例如,在东南亚广泛流传的《罗摩衍那》,虽是印度史诗,但同时又是婆罗门教经典,其中的婆罗门教神话故事还在东南亚各古国的建筑和雕塑中广泛流传。

---

① 但也有学者认为,天王崇拜实际上是一种高棉的固有崇拜,来源于高棉宗教思想的宇宙观,它和“那迦”一样,也是王权的精神保护者。Ian Mabbett & David Chandle, *The Khmers*, pp. 88—9.

② 姚察、姚思廉:《梁书》卷五十四,“列传”第四十八,“诸夷”。

③ 魏征:《隋书》卷八十二,“林邑传”。

虽然佛教等其他宗教与婆罗门教同时传入，而且相互之间并不排斥，但后者在东南亚地区的影响之广泛与深入，则是前者所难以比拟的。而且，佛教为了适应东南亚国家的需要，与婆罗门教紧密结合，如佛教密宗与湿婆信仰的结合紧密，以至于霍尔指出，“这两种宗教在东南亚的发展史中，要在它们之间划一道明显的界线，往往并非易事。”①以至于出现诸如真腊：“多奉佛法，尤信道士（此处道士指婆罗门），佛及道士并立像于馆”②的情况。

不仅如此，即使在印度教衰落以后，其残留的许多因素仍然存在，并且继续发挥着一定的影响。

赛代斯写道：印度文化在东南亚留下的痕迹主要包括“在当地使用的各种语言中梵语成分占一定的比例，这些语言过去用于书面或今天仍用于书面的字母来源于印度，印度的法规和行政编制所产生的影响，甚至在改信伊斯兰教或僧伽罗佛教的国家中依然保存着婆罗门教的某些传统，以及存在着其建筑艺术和雕刻均与印度艺术有关并带有梵文碑铭的故建筑物。”③由此可见，赛代斯在此所列的印度文化在东南亚地区的遗存，绝大部分源自婆罗门教（印度教）的影响。

因此，在印度文化对古代东南亚地区国家的影响中，印度教是最主要的。以其深入和广泛的程度而言，赛代斯为凸显印度教在东南亚的影响而将直至13世纪东南亚的印度支那和印度尼西亚深受印度文化影响的国家称为“印度教化”国家，是有其理由的。

三、上座部佛教的兴盛与伊斯兰教的传入和迅速扩张是否具有“反印度教”的意义

《印度文明》一书将印度文明的发展分为三个阶段，史前至公元10世纪为古代文明阶段，公元10—17世纪为中世文明阶段，17世纪以后为第三阶段。其中，穆斯林入侵及伊斯兰教化的影响是形成第二阶段的最主要原

① 〔英〕D. G. E. 霍尔，中山大学东南亚研究所译：《东南亚史》上册，商务印书馆1982年版，第31页。

② 魏征：《隋书》卷八十二，“真腊传”。

③ 〔法〕赛代斯：《东南亚的印度化国家》，第2页。

因。[①] 而这与我们在《东南亚古代史》中对东南亚古代历史的分期有一定的相似之处。

大致在公元10世纪左右，东南亚早期国家逐渐向中央集权王国过渡，在对宗教文化等意识形态的选择方面也出现了新的趋势。

首先，由于印度本土自7世纪起就开始出现穆斯林的入侵，到10世纪时加剧。13世纪初德里苏丹国建立，穆斯林开始在印度实行统治。与此同时，东南亚地区的一些新建立的中央集权王国也在寻求新的精神支柱来凝聚民众，强化其统治。其中，阿奴律陀在其统治蒲甘王朝后推行上座部佛教就是典型的例证。而且，其中不乏反印度教的因素。

在阿奴律陀以前的蒲甘王朝前期，实际上受大乘佛教部分派别与婆罗门教相结合形成密教影响的阿利教派[②]的所作所为引起社会的普遍反感。据记载，此前的"历代君王均信奉居于德马梯的30名阿利僧及其6万门徒，受其谬误信念蒙蔽。阿利僧众摒弃佛法，自立异说，妄撰经书，迷惑民众。在其教义中竟有如下是非颠倒荒诞之说：杀害他人者，若能背诵阿利僧所授避邪消灾经文即可免遭业报；弑死父母者，若能背诵阿利僧所授避邪消灾经文亦可免遭业报等等。此外，不论王公大臣、乡吏士绅、黎民百姓，凡有女出嫁，皆须在成亲前夜，将女送至阿利僧处，名之为：献童贞。次日晨放回后方可成亲。不向阿利僧献童贞即出嫁者，以破坏习俗论，受王法严惩。"为了消除阿利教徒的影响，阿奴律陀"命30名阿利僧及其6万门徒还俗，并征他们充任刀枪手和象粪清扫夫等"。[③] 他于1057年征服信奉上座部佛教的孟人直通王朝后，奉孟族青年僧侣阿罗汉为国师，迎请巴利文三藏到蒲甘，并广修佛塔寺庙。此后，蒲甘王朝的统治者还与信奉佛教的锡兰国王毗阇耶巴呼一世共同反击信奉印度教的注辇王国的入侵，并协助其重振佛教。在缅甸的支持下，1070年锡兰摆脱注辇统治，并向蒲甘馈赠佛像及大批珍宝，两国间的宗教关系非常密切。蒲甘的瑞喜宫佛塔就是阿奴律陀为了供奉来自锡兰的佛牙副牙而捐建的。江喜陀王也曾向锡兰派出过使团，两国之间还有过多次僧人来往，促进了上座部佛教在两国的发展，巩固了其在两国社会中的地位。此外，当时两国都曾出现源自对方

---

① 《印度文明》，第22—23页。

② 阿利教派信仰就是佛教的金刚乘一派。"阿利"（僧）实际就是由"阿阇梨"（导师）一词音变而来的。

③ 李谋等译注：《琉璃宫史》上卷，商务印书馆2007年版，第199、203页。

的属于上座部的教派，说明它们之间的宗教关系的密切程度。

由此可见，蒲甘王朝阿奴律陀王尊奉上座部佛教，含有与印度教斗争，以利于确立其统治地位的意味；而印度教的某些理念和实践，则成为其反印度教的主要理由。

实际上，据中国元代周达观所著《真腊风土记》一书记载，"破处"的习俗在吴哥王朝也非常流行："人家养女，其父母必祝之曰：'顾汝有人要，将来嫁千百个丈夫。'富室之女，自七岁至九岁；至贫之家，则止于十一岁，必命僧道去其童身，名曰阵毯。"在 1353 年澜沧王国建立后，法昂的王后、柬埔寨公主娘巧肯雅也是因为看不惯当地原有宗教的"丑恶"愤而要求回国，才迫使法昂要求其岳父派遣高僧携三藏经到老挝传播上座部佛教，并使其成为国教的。泰人王国则是在建立之初就选择上座部佛教作为其精神支柱。据碑铭记载，素可泰王朝兰甘亨王曾从洛坤把锡兰留学回来的高僧请到素可泰，还派人专程去锡兰请来上座部高僧，在素可泰地区弘扬佛法，到立泰王时达到高峰。[①] 此后泰国的阿瑜陀耶、吞武里与曼谷王朝都把上座部佛教奉为正统。

此外，佛教密宗在东南亚海岛地区也有影响。13—14 世纪，佛教在爪哇地区曾一度再兴。新柯沙里王朝的格尔达纳卡拉国王（1268—1292 年在位）以"湿婆—佛陀"的称号而闻名。苏门答腊阿迭多跋摩王（1347—1379 年在位）时"'总是集中在喜金刚（即大日如来）'，它是无动佛的一种恶魔般的形式对喜金刚的崇拜涉及鲜血和性欲仪式，性欲仪式通常与女性伙伴联系在一起。"[②]

应当看到，尽管佛教密宗是 7 世纪以后印度大乘部分教派与婆罗门教相结合而形成的，是属于佛教的范畴，但在深受婆罗门教（印度教）影响的东南亚地区，由于印度教与佛教的紧密联系，加之密宗的许多宗教仪式和实践实际上是源于印度教的，因此，东南亚的一些国家的统治者将其中的"丑恶面"归咎于印度教的做法也是能够理解的。

上座部佛教在东南亚中南半岛地区得以广泛流行的原因，还包括其鼓吹平等，与印度教相比，等级观念不那么强烈，宗教仪式也相对简朴，无需祭师来维持奢华的寺庙和繁琐的礼仪，上座部佛教所宣扬的克己、行善积

---

① 段立生主编：《东南亚宗教嬗变对各国政治的影响》，泰国曼谷大通出版社 2007 年版。

② 〔新西兰〕尼古拉斯·塔林主编，贺圣达等译：《剑桥东南亚史》Ⅰ，云南人民出版社 2003 年版，第 266 页。

德等教义也易于被人们所接受。这也促使上座部佛教在中南半岛的大多数国家中逐渐取代了印度教。

与上座部佛教在东南亚的传播不同,伊斯兰教在东南亚地区的立足与扩张则是与印度本国的发展与变化有着密切联系的。

由于东南亚的海岛和马来半岛地区扼守东西方贸易的咽喉要道,而伊斯兰教的传入与商贸活动密切相关。因此这一地区就成为伊斯兰教在东南亚立足和发展的主要基地。印度在伊斯兰教传入东南亚过程中的地位和作用非常重要。印度与东南亚相邻,也是阿拉伯穆斯林商人海上东行的必经之地。在印度西南沿海商港聚集了许多穆斯林商人,他们把伊斯兰教传给当地人,并取得明显的成果。如据《宋会要·蕃夷七》记载,大中祥符八年(1015年),注辇国使婆里三文、副使蒲加心、判官翁勿来贡。明道二年(1033年),注辇国王遣使蒲神她离等以金叶表文进珍珠帽及象牙。这些使节的名字蒲加心、蒲神她离等均为穆斯林名字,说明当时注辇已有穆斯林。

在与东南亚国家的商业交往甚至政治争斗中,当地的印度人又把伊斯兰教带到了东南亚。如:从1030年至1077年,注辇侵略和占领室利佛逝达40年。虽然注辇入侵前,室利佛逝也有穆斯林出现,但注辇的入侵和占领肯定会对室利佛逝的社会产生影响。加之苏菲神秘主义作为伊斯兰教的一个派别深受印度瑜伽学说影响,它传到印度后为印度人所接受,再由印度人传入曾经深受印度文化影响的东南亚,也就更易为当地人所接受。除了印度穆斯林商人之外,还有一部分印度穆斯林是以专业传教士的身份进行传教的。①

1193年,德里成为东方伊斯兰教的中心,大批印度商人也改宗成为穆斯林。随着商业的发展,阿拉伯商人和印度商人在把伊斯兰教传播到东南亚的事业中的作用更加突出。多数印度尼西亚历史学家认为,“印尼的伊斯兰教是在13世纪下半叶由印度西部的胡查辣和波斯商人首先在印尼的苏门答腊传入的。这一观点已得到史学界大多数人的认同。”②

在考察东南亚伊斯兰教传入的过程中,人们还注意到,在伊斯兰教传入之后,东南亚地区伊斯兰化最快、最盛的时期,也正是被一些学者称为

① 黄云静:《伊斯兰教在东南亚早期传播的若干问题》,《中山大学学报(社会科学版)》2000年第1期,第24页。

② 黄心川主编:《当代亚太地区宗教》,宗教文化出版社2003年版,第457页。

“贸易时代”的高潮时期。为了寻求香料、白银等,东西方之间的贸易活动剧增,欧洲市场的吸引力的迅速攀升。此外,伊斯兰教在东南亚的传播主要集中在马来群岛和马来半岛地区,而中南半岛上除了极少数沿海地区之外,鲜有主动接受伊斯兰教的地区。其主要原因正在于中南半岛地区远离当时东西方贸易的主要通道,而海岛地区则因扼守着这一海上贸易通道而可享受其利。因为伊斯兰教主要由商人传入东南亚,他们的商业利益促使其主要在海岛地区传教。这也从另一个方面证明了商业利益是在东南亚的穆斯林商人传播伊斯兰教和当地王公贵族接受伊斯兰教的最主要的因素。

到了13世纪中后期,东南亚开始建立起伊斯兰国家。进入14世纪后,更加快了这一传播过程。多个伊斯兰苏丹国的建立除了有上述商业利益的因素外,还在于伊斯兰教政教合一的社会政治制度,既可使早先从印度传入的“君权神授”的思想得以很好地延续,又能借以对抗原来信奉的印度教或佛教的政权力量。

然而,一种宗教的传播,其最大受众仍然是广大民众。伊斯兰教得以在东南亚地区广泛传播,除了来自苏丹的压力之外,也有其广泛的群众基础。

首先,与印度教不同,伊斯兰教反对偶像崇拜,简化等级关系,提倡教胞之间以兄弟情谊相待。伊斯兰教义限制高利贷和鼓励赈济贫民,强调社会的公正、平等和正义,从而吸引了广大土著居民。正如有的学者所指出的那样:“穆斯林大规模商业拓居安置之后,东南亚皈依伊斯兰可能有各种各样的原因。最明显的是富有的相对平等的社会对社会较低的等级或阶层,尤其是对港口城市的较低等级或阶层的吸引力。”①

其次,传入东南亚的主要是沙非教派。该派尊重当地居民习惯,具有广泛的包容性和吸引力。沙非派认为当某种习惯在长时期内为所有的人所认可和承认时,这种习惯法也就成了“圣训”。它主张信仰真主安拉,赏罚分明,纳税以课功为主,使居民负担较轻,并宣扬每个穆斯林都可以从真主那里得到一份可以自由使用和买卖的耕地,因而得到民众的普遍欢迎。

再次,语言上的便利也有利于伊斯兰教的迅速传播。东南亚地区的伊

① 〔英〕佛朗西斯·鲁宾逊主编:《剑桥插图伊斯兰世界史》,世界知识出版社2005年版,第88页。

斯兰教主要分布在马来人聚居的群岛地区和马来半岛。在这一地区的东西两端,马鲁古群岛的名称与马六甲相似,这也正是因为远处于群岛两端的岛屿由于贸易和社会交流而在语言文化上接近而造成的。即使生活在这些地区的华人、占婆人也用马来语进行交易。这无疑为群岛居民,尤其是作为商贸中心的港口城市居民之间的交流提供了极大的便利。在伊斯兰教的传播过程中,语言便利也提供促进其迅速扩张的条件。例如,正是由于"马来语在整个群岛地区作为一种国际商业用的混合语,苏拉威西岛南部的统治者不得不模仿穆斯林的成功模式。1605 年,他们也皈依伊斯兰教。"①

最后,当伊斯兰教在东南亚大肆扩张之时,也正好是处于传统的印度教和佛教文化在东南亚开始衰落的时候,当地的统治者和民众都需要尽快找到一种新的精神寄托,这也给伊斯兰教的迅速而广泛的转播提供了良机。

实际上,赛戴斯在其著作中也强调了印度教衰落与伊斯兰教和上座部佛教崛起之间的关联:"婆罗门教在外印度具有了国王崇拜的特殊表现形式,它基本上是一种属于贵族的宗教,并不是为群众而设的。这就可以解释为什么正好在印度世界受到蒙古人四处征服和伊斯兰教入侵等方面的影响震撼之际,这里的群众会顺利而迅速地采用了僧伽罗佛教和伊斯兰教。"②不过,也应看到,无论是上座部佛教还是伊斯兰教,此前已经在东南亚地区扎下了根,奠定了较坚实的基础,否则,它们也是难以以突如其来的方式传入该地区并迅速扩张的。

总体来看,从公元 10 世纪开始,随着伊斯兰教在印度影响的扩大,印度教在海内外的影响力也逐步衰落。而这一时期也正是东南亚中央集权国家逐步形成和发展的时期。一些新兴大国的统治者在巩固自身统治的时候,也寻求以新的宗教或意识形态以凝聚民众。印度教的一些特性,如绝对的权威和等级制度、繁琐的祭祀仪式、一些荒诞的行为实践、劳民伤财大搞寺庙建设等给人民造成负担等,都难以为继。当出现新的宗教时,就比较容易为人们所接受。如上座部佛教的简洁、伊斯兰教的观念加上经济因素的影响,尽管印度教的思想和意识已经深入东南亚各国统治者及其民

---

① John L. Esposito (ed.), *The Oxford History of Islam*, Oxford University Press, 2002, pp. 426, 427.

② 〔法〕赛代斯:《东南亚的印度化国家》,第 65 页。

众，但印度教的影响力仍不可避免地在东南亚趋于衰落，最终为更易于被当地统治者和民众接受的上座部佛教和伊斯兰教所取代。

四、关于"十三世纪危机"问题

"十三世纪危机论"主要是根据赛代斯在其一系列相关著作中对13世纪东南亚历史发展的分析和评价界定的。赛代斯认为，"十三世纪，蒙古人的征服和宋朝皇帝的接替者忽必烈汗从1260年起试图在南海各国建立其盟主权之举，对这些国家产生了重大影响。"他所列举的实例有：湄南河中游的泰人摆脱高棉人的统治，建立素可泰王国；1287年元军摧毁蒲甘，导致该王朝灭亡和泰人在缅甸和柬埔寨的扩张；占婆被迫放弃海云隘以北诸省；元军对爪哇的远征和泰人在马来半岛的扩张导致室利佛逝的瓦解；小乘佛教在湄南河和湄公河流域迅速扩张，等等。他还把元军对东南亚国家的打击所产生的最重要的影响归结为："在湄南河领域和缅甸出现了泰族强国，并且因此而对柬埔寨、湄公河和马来半岛诸小国造成了严重的后果。"①

纵观东南亚历史，13世纪确实是一个重要的转折期。其最突出的表现是，长期深受印度文化影响的东南亚"印度教化"国家趋于衰落，蒲甘王朝灭亡；高棉人建立的吴哥王朝国势大衰，而长期受其统治的泰人建立的素可泰王国崛起；占婆王国濒于解体。在意识形态方面，长期占据统治地位的婆罗门教和印度教逐渐衰落，被上座部佛教取代；与婆罗门教共生的梵文文化逐渐退出历史舞台，东南亚各国的本国文字迅速普及。在建筑和艺术等各个方面，各国特有本土风格渐渐占据突出的地位，等等。但问题在于，这一切变化是否都是由于元朝对东南亚用兵的影响而致？

答案显然是否定的。

正如前文所述，13世纪时，在蒙古军队入侵东南亚之前，该地区就已经出现了许多变化。例如，赛代斯认为领导素可泰摆脱吴哥王朝统治的泰人首领因陀罗迭多大约于1220年前后即位，实现了泰人王国的独立。② 在宗教领域，由蒲甘王阿奴律陀从锡兰（今斯里兰卡）传入的上座部佛教已经开

① 〔法〕赛代斯：《东南亚的印度化国家》，第416、324页。
② 同上书，第334页。

始向中南半岛其他地区扩散;而在马来半岛和群岛地区,伊斯兰教也已经传入。应当说,元军对东南亚地区用兵,在一定程度上打破了原有的格局,加速了东南亚地区国际关系格局的重组进程。泰人统治者兰甘亨王为巩固素可泰的独立地位,在外交上同北方的兰那王国和帕耀王国结盟,并向邻国进行扩张;与此同时,积极寻求同强大的元王朝建立良好关系。公元1292年10月,兰甘亨派遣使节到中国递交金叶表文。1294年,元朝派专使访问暹国。兰甘亨在位的40年间,6次遣使访问中国。元朝于1299年还送给兰甘亨国王"金缕玉衣",给王子"虎符",[①]这无疑会对提高素可泰在该地区的影响力产生一定的影响。在这一进程中,一些国家的统治者为了获得维护其权力的手段,加速引进新的宗教信仰,其表现为原先占主导地位的婆罗门教式微,上座部佛教在中南半岛的迅速传播和伊斯兰教在海岛地区的扩张。有学者因此而写道:随着蒙古人的介入"伊斯兰教也在慢慢地移向马来西亚西部,成为一面团结的旗帜,期待着最后将马六甲海峡置于穆斯林控制之下,并使印度尼西亚改宗。"[②]

实际上,即便是赛代斯本人,也在他的一些相关著作中强调了问题的另一个方面:东南亚的当地因素在13世纪的大变革中所发挥的重要作用。他写道:"我们看到,十三世纪印度文化在整个东南亚衰落了,尽管蒙古人造成的动荡加速了印度文化的衰落,但是这些动荡却不是它的直接原因。因为从前一个世纪开始,我们就可以观察到印度文化衰落的先兆。印度文化的衰落有其深刻的原因:印度文化被为数越来越多的土著所采用他们自己原始文化的倾向渐渐地渗透到这种文化中。……蒙古人的征服造成的动荡仅仅起到了使那些古老的国家和文化共同体解体的作用。"[③]

由此看来,13世纪的东南亚已经处在一个大动荡和大变革的进程之中,元朝与东南亚的关系,尤其是元军对东南亚一些国家的远征并非导致东南亚地区国家间关系发生巨大变化以及该地区社会文化发生重要变革的决定性因素,至多只是起到"催化"的作用。夸大元军在这一历史变革中的影响力,特别是把它上升到使13世纪的东南亚因此而产生"危机"的论点,显然是不符合历史事实的。

---

① 中山大学东南亚研究所:《泰国史》,广东人民出版社1987年版,第36页。

② 〔美〕约翰·卡迪著,姚楠、马宁译:《东南亚历史发展》,上海译文出版社1988年版,第174页。

③ 〔法〕赛代斯:《印度支那半岛诸民族》,第128页;译文见〔法〕赛代斯著,蔡华、杨保筠译:《东南亚的印度化国家》,第416页注1。

此外，我们还应看到，虽然元朝对东南亚多国用兵，但在中国和东南亚交往的历史中，这些战争毕竟只是短暂的插曲。即使是在元朝，自1295年元成宗执政后，也逐渐改变了以往动辄对东南亚国家用兵的做法，在朝贡体系的基础上逐渐恢复和它们的正常交往和良好关系。如成宗元贞元年（1295）九月，麻若巴歇派使者来中国访问并赠送礼物，两国的关系从此恢复了正常化，并且日益走上友好发展的道路。据元人周致中的《异域志》记载，中爪哇的辖地莆家龙就常常派使者来中国访问，麻若巴歇在苏门答腊的藩属毯阳、阿鲁、马来由和牙即（即亚齐）等小国亦曾于元贞元年（1295）、大德三年（1299）、致和元年（1328）先后遣使访问中国，并赠送热带产品，元廷也以礼物回赠，互表盛情。[①] 1296年，周达观随元朝使团出访吴哥王朝，留下了弥足珍贵的史籍《真腊风土记》，成为两国间友好交往的见证。

因此，基于13世纪蒙古军队曾经对一些东南亚国家发动远征而提出的所谓“危机”论是缺乏历史依据的。

五、印度文化对东南亚地区影响的持续性问题

这里主要指的是所谓的“十三世纪危机”之后的印度文化对东南亚的影响问题。

13世纪以后，东南亚“印度教化国家”的衰落确实是不争的事实。但是，印度与东南亚之间的文化交流并未因此而终止。通过印度，伊斯兰教向东南亚加速扩张，在多种因素的影响之下，逐渐实现了东南亚大部分海岛地区和马来半岛的“伊斯兰教化”。与此同时，印度教也并未完全终止在东南亚的传播。例如，位于中爪哇山区腹地的切奥寺（Candi Cetho）和苏库寺（Candi Sukuh）是约建于14—16世纪的印度教寺庙[②]。这两座寺庙中的石雕都具有明显的印度教，特别是“性力派”的特色，甚至被称为“色情寺庙”。切奥寺中有几座石质林伽被收藏在特设的小屋里，不轻易示人。据看守寺庙的印度教徒介绍，这些寺庙不仅为在爪哇岛上生活的印度教徒所

① 江醒东：《元代中国与印度尼西亚的关系》，《学术研究》1986年第2期，第70页。

② 笔者在这两个寺庙参观时曾试图了解其确切的建造年代，但各种说法莫衷一是。现多数资料将其笼统地说成是“建于公元15世纪”，也有称切奥寺是建于1470年左右的。

景仰，而且每逢印度教重大节日时，大批巴厘岛的印度教徒会不顾旅途艰辛，到这里来举行盛大的祭祀仪式。即使今日信奉上座部佛教的国家，在公众庆典、盛大节日的仪式上和一些风俗习惯中，至今仍可以看到婆罗门教的影响。甚至有些国家的政府成员的宣誓仪式都沿袭了婆罗门教的仪式。在民间，迎接朋友时双手合十并微微鞠躬，在举行新年、婚礼等祝福仪式时，也都是采用婆罗门教式的典礼，甚至连典礼的主持人也被称为婆罗门。即使在东南亚地区大多数国家沦为西方殖民地以后，由于殖民当局的需要以及持续存在的移民等人口流动现象，印度文化仍然继续像东南亚国家传播，并在东南亚地区的一些国家中发挥着重要的影响。例如，在强调多元文化的新加坡，印度教寺庙至今香火鼎盛。一些东南亚国家的学者和官员也仍然强调他们的国家与印度之间的历史渊源和密切联系。笔者近年来在与处于改革开放的缅甸的各界人士的交流中，发现他们仍然非常重视印度的地位和作用，强调印度的社会、法律体系对缅甸改革的影响。

然而，人们对 13 世纪之后印度与东南亚文化交流的探讨比较少。究其原因，首先是由于印度本身所发生的变化，特别是穆斯林王朝的建立与发展，使印度文化的构成发生了很大的变化。这使 13 世纪以后从印度传向东南亚的文化更多地含有明显的外来文化因素，如伊斯兰教等。但这也往往使人们因此而更加关注伊斯兰教的本源地——阿拉伯世界和信奉该教的主要民族——阿拉伯人与东南亚的联系问题。此外，由于东西方之间的海上和陆路联系越来越密切，特别是在“贸易时代”的背景之下，对东南亚的文化影响因素大大地多元化了。尤其是随着西方文化的进入和殖民制度的确立，印度和东南亚地区各国的文化都发生了更为哦深刻的变化。在这一背景之下，尽管印度文化的影响仍然在继续，但已不再是东南亚地区特别突出和醒目的现象，因此给人的印象较以前减弱，所引起的兴趣和关注，自然也会减少。

因此，尽管关于 13 世纪以后数个世纪有关东南亚与印度之间直接交往和文化交流的史料远不如此前，但体现在东南亚文化中的印度文化的影响成分却仍然相当大。如果我们把印度文化对东南亚的影响相对简单地理解为“印度化”的话，那么，我们也可以认为，13 世纪以后这一进程并未完全停息，而是以各种方式持续至今。

（作者系北京大学国际关系学院亚非研究所教授、东南亚学研究中心副主任）

Thoughts on the History of Cultural Exchanges Between India and Southeast Asia

Yang Baoyun

Abstract: In this paper we discuss the following problems: Firstly, what does the concept of Hindu Tradition exactly refer to, when G. Coedes mentions it on the history of cultural exchange between India and Southeast Asia? The Indianization of Southeast Asia, or the influence of Hinduism on the states of Southeast Asia? Secondly, did the prosperity of Theravada Buddhism and the fast spread of Islam slow up the transmission of Hinduism? Thirdly, Crisis of the Thirteen Century is worth re-considering. Finally, the persistence of the influence Hindu tradition had on Southeast Asia also needs to be considered in depth.

Key words: Historical; India; Southeast Asian; Cultural exchange

同阳[①]的哒拉帕拉雕塑

——占婆佛教艺术中独特的洛卡帕拉雕塑系统[②]

〔越〕吴文营

【内容提要】 对保存在越南岘港占婆雕刻博物馆的三尊同阳占婆门神雕像进行了考证。认定这些雕像基本上是按照中国唐朝洛卡帕拉像风格雕刻的。并推断现已无实物可寻的同阳寺院最靠外的四门前的那对哒拉帕拉像一定是独自站立的洛卡帕拉像;表明9—10世纪时,同阳已经出现了中国唐代的所有形式的洛卡帕拉像。而且同阳的洛卡帕拉系统还是占婆乃至东南亚地区佛教艺术中唯一的最全面的系列天王雕塑。

【关键词】 同阳;哒拉帕拉雕塑;占婆;佛教艺术;洛卡帕拉雕塑系统

同阳精舍的门神像(哒拉帕拉)自从1902年大规模发掘时被发现后就引起了世界上很多学者、博物馆专家和艺术收藏者的关注。哒拉帕拉像之所以能吸引如此广泛的关注,是由很多原因造成的,而最主要的原因是像法国著名的占婆雕刻艺术研究专家博赛黎耶(J. Boisselier)所评价的那样,“从艺术性来说,占塔(gopura)中的哒拉帕拉像是同阳最漂亮的雕像,也是唯一的独具特色的有动作姿态的雕像。”[③]它不仅是“唯一的独具特色的有动作姿态的雕像”,还协调地构成了占婆雕刻艺术中最大规模的最为完整的哒拉帕拉系统,可以说,关于同阳哒拉帕拉像的作用和来历至今仍存在着让学者们不懈探究和争论的问题,而这些问题自从这些雕像被发现时就已存在了。

---

① 同阳,一译东阳,位于今越南广南省岘港附近。——译者注

② 原文刊载于越南《艺术研究(Nghiên cứu nghệ thuật)》杂志2012年第3期,第54—62页。——译者注

③ J. Boisselier, *La Statuaire du Champa*, EFEO, Paris, 1963, tr. 102—104.

可能是由于这些雕像在进入四个不同区域的(一、二、三、四)占塔门前的台阶上被成对地发现(这四个区域从里到外按照从西到东的方式布局,即在佛殿区域中从里向外),因此从一开始考究家,即1902年大发掘的负责人帕芒迪耶(H. Parmentier)先生把这些同阳雕像分类到哒拉帕拉(门神)系统中去。下面是他对同阳哒拉帕拉像的描写和分析:“二门南边台阶上的雕像站立在一头牡牛身上,姿势凶狠地和从牛嘴中逃脱出来的小兵战斗。这尊哒拉帕拉像站立着,腿稍稍弯曲,身体微微前倾,右手收在胸前,大拇指和食指相连,无名指蜷缩,中指和小指伸直。左手高举着一个雕像都有的难以分辨的武器。三门北边台阶上的雕像明显手里拿着一支伐阇罗(Vajra,金刚杵),其他雕像有的拿的是一把短剑,但持在手中像是拿着匕首。做底座的牡牛平卧在地上,后蹄曲折于身体两侧,前爪向前伸,两个后蹄弯曲后也朝向前方。这个动物的姿态和其他雕刻中的动物一样,看上去很丑陋,特别是角还是方形的。雕像不是靠着,而是直接放在牛的背上。底座呈三角形,连着双脚和支撑在背后的一个柱子,置于牛背上的一个凹下去的地方。从牛嘴中逃出来的小小的战士,腿部很奇特的扭曲使身子转过来面对自己可怕的对手,手中持有一把短剑,藏于一个方形盾牌后面。这尊哒拉帕拉像眼睛又圆又大,两弯浓密的眉毛相连在咧开的鼻子上方,大嘴微微张开,上颌露出两个犬牙。一行浓密的胡须在嘴唇上翘起。身体裸露,身穿一件简单的短纱笼,纱笼上有几条竖纹路,下摆有简单的绣饰,前摆折得很宽。后面垂下来的那一条长方形值得注意,那不是纱笼的后襟,而是使雕像能够保持平衡的支撑物。头上戴有一个夺目的两层四角的王冠(mukuta)。帽子上每层都有一些雕刻物,后面用一条玉带把这些装饰物连起来。头发披肩。装饰物有两个大耳环,手镯,臂环和脚环,腰带和蛇形的婆罗门佩带,佩带上的蛇有三个抬起的头,没有提及它的装饰物或戴它的手脚是什么样子的。那个小战士只穿有一条纱笼,卷发,只带有一些沉重的耳环做装饰。除了婆罗门佩带和作为底座的熊,二门北边的这个哒拉帕拉像完全对称,连小战士都是双手拿着武器。一门的哒拉帕拉像站在一个人身上,因此,那些小战士没有存活的可能。这些神的靠里面的那只手都放在大腿上。被踩在脚下的那个人有露在外面的牙。看上去他没有戴耳环或帽子。三门南边的哒拉帕拉像站在一头狮子身上,另一个站在一头摩羯鱼[①]身上；这个动物明显是鱼形，前面有鱼鳍，一条大尾巴伸向一边。只有北边的哒拉帕拉像穿有一件很短的没有褶纹的纱笼。四门前的哒拉帕拉像只发现了和其他雕像相似的头，可能还被埋藏在地下。”

尽管帕芒迪耶的描述十分详细，但很明显他只描述了二门前的两尊哒拉帕拉雕像。这么做的原因他也有提到，因为二门前的雕像，特别是南边那尊雕像是最完整最漂亮的。通过帕芒迪耶的这段描写，我们知道在同阳一共有四对八尊哒拉帕拉雕像，但只有里面三个门前的三对仍然完整。而在三对仍然相对完整的雕像中，只有二门门口的雕像最完整最漂亮。除此之外，这些雕刻中人和动物的外形也不相同：一门的雕像两个底座是人形，二门的雕像底座是动物，动物嘴中有试图逃脱的小鬼，三门门口的雕像底座只是两只动物。甚至这些哒拉帕拉像的衣服细节也有所不同。虽然没能提出什么观点，但通过描写这些雕像，可以看出帕芒迪耶把同阳的这四对雕像列入哒拉帕拉像的系统中去。但像我们常在佛教建筑中看到的那样，当有超过一对（即两尊雕像置于门的两侧作为看门神）雕像形成一个系统时，这些门神就被归入洛卡帕拉（Lokapala，护法神或管理各方天空的天王）系统中。比如从1950 年起，杜庞（P. Dupont）就提出了一种很有道理的观点即这些作为支架存在的同阳哒拉帕拉像以及它们的外形与东南亚地区的传统差异很大，表现出中国文化的影响，只是遗憾的是仍无法确定这些哒拉帕拉像的来历。

直到 20 世纪 60 年代，这些哒拉帕拉像才在法国著名研究家博赛黎耶的“占婆雕刻艺术（Nghệthuật tạc tượng Champa）”项目中得以具体地研究和评价。博赛黎耶认为“正是他们的举止造成了这些哒拉帕拉像主要的独特

---

① 摩羯鱼龙首象鼻狮身鱼尾。摩羯，又称摩伽罗，本是印度神话中水天的坐骑，后成为佛教圣物。——译者注

H. Parmentier, *Inventaire descriptif des monuments Cams de l'Annam*, Tome I, BEFEO XI-XIbis, Paris, Leroux, 1909, tr. 492—493.

J. Boisselier, *La Statuaire du Champa*, EFEO, Paris, 1963, tr. 102—104.

J. Boisselier, *La Statuaire du Champa*, EFEO, Paris, 1963, tr. 102—104.

P.Dupont, *les apports chinois dans le style bouddhique de Đồng-dương*, B.E.F.E.O., XLIV, fasc.1, 1950, tr.267—274.

A. K. Coomaraswamy, La sculpture de Bharhut (Annales du Musee Guimet, Bibl. D'art, nlle serie: VI

关于同阳的哒拉帕拉雕塑，详细资料见：*La sculpture du Champa* (*V-XV siecles*), Guimet musee national des arts asiatiques, Paris, 2005, tr. 231—232.

J. Boisselier, *La Statuaire du Champa*, EFEO, Paris, 1963, tr. 117.

Hà Văn Tấn, "Xi Vẫn" trong bài thơ về Chùa Một Cột của nhà sư Huyền Quang, trong Nghiên cứu Phật học, 3/1991.

Huỳnh Thị Được, *Điêu khắc Chăm và thần thoại Ấn Độ*, Nxb.Đà Nẵng, 2005, tr.140.

Osvald Siren, *Chinese Sculpture from the fifth to the fourteenth century*, Enesst Benn, London, 1925; tr. 102, 119—120; H. 384, 445.

性。以占塔的中轴为中心，这些哒拉帕拉像对称地站在人或动物身上，两腿分开并微微蜷曲，有时一双脚朝向前方。身体稍稍倾向前方，头转向施力的方向，雕像处于平衡的角度考虑，或右手或左手持武器举过头顶，另一只手蜷缩回来置于胸前，高举的手呈方形，大拇指和食指相连……这些哒拉帕拉雕像都十分巧妙地刻画出动作形态，从艺术层面来说是无法争辩的成功。使这些手舞足蹈的牯牛和僧人能够保持平衡得益于正确地使用一种独特的支撑物，这个支撑物位于两脚之间，处在纱笼后面而不直接出现。每个哒拉帕拉像都用它连接牯牛和雕像。”

因为缺乏这些雕像的方面的材料，所以博赛黎耶没有深入分析和探究这些同阳哒拉帕拉雕像的意义和作用。但像我们上文中提到的，有研究者提出了同阳哒拉帕拉像属于洛卡帕拉（护法神）系统，也有研究者提到中国艺术对于包括对哒拉帕拉像等雕刻品的同阳遗址雕刻品的影响。还有人研究了印度雕像中支撑置于自己的坐骑伐诃纳（vahana）之上的夜叉（Yaksha）的支撑物的标准。尽管还把同阳雕像视为哒拉帕拉，博赛黎耶也没有否认其他研究者关于同阳雕像属于洛卡帕拉系统或夜叉系统的看法。而且他还郑重地提出，“当第四占塔门前的哒拉帕拉像被发现时才会有力地支持以上提出的假说。”但至今因为种种原因，似乎仍未有一个研究者试图更加深入地了解同阳哒拉帕拉雕像。

不幸的是因为两次长期的战争，在 1902 年帕芒迪耶的考古发掘之后，同阳地区不仅没能得以继续研究和得到保护，而是被置于自然界、战争碎片和人类的破坏之中。因此不仅第四占塔的哒拉帕拉像没能发掘出来，其他已被发现的雕像也“失散”到越南和其他国家的各个地方。据目前了解，在越南现有三尊同阳雕像得以在岘港占婆雕刻博物馆（Bảo tàng Điêu khắc Chăm Đà Nẵng）保存和陈列，即二门门前两个最完整最漂亮的雕像（南面雕像：高 215 厘米，宽 143 厘米，登记号为 9.11，北边雕像：高 218 厘米，宽 136 厘米，登记号为 9.12）和三门南边的雕像（登记号为 9.15）。此外，巴黎吉美国立亚洲艺术博物馆（法国，Bảo tàng Nghệ thuật Châu Á Guimet ở Paris）收藏有四门北边的一尊雕像（只剩下头和胸的那部分，雕像高 67 厘米，登记号为 MA3776）。美国的一个私人收藏家收藏有一门门口北边的那尊雕像。

因此现在这些同阳哒拉帕拉雕像不仅分散于很多地方，而且数目也没有以前完整了。像我们上文中提到的那样，帕芒迪耶先生发现并记录的八尊雕像现在只剩下五尊了：一门北边的雕像（不知道南边的雕像在哪里，是存在还是已经消失了？），二门门前的两尊雕像，三门南边的雕像（不知道北边的雕像在哪里,是存在还是已经消失了?)以及四门前的一个雕像的头。很有可能除了在岘港占婆雕刻博物馆中陈列的两尊雕像完整地保存有雕像和底座,其他的雕像都不完整,尤其是底座部分。

这些雕像不仅遗失了一些,而且当年帕芒迪耶关于同阳哒拉帕拉雕像的描写,特别是对雕像下面的底座和那些动物的描写都不详细。因为认为这些哒拉帕拉雕像下面的人和动物都"特别丑陋",因此帕芒迪耶几乎是完全凭自己的直觉认识来确认这些人和雕像是什么,而没有详细描写。比如关于一门前两尊哒拉帕拉雕像脚下的人,他只提到"被踩在脚下的人有露在外面的牙。他好像没有戴耳环和帽子。"类似于这些,当描写三门前哒拉帕拉雕像和他们脚下的动物时,他也只是泛泛地提及:"三门南边的哒拉帕拉像站在一头狮子上,另一个站在一头摩羯鱼身上;这个动物明显看出来呈鱼形,前面有鱼鳍,一条大尾巴伸向一边。"即使是二门门前两尊最完整最漂亮的哒拉帕拉像下的动物也只是被帕芒迪耶认定是牡牛和熊而没有什么描写。可能因为看上去很丑,因此这些动物的细节表现得不明显,也不"真实"。因此一些哒拉帕拉像下的动物又被其他学者重新认定。目前据我们所知,三门南边的狮子底座很久以前就消失了;三门北边的雕像也只存在于帕芒迪耶先生的"中圻占婆遗址考古统计"(Thống kê khảo tả các di tích Chàm ở Trung kỳ)项目的112号手绘图中了。

以上的这些描写很难给那些想深入了解和研究哒拉帕拉雕像或"同阳最漂亮的雕像"的研究者以更深入的认识。可能这也是至今关于同阳哒拉帕拉雕像的一些假说和思考仍未被研究者继续研究的原因。而直到2010年中,当我接触到同阳雕像的一个底座(我认为是哒拉帕拉像之一的底座)时,我才意识到要重新审视同阳的哒拉帕拉像的来历。

这是一次很偶然的机会,2010年中,当我和越南历史博物馆的一些专家到胡志明市出差时,我亲眼见到了一个私人收藏家的收藏的一个以类似于狮子的动物做成的大底座。它的特殊之处在于在这个狮子的背上有一个大洞。当仔细观察之后,我认为这可能正是同阳三门外南边哒拉帕拉像的底座。但这个动物表现出一种悠闲地躺在地上休息的神态,而不像二门门口的两尊像下的动物那样被一位站在自己身上的大神踩扁。最初因为相信其他研究者的判断,我也认为我在私人收藏家那里见到的这个动物时狮子。但越仔细看,我越觉得这头狮子不像占婆艺术中的其他狮子那样,即脖子前和颈后有鬓毛,要有突出的滚圆的凶恶的双眼,从大嘴中露出尖锐的獠牙,处于被胁迫的或站或坐的姿势中……而我们正在说的这头狮子没有在脖子和颈后有鬓毛，眼睛没有突出，耳朵没有向上竖起，嘴没有张开露出恐怖的獠牙。此外，这个动物还被雕刻出一种自然的神态，微微倾向右方，把右脚放在眼前，这个姿势从未在其他任何占婆狮子雕刻中见过……通过以上的这些特征，我认为这个动物是一头老虎而不是狮子。

这头老虎和传统雕刻的一些不同使我重新审视三门北边的那个雕像下的摩羯鱼，即站在老虎背上的这尊雕像对面的雕像。通过帕芒迪耶的几行简短的描述以及112号手绘图，可以看出这头摩羯鱼不像同样雕刻乃至占婆雕刻中传统的摩羯鱼雕刻风格。像其他学者分析过的那样，同阳风格的摩羯鱼一般表现为头上堆积有很多装饰物，其中，象鼻往往变成一根树枝或一串水果。而同阳的摩羯鱼没有耳朵，与此同时，嘴里的牙，特别是露在外面的牙显得特别庄严。那么被帕芒迪耶认定是摩羯鱼的动物是什么呢？我再一次认为，可能这个动物是一种来自东亚的奇怪的动物，出现于同阳，并充当了摩羯鱼的角色。这种东亚动物我认为是中国的一种传说中的动物，见载于中国的史书中，类似于龙的孩子，名为鸱或鸱尾，或者是麒麟。根据古书记载，鸱尾是一种生活在海边的动物，是水精，可以灭火；或者是一种生活在东海的可以喷水降雨的鱼……从唐朝起鸱尾的雕刻艺术就表现出类似于龙的形状，尾巴向上翘起又向内侧卷曲，头状兽头，张大嘴。我认为，从形式和表现手法上，帕芒迪耶描绘的摩羯鱼都像中国唐朝时期的鸱尾，也就是说都有向上翘起并向内侧卷曲的尾巴，有张开的大嘴。从上面的对比我们可以得知，很可能在同阳三门北侧的哒拉帕拉神像脚下的水怪摩羯鱼是按照类似于中国的鸱尾，一种和印度的摩羯鱼有很多相似点的动物雕刻的。

这两个小小的“发现”使我产生了疑问，继续深入了解其他还未完全确定的哒拉帕拉像脚下的动物和人的一些细节。幸运的是，帕芒迪耶认定的另两头动物黄牛和熊都被其他研究者重新研究过。比如至今每个人都认为在二门南边的哒拉帕拉像脚下的有长角的动物是水牛而不是黄牛。而关于熊，我们仍很疑惑，因为这种动物在佛教和印度教艺术中都很少出现。因此有人认为这是一头犀牛。但我认为，通过脚上尖锐的爪子，巨大的嘴，有两排食肉动物的锋利的牙以及尖锐的獠牙，二门北边的哒拉帕拉像脚下的动物不会是像犀牛这样的有蹄的食草动物。那么，这个动物是什么呢？

实际上，二门北边的这尊哒拉帕拉像脚下的动物看上去有些像熊。但按照很多学者的描写，它的头像貂，特别是 chon mangut 的头，看上去很像是熊的特征。我认为，这头躺在同阳哒拉帕拉像脚下的动物有很多 Mangut

的典型特征:长脸、圆耳朵,脚上有很长的爪子。通过对比以上的认识,我认为同阳二门北边的哒拉帕拉像脚下的动物是貂。

因此只通过人物和底座动物的形态,就可以看出在同阳有三对不同的哒拉帕拉像。但所有的这些同阳雕像都看上去很凶恶(Krodna),人身穿的衣服是有兜的纱笼,兜被堆成了不同的形状,一套蛇形的装饰物包括蛇形耳环(Naga-kundala)、蛇形臂环(Naga-keyura)、蛇形手环(Naga-kankana)、蛇形腰带(Naga-katibandha)、蛇形脚环(Naga-padavalaya)和缠在身上的蛇形婆罗门佩带(Naga-yajnopavita 或 Naga-upavita),都戴有装饰有大朵花 chet hoa lon 的双层圆锥形王冠(Kirita-mukuta),(除了一门门口的两尊像)没有拿武器的手都做推究手印(Vitarka mudra),食指和大拇指指尖相连,无名指蜷缩,中指和小指伸直……

正是这些人物十分相似的姿态,对称的排列,特别是在脚下出现的那些人物和动物使我们想到这些同阳的哒拉帕拉像可以归入到洛卡帕拉(天王)系统中。根据之前的材料,这些洛卡帕拉(或四天王,或四大护法神)是世界上主要的看管四方的人物,也是四位护法,很久以前就为人们所熟知,他们常作为护法神在佛陀在世生活中扮演重要角色:在太子悉达多离开父亲的宫殿去修行时举起他的四个马蹄;在佛陀即将觉悟前为他献上食物;参与佛陀的涅槃。自公元前二世纪开始,洛卡帕拉就被佛教世界广泛的供奉。后来八世纪时,天王观念传播到中国,他们常常出现在寺庙的门上。

无论是洛卡帕拉还是哒拉帕拉,很明显的一点事,从外形上看同阳雕像一点都不像同时期印度或东南亚的洛卡帕拉像或哒拉帕拉像。而像一些研究者指出的那样,同阳的哒拉帕拉像和中国的洛卡帕拉像很相似。因此,为了更好地理解同阳的哒拉帕拉像,我们开始注意到东亚艺术。根据我们的研究对比得知,从外形和表现手法上,同阳像基本上与中国唐朝时期(618—907)的洛卡帕拉像类似。

根据至今已经公开的资料,大家发现唐朝时期的洛卡帕拉像使用不同的材料,如石头、金属和陶器。虽然数量不少,形式也很多样,但根据专门研究者的总结,中国唐朝时期的洛卡帕拉像常表现出的是一个站立的愤怒状的士兵,一手撑腰,另一首高举武器。这个愤怒的士兵常常戴有孔雀造型的帽子,穿有盔甲,头很宽,张大嘴,胸前戴有一对镜子,戴有腰带,膝盖和小腿打有绑腿……而且根据下面底座的形状,常常把中国唐朝时期的洛卡帕拉像分为四种类型:1. 独自一人的洛卡帕拉像,2. 脚踏小鬼的洛卡帕拉像,3. 站在动物上的洛卡帕拉像和站在两个小鬼上的洛卡帕拉像。

通过对比，我们认为从表现形式上，特别是让这些雕像站在一些人或动物身上，这些同阳的哒拉帕拉像基本上是按照中国唐朝时期的洛卡帕拉像雕刻出的。我们认为，从外形上考虑，同阳雕像中至少有三组洛卡帕拉像：1. 最靠里的门前的哒拉帕拉像属于站在小鬼身上的洛卡帕拉像；2. 二门前的哒拉帕拉像可以归入站在两个小鬼（一个小鬼是动物，一个小鬼是人）上的洛卡帕拉像；3. 三门前的哒拉帕拉像可以归入站在小鬼状动物的洛卡帕拉像里。根据我们的推断，同阳雕像中的最后两尊洛卡帕拉像，即最靠外的四门前的那对哒拉帕拉像是独自站立的洛卡帕拉像。如果真的是这样，那在同阳已经出现了中国唐代的所有形式的洛卡帕拉像。因此毋庸置疑同阳著名的哒拉帕拉正是洛卡帕拉。而且同阳的洛卡帕拉系统还是占婆乃至东南亚地区佛教艺术中最全面而且是唯一的系列天王雕塑。

虽然外形上有丰富多样的表现形式，但对于中国的洛卡帕拉像来说，仍然很难确定同阳的护法神像的来历。但通过这些动物的形象，我们认为可以推测出同阳精舍的一些天王形象。

可能三门前的洛卡帕拉像是最容易推测出来历的雕像，他们站在两头动物身上，我们推测是老虎和龙（这两头动物与狮子和摩羯鱼的形象有很多特点特征类似）。按照中国佛教艺术的描写和规定，管理东方的洛卡帕拉（天王）名为提多罗吒（Dhrtarastra，持国天王），与东海龙王的形象合一，通过持剑骑龙表现出来[在印度，提多罗吒是天庭中统治乐工的国王乾闼婆（Gandharva），是天界最早的天王，是护持国土、保卫众生的神灵，所以被称为持国天王]。而西边的洛卡帕拉名字为毗留博叉（Virupaksha，广目天王），和中国佛教中的西方白虎对应，持有方天画戟，骑虎。因此我们认为三门门口的两尊洛卡帕拉像是提多罗吒（持国天王）和毗留博叉（广目天王）。

除了三门前的两尊洛卡帕拉像，我认为站在一个被我们认定是 Mangut 动物身上的二门北边的哒拉帕拉像很可能是毗沙门（Vaisvara）或俱毗罗（Kuvera）（多闻天王）。这正是财富之神俱毗罗，印度教的北方护法神，后来成为佛教四大天王（洛卡帕拉）之首。在占婆乃至东南亚艺术中，俱毗罗神常和 chon 一起出现。比如在十世纪（茶轿[①]风格，phong cách Trà Kiệu）时出现的一尊现收藏于胡志明市历史博物馆（Bảo tàng Lịch sử Thành phố Hồ Chí Minh）

---

① 茶峤（Trà Ki? u），占婆古文化遗址，在今越南会安。——译者注

J. Boisselier, *La Statuaire du Champa*, EFEO, Paris, 1963, tr. 190, h. 113.

Alice Getty, *The gods of Northern Buddhism*, Tokyo, 1962; Meher McArthur, Tìm hiểu mỹ thuật Phật giáo, (bản dịch tiếng Việt), Nxb.Mỹ thuật, Hà Nội, 2005.

的大型雕刻作品(可能出土于茶轿?)雕刻的正是这位神,表现出俱毗罗坐在 chon 身上的形象。

因此,通过和中国唐朝时期佛教的洛卡帕拉像对比比较,可以推测出四位站在动物身上的护法神中的三位(两对处在二门和三门外的雕像)。因此,那尊站在水牛身上的像是不是管理南方之神呢?我认为,这里可以提出两个假设。第一个假设是,根据对面的雕像(我们认为是北方护法神俱毗罗),在印度教中,常站在水牛上,治理南方的阎罗神(Yama,阎王)跻身为佛教的南方护法神。但佛教诸神中,南方护法神名为毗流驮迦(Virudhaka,增长天王),印度教的阎罗神成为了八位护法之一(Dharmapala)。因此,这尊雕像不太可能是阎罗。而我的基于成对雕像的外形合理性来说的第二个假说更有可能一些。如果像三门门口的那对雕像都站在动物的背上,那么二门的这对雕像从雕刻形式来说都站在一头动物和一个人身上。从形式上来说,可以把同阳的这对雕像与一对一脚站在动物身上(其中包括水牛和黄牛),一脚站在一个或坐或躺在动物(其中包括水牛和黄牛)身上的小鬼的洛卡帕拉雕刻作对比。因此我认为,如果站在 con chon 身上的是北方护法神俱毗罗,那么他对面的雕像应该是常常站在小鬼身上的南方护法神毗流驮迦(Virudhaka,增长天王)。有意思的是,这两位护法神确实被置于二门入口两边北方和南方的位置。

可以看出,这些同阳的门神像(哒拉帕拉像,Dvarapala)不仅仅从艺术和技术层面"是同阳最美的雕像",而且从总结职能上来说,是占婆佛教雕刻乃至东南亚佛教雕刻艺术中最独特的洛卡帕拉雕像。像一些研究者认为的那样,东亚佛教艺术对同阳洛卡帕拉雕像的独特性做出了不小的贡献。尽管与中国唐朝时期的同类雕像,特别是在形式和类型上有很多相似点,但同阳的洛卡帕拉雕像仍富有占婆文化特点。而且占婆文化特质很容易在同阳的洛卡帕拉雕像中通过占人人种的脸型上体现出来:又圆又大的眼睛,浓密的连接在一起的眉毛,咧开的鼻子,嘴很大,厚嘴唇,上嘴唇上有浓密而又向上翘起的胡须;穿着统一的服装(穿短纱笼,带用花装饰的双层圆锥形王冠,使用蛇形的装饰物……)。正是以上这些典型的占婆特质使同阳的洛卡帕拉雕像得以归入占婆传统艺术中,而没使他们被归为 9 至 10 世纪时东亚密教(Vajrayana)艺术之中。而且,正是这些占婆文化特质与外部文化的结合使得同阳雕像能够在 9 至 10 世纪东方佛教艺术中的洛卡帕拉雕像中占有一席之地。

三尊收藏于岘港占婆雕刻博物馆(**Bảo tàng Điêu khắc Chăm Đà Nẵng**)的同阳洛卡帕拉雕像和站在摩羯鱼上的雕像(帕芒迪耶手绘)

(本文作者系越南社科院东南亚所教授,译者聂慧慧、校阅者李建钢均系北京大学外国语学院硕士研究生。)

Dong Duong Dvarapala Statues—A Special Lokapala Form in Buddish Art of Champa

[Vietnam] Ngo Van Doanh

Abstract: This paper is a study of three Dong Duong Dvarapala statues now preserved at the Museum of Cham Sculpture in Da Nang, Vietnam. The author argues that these statues are basically sculptured in accordance with the style of Lokapala statues of the Tang Dynasty and that another pair of Dvarapala statue before IV gate of Vihara (temple) Dong Duong must be Lokapala statues standing on their own. It is concluded that all forms of Lokapala statues of the Tang Dynasty had appeared in Dong Duong by the 9th and 10th century. The Lokapala system in Dong Duong is the most unique and comprehensive system of Lokapala statues in the domain of Buddhist art in Champa and Southeast Asia.

Key words: Dong Duong; Dvarapala statues; Champa; Buddhist art; System of Lokapala statues

拉丁美洲研究

1910 年革命前墨西哥南部地区农村社会关系的变化①

董经胜

【内容提要】 19 世纪晚期，墨西哥南部低地地区，特别是尤卡坦和恰帕斯，商品性的出口农业迅速发展，引起了对于劳动力的大量需求。南部大地产主和政府合作，通过债务劳役等强制性的方式，限制来自国内其他地区和本地的劳工的流动性。但是，由于劳动力供不应求，大地产主又通过购买并向劳工提供进口玉米等方式，为劳工提供了很大程度的安全性。正是这种安全性，限制了劳工的动员和革命性。因此，尽管南部地区的劳动关系充满残酷的强迫性，但 1910 年革命爆发后，在南部低地地区没有得到积极的响应。

【关键词】 债务劳役制；村社；波菲利奥·迪亚斯；墨西哥革命

从 1810 年独立运动至 1910 年革命之间的整整一个世纪内，墨西哥的农业生产模式和农村社会关系发生了根本性的变化。19 世纪上半叶，由于独立战争期间农民运动的冲击和独立后初期的政治动荡，18 世纪迅速发展的、以商品性农业生产为主的墨西哥大庄园制在一定程度上被削弱，农业直接生产者的力量相对增强，致使墨西哥的农业从主要满足大城市市场的大庄园商品性生产为主，转向主要以满足自身消费和部分满足地方市场的村社、租佃农、小农场生产为主。换句话说，在独立后的墨西哥，出现了一种向“小农制”转变的农业发展趋向。19 世纪下半期，随着上层地主的政治权力得到巩固，他们逐步剥夺农民在独立战争期间获得的利益，重建殖民地后期那种大规模的商品农业，到 19 世纪晚期迪亚斯统治时期，大规模的

① 本文是教育部人文社会科学研究规划基金项目“现代化进程中的农民与国家：墨西哥经验研究”（项目批准号：09YJA770001）的阶段性成果之一。

商品性农业重又占据了主导地位，失地农民不断增加，并最终引发了1910年的大革命。[①] 从这个意义上看，1910年的萨帕塔领导的农民革命与1810年伊达尔戈领导的农民运动背后的根源极为相似，即商品经济的发展和农业生产模式的变革对农民的冲击引起农民的反抗和革命。

然而，如果我们进行进一步的仔细考察，就会发现，除了商品经济的冲击外，即使是在特定的革命背景下（如19世纪初西班牙国内形势的变化和殖民地统治上层的分裂、20世纪初经济的萧条和迪亚斯政权的危机），墨西哥的农民运动的发生还有赖于其他条件，往往只有在特定的地区、特定的农民阶层才有可能发动革命。1810年伊达尔戈领导的起义农民中，绝大多数是巴希奥（Bajío）地区的庄园上的租佃农和雇工。1910年墨西哥革命爆发后，农民革命主要集中在中南部地区（特别是莫雷罗斯州）和北部边境地区（特别是奇瓦瓦州）。而商品性农业同样高度发达的南部低地地区，特别是尤卡坦和恰帕斯，却很少发生农民反抗运动。这两个地区的"革命"是外来力量或者是当地改革派精英所发动的。

本文的目的是，通过考察19世纪晚期和20世纪初墨西哥南部地区的农业发展模式以及对农村社会关系的影响，以揭示这一地区的农民在墨西哥革命中的立场。

一

1884年是墨西哥历史发生重大转折的一年。这一年，波菲利奥·迪亚斯开始了第二任期，并建立了墨西哥独立以来最为强大的国家政权。这一年，阿帕切人（Apache）的首领吉若尼莫（Geronimo）被美国人俘获[②]，标志着阿帕切人对墨西哥北部边境地区的袭击被平息。这一年，连接墨西哥和美国的第一条铁路线开通，一个政治稳定和经济高速增长的时代开始来临。

铁路的修建对于迪亚斯政权实现政治稳定和促进经济增长起着至关

---

① 董经胜：《19世纪上半期墨西哥的农业发展模式与现代化道路》，载《史学集刊》，2012年第3期。

② 1884年被俘后，吉若尼莫成功逃脱，1886年在索诺拉州被再次俘获。然而，在1884年，他的军事力量就已基本上被摧毁了。

重要的作用。1876—1884 年,即迪亚斯第一任期和冈萨雷斯政府期间,主要依靠外国投资兴建的墨西哥的铁路网基本完成,大大促进了墨西哥国内市场的一体化以及与美国市场的联系。1884 年,当迪亚斯再次回到总统位置时,墨西哥的铁路系统已非常完备,使他能够以前所未有的速度在全国各地调运管理人员、警察和军事力量。更重要的,铁路的修建为墨西哥的土地精英集团带来了发财致富的机会。他们放弃对政治权力的直接追逐,而投身于铁路时代带来的经济利益中。以经济利益换取政治上的支持,或者至少是政治上的中立,是迪亚斯对付墨西哥社会上层的策略。"他解除了忠于他的前任的地方头目(诸如奇瓦瓦州州长路易斯·特拉萨斯)的权力,由一些社会出身类似的对手取代他们。然而,只要他们不同他对抗,他允许被他撤职的人保留财产,扩大经济影响。对许多庄园主来说,丧失政治权力已被迪亚斯的出售公共土地政策补偿过来,因为这种政策使他们得到很大的发财致富的机会。"①

19 世纪晚期,由于铁路的修建,墨西哥成为重要的农牧产品出口国。北部边境的牧场主将牛出口到不断扩大的美国市场。铁路和汽船还将南部沿海低地地区的热带农产品运往美国。迪亚斯时期农业生产的扩大主要集中在产品面向出口的北部边境和南部沿海低地地区。满足国内消费的玉米生产增长赶不上人口增长的速度。为促进出口农牧业的发展,迪亚斯政府大量分配空闲土地(baidíos)。迪亚斯时期分配的面积占 90% 以上、价值达 97% 的土地位于新兴的出口农牧业区。在北部边境各州,1877—1910 年,大庄园的数量几乎增加了一倍,而小农场(rancho)的数量增长了五倍。在南部沿海各州,大庄园的数量也增加了一倍,小农场数量增长了三倍。②

在尤卡坦、塔瓦斯科、恰帕斯、瓦哈卡和韦拉克鲁斯州的部分地区,如表 1 所示,1877—1910 年,橡胶、咖啡、烟草、西沙尔麻(sisal)、蔗糖等热带农产品的生产和出口迅速增长。除了蔗糖产量相当部分来自中部地区外,其余产品绝大多数基本上来自热带低地地区。

① 莱斯利·贝瑟尔:《剑桥拉丁美洲史》第五卷,社会科学文献出版社 1992 年版,第21 页。

② John Tutino, *De la insurrección a la revolución en México*, *Las bases socials de la violencia agrarian*, *1750—1940*, Colección Problemas de México, Ediciones Era, 1990, p. 241.

1877—1910 年产品产量的增长 （单位:吨）

产品	1877 年	1910 年
橡胶	27	7443
咖啡	8161	28014
烟草	7504	8223
西沙尔麻	11383	128849
蔗糖	629757	2503825

资料来源：Friedrich Katz, *Labor Conditions on Haciendas in Porfirian Mexico: Some Trends and Tendencies*, *The Hispanic American Historical Review*, Vol. 54, No. 1, 1974, p. 15.

二

虽然不同的作物生产都有特定的劳动力需求，不同的地区也都有各自的社会特点，但是在南部地区，随着商品农业的发展，都面临着一个相同的问题，那就是劳动力的短缺。在这一人口相对稀疏的地区，出口经济的迅速增长，导致了对于劳动力的大量需求，当地人口显然无力满足。在尤卡坦地区，19 世纪中期的种族战争致使人口大量下降，到 1910 年尚未恢复到原来的水平。伴随着经济的发展，南部沿海其他地区在 19 世纪人口增长较快，但是总体上说仍属人口较少的地区。据统计，1910 年，墨西哥总人口为 15160407 人，其中南部地区（包括瓦哈卡、尤卡坦、坎佩切、韦拉克鲁斯、塔瓦斯科、恰帕斯州）为 3235075 人。此外，很多沿海地区的居民仍然拥有自己维持生计的土地，他们不愿意为了很少的工资前往新兴的种植园劳动。

外部劳工成为墨西哥南部种植园劳动力的来源之一。19 世纪后半期，在许多拉美国家，特别是阿根廷、乌拉圭等国，出口经济的发展吸引了大量的欧洲移民。但在墨西哥种植园主看来，吸引欧洲劳工的代价太高，曾有人试图将意大利劳工引进到尤卡坦，但未成功。也曾有中国和朝鲜的契约劳工被引入尤卡坦，但这些人难以适应当地的气候，加上种植园主的严酷虐待，很多人生病或死亡。迪亚斯时期，由于可以获得的来自墨西哥国内其他地区的劳工越来越多，南部地区不再引进外国劳工。

来自国内其他地区的劳工分为两部分：被流放者和自愿的契约工人。

被流放者主要有三种:第一,边境地区抗击大庄园吞并自己土地的印第安部落成员,主要是索诺拉州的亚基人(Yaqui),被流放到尤卡坦。从北方的索诺拉州,历经困苦来到南方的尤卡坦,被流放的亚基人发现自己处于完全陌生的环境中。他们不得不适应完全不同的气候、新的语言(西沙尔麻庄园上几乎所有的劳工都使用玛雅语言交流),他们与家人和朋友分离,并知道自己永无可能回到自己的故乡。据梅里达的报纸报道,1900 年,有 250 名亚基人妇女和儿童被用船从索诺拉运往南部太平洋沿岸港口萨利纳克鲁斯(Salina Cruz),然后被迫长途跋涉穿越地峡到达墨西哥湾沿岸,再用船运往尤卡坦州的港口普罗格雷索(Progreso)。这些妇女几乎全是寡妇,因为在马萨科瓦(Mazacoba)战役中,反叛的亚基男子几乎全被杀死。西沙尔麻庄园主对这些劳动力十分满意。他们反映,对一些工作来说,妇女干起来与男子没有区别。有的妇女每天除草的数量甚至是男子的两倍。作为俘虏,在送往西沙尔麻庄园炎热的气候下干活的时候,被流放的亚基人实际上就相当于被判了死刑。心理上的震动、严酷的气候、繁重的工作致使大批的亚基人很快死亡。根据一家报纸报道,到 1911 年,在尤卡坦西沙尔麻庄园干活的亚基人只有 4000 人。①

第二,墨西哥中部和北部地区曾反对迪亚斯政权的持不同政见者,其中绝大多数是村民和城市工人,这些人也被流放到尤卡坦、瓦哈卡州的国家谷地(Valle Nacional)或者塔瓦斯科。

第三,罪犯,其中既有真正的罪犯,由于太穷,无力交钱得以离开监狱或者至少免予被流放;也有根据迪亚斯政权的标准被定性为罪犯的流浪者或失业者。②

契约工人主要来自墨西哥城和墨西哥中部其他地区的失业工人和失地农民。这些人或者被许以高工资,或者被灌醉、被生拉硬拽地签字画押,被送往南部热带地区的种植园。当时一位同情迪亚斯政权的观察者写道,"上钩者(enganchado)通常实际上是从墨西哥气候温和与寒冷地区的城市被劫掠的人。这些往往疾病缠身、几乎无一例外地沉湎于龙舌兰酒的人,在酩酊大醉的时候被抓住并被迫在劳动合同上签字,然后被戴上镣铐,成

---

① Allen Wells, *Yucatán: Violence and Social Control on Henequen Plantations*, Thomas Benjamin and William McNellie, eds., *Other Mexicos: Essays on Regional Mexican History, 1876—1911*, Albuquerque: University of New Mexico Press, 1984, p. 227.

② Friedrich Katz, *Labor Conditions on Haciendas in Porfirian Mexico: Some Trends and Tendencies*, *The Hispanic American Historical Review*, Vol. 54, No. 1, 1974, pp. 15—16.

群送往南部，订约人以每人几百比索的价钱将其卖出。”[①]1914 年，美国总统伍德罗·威尔逊在墨西哥的特别代表约翰·林德(John Lind)和驻韦拉克鲁斯的美国舰队司令弗莱彻(Fletcher)受邀参观美国人斯隆·埃默里(Sloane Emery)在韦拉克鲁斯拥有的甘蔗种植园，这个种植园完全依赖契约工人。对于这些契约工人的状态，约翰·林德后来在报告中作了生动的描述：

> 他们是真正的囚犯，都是被政府遣送来的。弗莱彻海军上将和我看到了 20 世纪的这种奇怪的场面。人们被分散在玉米田里，8 人或 10 人一组，由一名监工、一名头目、一名来自沿海的印第安人、一名腰带上系着两支手枪的彪形大汉陪同着；而一条长约 8 米或 10 英尺的黑蛇紧跟着正在挖土的这组人后面；在公路尽头处站着一名手持短筒滑膛枪的人。这些人在清晨被放出来，在监工们的监视下这样干活，而在晚上实际上是被锁在大棚里。弗莱彻海军上将和我对于这种情况居然存在深感惊奇，可是这实际上确实存在。[②]

约翰·肯尼斯·特纳在瓦哈卡州国家谷地的烟草种植园看到了同样的情形，并在他著名的作品《野蛮的墨西哥》一书中进行了生动的描述。根据特纳的记述，在瓦哈卡州国家谷地，“上钩者”的平均存活期不到一年。他写道，“国家谷地的奴隶主发现，用 45 美元买一名奴隶，让他在 7 个月内劳累和饥饿致死，然后再花 45 美元买一名新奴隶，或者给予第一名奴隶较好的食物，适当减少其劳动强度，使他的生命和劳动时间延长一段时间，两相比较，前一种做法更为划算。”[③]在墨西哥东南部塔瓦斯科州的木材产区，契约劳工的使用也非常普遍。在高工资的诱惑下，很多契约劳工被吸引到梅哈雷斯(Mejares)家族的产业中劳动。但承诺的工资标准仅维持一年。一年后，梅哈雷斯兄弟不准这些契约劳工返回家乡，而是强迫他们以不及前一年一半的工资继续劳动。[④]

---

① Friedrich Katz, *Labor Conditions on Haciendas in Porfirian Mexico: Some Trends and Tendencies*, p. 16.

② 莱斯利·贝瑟尔：《剑桥拉丁美洲史》第五卷，社会科学文献出版社 1992 年版，第54 页。

③ John Kenneth Turner, *Barbarous Mexico*, 转引自 Friedrich Katz, *Labor Conditions on Haciendas in Porfirian Mexico: Some Trends and Tendencies*, p. 17.

④ Friedrich Katz, *Labor Conditions on Haciendas in Porfirian Mexico: Some Trends and Tendencies*, p. 17.

三

除了外地劳工外，本地劳工也是种植园的重要劳动力来源。本地劳工也分为两部分：庄园雇工（通常被称为 peones acasillados，有时被称为 gañanes）和来自附近村社的自由劳工。

庄园雇工常驻在庄园中，他们的收入来源包括：庄园主给予他们使用的小块土地；庄园主每年发给他们的定量配给，通常是玉米，也有时是其他产品；获准在庄园的土地上放牧他们的牲畜；他们在庄园土地上劳动每日得到的工资。庄园雇工的主要义务是，随时根据庄园主的要求，在庄园主的土地上劳动或者照料庄园主的牲畜，有些情况下，庄园雇工还承担庄园主家仆的角色，甚至偶尔作为士兵随庄园主作战。① 以尤卡坦为例，庄园雇工被称为"周一劳动者"（luneros），为了获得庄园给予的小块土地，以及更重要的，饮用庄园主控制的水源流出的水，庄园雇工不得不在每个星期一无偿为庄园主劳动，故名"周一劳动者"。此外，"周一劳动者"还要为庄园主耕种 20 麦卡特斯（mecates，一麦卡特斯等于 400 平方米）的玉米地。②

在西沙尔麻大规模引进以前，尤卡坦的大庄园主要以种植玉米和养牛为主。对劳动力的需求相对较少，劳动力供应充足，"土地所有者和劳工之间的契约安排存在着一定的灵活性。"③美国外交家和考古学者约翰·劳埃德·斯蒂芬斯（John Lloyd Stephens）在他的著作《中美洲、恰帕斯和尤卡坦旅行纪事》中对尤卡坦的庄园雇工的生活和劳动条件作了恰当的描述。1845 年，他记述了自己参观的一家面积达 300 平方英里大庄园，"只有一小部分被耕种，其余皆为牛漫步的牧场"。他注意到，虽然庄园里有一些放牛者，"每年得到 12 美元的工资，以及每周 5 阿尔穆德斯（almudes）的玉米"，但绝大多数劳动力是"周一劳动者"。④ 19 世纪末 20 世纪初，由于西沙尔麻生产的大量增加，用于玉米生产的土地面积从 1845 年的 1.5 万公顷减少

---

① Friedrich Katz, *Labor Conditions on Haciendas in Porfirian Mexico: Some Trends and Tendencies*, p.4.

② Allen Wells, *Yucatán: Violence and Social Control on Henequen Plantations*, pp.218—219.

③ Allen Wells, *Yucatán: Violence and Social Control on Henequen Plantations*, p.219.

④ Friedrich Katz, *Labor Conditions on Haciendas in Porfirian Mexico: Some Trends and Tendencies*, pp.17—18.

到1907年的4500公顷。由此造成的结果之一是由庄园雇工使用的土地大量减少。很多情况下,只有极个别的人仍保有庄园土地的使用权,大多数庄园雇工只得完全依赖于庄园供给的食物为生。失去土地后,庄园雇工的生活和劳动条件也越来越与契约工人无异。迪亚斯政权末期,由于西沙尔麻的价格下跌以及国际收割机公司(International Harvester Corporation)向尤卡坦的种植园主施加的压力增加,庄园主付给雇工的工资持续下降。

19世纪墨西哥自由派推行的土地改革使得很多失去土地的农民变为庄园雇工。墨西哥自由派政府在1856年颁布《莱尔多法》、1857年颁布宪法,主要内容之一是分割村社土地。这一政策马上被富有的土地投机者、土地测量公司和大庄园主利用,侵吞村社土地,扩大自身地产。结果是村社土地的规模锐减。在尤卡坦,1878—1912年,有66个村社被分割。失去维持自身生存的小块土地后,村民除了前往附近庄园成为庄园雇工之外,别无出路。到迪亚斯政权末期,尤卡坦的庄园主已侵占了大批村社土地,不仅扩大了自己的地产规模,而且为自己带来了大量的劳动力供应。即使那些仍保留部分土地的农民,也不得不偶尔到庄园劳动以贴补生活。

在尤卡坦,还有其他若干因素迫使村社农民成为变为庄园雇工。除降雨量不足经常导致玉米减产外,蝗灾也时而导致饥荒发生。1881年,尤卡坦半岛发生严重的蝗灾,并持续长达6年之久,致使玉米绝产。很多农民,尤其是生活在玉米产区蒂库尔(Ticul)和索图塔(Sotutá)的农民,被迫离乡背井,前往西北部的西沙尔麻种植园受雇。当时,美国对于绳索市场上对于西沙尔麻的需求增加,尤卡坦的种植园主非常乐意雇佣这些饥民。虽然没有确切的数字,但是在1881—1887年的饥荒期间,种植园主提供进口玉米的确促使很多饥民加入到种植园的劳动力队伍之中。一旦进入种植园,这些农民就被债务劳役制束缚,失去了自由。①

1847年"种族战争"爆发后的五十年内,尤卡坦州需要维持一支常驻军保护东南部边境地区,以防起义的印第安人的袭击。另外,还成立了一支流动的军事力量来支持东南部的常驻军,并用以维护地方的法律和秩序。地方的政治首脑(jefe político)负责完成每年度的征兵数额,凡15岁至60岁的农民皆有服兵役的义务。1891年前,尤卡坦政府还征召15岁至60岁

① Allen Wells, *Yucatán: Violence and Social Control on Henequen Plantations*, p.222.

的男子每年两次参加筑路劳役。但在三种情况下,兵役和筑路役可免:被征召者交纳一笔资金或找到他人代替自己服役;被征召者证明自己是庄园的常驻雇工(jornalero de campo)、从属于(也就是负债于)一家庄园;医生出具证明被征召者身体有病。由于在庄园临时性劳动的村社农民不属于常驻雇工,不能被免除兵役和筑路役,于是很多农民干脆成为庄园的常驻雇工。①

除了庄园雇工外,庄园主还雇佣来自附近村社的自由劳工。恰帕斯州的索克努思科(Soconusco)地区位于太平洋沿岸,西北起特旺特佩克地峡的平原,东南至危地马拉边境,绵延140英里,宽度仅15至30英里,由沿海低地和马德雷山地构成。在这个海拔从200米到1200米之间的多山地区,崎岖的山坡和肥沃的土壤为咖啡树生长提供了绝好的条件。但是,长期以来,由于危地马拉和墨西哥对恰帕斯的归属存在争议,由于劳动力短缺,此地经济发展一直十分落后。1882年,墨西哥和危地马拉终于签订条约,危地马拉放弃了对于恰帕斯的领土要求。此后,美国和德国资本大量进入,在此购买土地,种植和生产咖啡。为解决劳动力问题,1900年,恰帕斯州州长拉斐尔·皮门特尔(Rafael Pimental)批准从圣克里斯托瓦尔周围中央高地地区印第安村社招募和雇佣劳工,前往索克努思科的咖啡种植园劳动。②一般而言,这些自由劳工的工资略高于庄园雇工,庄园雇工的工资为每天4雷亚尔(reales),而自由劳工的工资为每天5雷亚尔。③ 为了促进劳动力的流动,1892—1893年,州政府调整了人头税,并增收新税。完不成税收任务的印第安人被逮捕,并被移交给劳工承包人。1907年,在高地地区的社群坎库克(Cancuc),每个12岁以上的男子要缴纳的税收为10.87比索。根据当时低地种植园的工资水平,要在种植园劳动40天以上才能完成一年的税收任务。④ 在索克努思科,每一家咖啡庄园都配有一名负责招工和监工的人(被称为habilitator),且至少有两名助手,其职责是在恰帕斯高地地区征募劳工,并送往咖啡庄园;一旦有劳工逃跑,还负责将其抓回。这些负

① Allen Wells, *Yucatán: Violence and Social Control on Henequen Plantations*, pp. 222—223.

② Daniela Spenser, *Soconusco: The Formation of a Coffee Economy in Chiapas*, Thomas Benjamin and William McNellie, eds., *Other Mexicos: Essays on Regional Mexican History, 1876—1911*, pp. 123—133.

③ Friedrich Katz, *Labor Conditions on Haciendas in Porfirian Mexico: Some Trends and Tendencies*, p. 21.

④ 董经胜:《玛雅人的后裔》,北京大学出版社2009年版,第56—57页。

责招工和监工的人每月可获 100 比索的报酬,相当于一名墨西哥城的警察首领的收入。他们的助手可获每月 17 到 20 比索的报酬。①

在劳动力短缺的形势下,债务劳役制(debt peonage)是庄园主限制庄园雇工和来自村社的自由劳工的自由、保证庄园劳动力供应的最重要方式。19 世纪后半期,在墨西哥中部和北部地区债务劳役制逐渐消失的时候,南部的债务劳役制却在强化。在尤卡坦,债务劳役制度甚至体制化了。1901 年,一位观察家这样评论:

使仆役接受大庄园束缚的法律手段是预付工资,在这种情况下就意味着,对逃跑的工人可以通过警察强制送回大庄园。这些预付工资通常是在该大庄园出生的年轻人年满 18 岁或 20 岁和结婚时付给。他的主人当时付给他 100 到 150 比索,有时给 200 比索,建立一个家庭,而且双方默契,这类金额以及如果后来发生意外或生病而预付的其他金额是永难偿还的。这就是年轻的尤卡坦人出卖自由的代价。②

在尤卡坦,"周一劳动者"一般都负债于庄园主,由此失去了离开庄园的自由。在恰帕斯州,高地地区贫困的印第安人由于没有足够的费用支付到达索科努斯科的路费,被迫向种植园主借贷,以劳役偿还。然而,其劳动报酬通常以只能在公司商店(tienda de raya)消费的购物券支付,这些印第安人基本上不可能积累足够的钱还债,因而只能被迫接受新的贷款。为了加强印第安人对自己的依附,老板还经常借款给印第安人举行宗教庆祝活动,或者在公司商店向印第安人兜售廉价的酒,致使印第安人所欠的债务愈积愈多。没有还清债务的印第安人不得离开种植园。由此,这些印第安人实际上变成了种植园主的债役奴。③ 1897 年,索克努思科的负债劳工达 50 万人之多。④

地方政府也采取措施,保证债务劳役制的实施。1843 年,尤卡坦州颁布法律,规定雇佣未还清债务而离开庄园的劳工为非法,并要求当地政府将债役劳工送还他们的庄园。⑤ 1882 年,尤卡坦州再次颁布"尤卡坦州工

① Friedrich Katz, *Labor Conditions on Haciendas in Porfirian Mexico: Some Trends and Tendencies*, p. 22.

② 莱斯利·贝瑟尔:《剑桥拉丁美洲史》第五卷,第 53 页。

③ 董经胜:《玛雅人的后裔》,第 55—56 页。

④ Daniela Spenser, *Soconusco: The Formation of a Coffee Economy in Chiapas*, p. 131.

⑤ Moisés González Navarro, *Raza y tierra, la Guerra de Castas y el henequen*, México, 1970, pp. 60—62.

业农业法”(Ley agriola industrial de estado de Yucatán),第五款规定,雇工倘未还清债务离开庄园,将被诉诸法庭审判。如果一位负债的仆人逃跑,躲避在其他庄园,收留该仆人的庄园主将被逮捕。[①] 在尤卡坦,由于地方政府负责征兵和筑路劳役,地方政治首脑(jefe político)凭借核查常驻雇工(jornalero de campo)免服兵役的资格,就能确定某人是否是从庄园逃出的。一旦逃亡的劳工被抓获,若征兵的数额不足,政治首脑就强迫其服兵役;或者将其送回庄园,这种情况下,政治首脑就会从庄园主那里得到一笔不菲的奖赏。对于庄园雇工来说,即使短期离开庄园,也必须携带证明信。根据约翰·肯尼斯·特纳(John Kenneth Turner)的记述,当地炎热的气候,加上缺水,迫使逃亡的劳工不得不前往其他庄园或村庄。一旦被发现,他将立刻被抓住,并被核查身份。“一位自由劳工,如果没有携带证明其自由身份的证件,极有可能被关起来,并且要花很大麻烦来证明其不是逃亡者。”[②]除了依靠政府外,庄园还自己雇佣为领赏而追捕逃犯者(bounty hunter)。何塞·恩卡纳西翁·佩恩(José Encarnación Peón)为他的母亲比维亚娜·佩恩(Bibiana Peón)经营梅里达附近的亚克西尼克庄园(Yaxnic),他有一本流水账,专门登记额外的支出,如支付给为领赏而追捕逃犯者的费用等。1860年,塞库恩达里奥·卡伊(Secundario Callí)、何塞·苏鲁(José Sulú)和伊拉里奥·诺奥(Hilario Noh)三名劳工逃离庄园,佩恩不得不为追回这三名劳工支出几乎20比索的费用。雇佣为领赏而追捕逃犯者追回劳工的做法一直延续到20世纪。1905年,后来曾任尤卡坦州州长和墨西哥副总统的何塞·玛丽亚·皮诺·苏亚雷斯(José María Suárez)出版的独立报纸《半岛人》(El Peninsular)日报报道,当地庄园一般花费50比索雇佣特别代理人抓回逃亡的劳工。庄园主还在报纸上刊登启事,声明其庄园劳工逃亡。启事一般说明某逃亡劳工所欠庄园的债务数额,并要求提供线索,以便找到其藏匿地点。有的启事还专门附文强调,该逃亡的劳工将被起诉,并将受到法律的严惩。1886年,何塞·E.马尔多纳多(José E. Maldonado)刊登一则启事,列举了12名以上从皮斯特庄园(Piste)逃亡的劳工,详细说明了这些人所欠的债务数额、体貌特征、年龄等。作为负责这一事务的律师,何塞·E.马尔多纳多向公众宣布,皮斯特庄园的所有者有权追回这些逃亡劳

① Allen Wells, *Yucatán: Violence and Social Control on Henequen Plantations*, p.220.

② John Kenneth Turner, *Barbarous Mexico*, 转引自 Allen Wells, *Yucatán: Violence and Social Control on Henequen Plantations*, p.225.

工所欠的债务。[①]

四

20 世纪初，墨西哥南部农村以残酷的、强迫性的劳动关系而声名狼藉。庄园上的劳工实际上与奴隶无异，国家和地方政权与庄园主勾结，共同维持这种劳动关系。然而，1910 年墨西哥革命爆发后，在南部低地地区的贫困农民中得到的响应却是最低的。迪亚斯政权崩溃后，各地农民运动风起云涌，南部低地地区却依然十分平静。这是一个值得注意的问题。

难道是这个地区的农民缺少反抗斗争的传统么？当然不是。19 世纪中期，尤卡坦半岛的"种族战争"充分显示出玛雅人的反抗精神；1868 年，恰帕斯州的玛雅人曾发动过一场大起义。[②] 1907 年后，随着出口经济的衰退，南部地区地方性的农民抗议运动不断升级。仍然残存的村社与庄园之间因土地问题不断发生争执，庄园雇工因工资和劳动条件也向庄园主不断提出抗议。但是，这些抗议运动一般都局限于地方范围，围绕着具体的某项不满，没有以武力改变当地出口经济结构的目标。这些抗议运动很快就被地方精英镇压下去了。

有的学者认为，南部庄园主一般拥有自己的警察机构，与其他地区相比，较少依赖国家和地方政府的镇压力量。在尤卡坦，以奥莱加里奥·莫利纳(Olegario Molina)为首的当地寡头集团经济实力雄厚，并与迪亚斯政府、与国际收割机公司存在着密切的联系，能够在很大程度上抵御来自下层的挑战。此外，在南部庄园，劳动力来源复杂。在尤卡坦的西沙尔麻庄园，来自索诺拉州的亚基人、来自墨西哥中部地区的被流放者、来自当地的玛雅农民并肩劳动，相互之间的竞争和冲突时而发生，并被庄园主有效利用，在他们中间很难产生具有感召力的领导人。南部地区在地理上的孤立使得当地农民较难获得其他地区的消息。总之，根据这些学者的看法，当地庄园主和地方政府的力量和镇压能力强大、贫困农民不团结且缺乏领导

① Allen Wells, *Yucatán: Violence and Social Control on Henequen Plantations*, pp. 224—225.

② 董经胜：《玛雅人的后裔》，第 35—48 页。

人是阻碍 1910 年后南部地区农民革命动员的两大因素。[①] 但是,约翰·图提诺对此提出了质疑。他指出,南部庄园主的力量固然强大,但并非铁板一块。在尤卡坦,莫利纳与国际收割机公司实行垄断性地合作,致使 1902 年后西沙尔麻的价格下跌,从而分裂了尤卡坦的精英集团。特雷萨斯—克雷埃尔家族在北部奇瓦瓦州的势力并不弱于尤卡坦的莫利纳,但是,1911 年,特雷萨斯家族的统治在革命爆发后迅速瓦解了。南部玛雅农民的分裂、闭塞也不是阻止农民动员的根本性因素。1810 年,巴希奥地区成千上万没有任何组织的庄园雇工曾揭竿而起;1910 年后,北部地区大批毫无组织的庄园雇工纷纷加入到比利亚领导的革命队伍之中。"在墨西哥,不是领导人发动农民革命,相反,在农民的不幸达到极致、农民暴动的时机到来的地方,领导人自会频繁出现。"[②]

那么,真正的根源是什么呢?根据图提诺的分析,随着南部地区出口农业的发展和强制性劳动的普遍推行,南部农民固然失去了流动性(mobility)的自由,但是他们获得了一定程度的安全性(security),这种安全性缓和了农民的不满,阻碍了农民动员和革命。在墨西哥,农民最珍视的是自主性(autonomy),即拥有自己的小块土地,生产自己生存需要的产品。当农民的小块土地被侵占,自主性受到威胁时,往往会发生农民反抗运动。但是,19 世纪晚期,随着出口经济的发展和大庄园的扩张,农民的生存只得依赖于当地庄园提供的土地和就业机会,农民维持自己的土地和自主性已经不现实了。于是,安全性成为农民退而求其次的要求。流动性固然重要,但自主性和安全性却是维持生存的根本所在。而在迪亚斯时期,南部农民虽然失去了自主性,成为被强制的劳动力,但他们得到了安全性。[③]

在尤卡坦,由于西沙尔麻出口的增长,种族战争造成的人口下降,庄园所需的劳动力供不应求。与其他农作物不同,西沙尔麻常年都可收获,不受季节限制,因此对于劳动力的需求也是常年的,而非季节性的,由此进一步加剧了劳动力的短缺。西沙尔麻庄园的扩张导致很多玛雅人村社土地被侵占,失去土地的农民被迫成为庄园雇工。最初,庄园给予他们一小块

---

① Allen Wells, *Yucatán: Violence and Social Control on Henequen Plantations*, p. 236. Friedrich Katz, *Labor Conditions on Haciendas in Porfirian Mexico: Some Trends and Tendencies*, pp. 43—44.

② John Tutino, *De la insurrección a la revolución en México, Las bases socials de la violencia agrarian, 1750—1940*, pp. 248—249.

③ John Tutino, *De la insurrección a la revolución en México, Las bases socials de la violencia agrarian, 1750—1940*, p. 247.

土地种植玉米，维持生存，同时要求他们在固定的时间为庄园劳动。后来，随着西沙尔麻生产的扩大，从19世纪80年代起，庄园将雇工种植玉米的土地收回，使雇工完全依靠在庄园劳动赚取工资维生。从这个意义上讲，庄园雇工自主性的丧失是极彻底的。但是，由于依然面临着劳动力的短缺，庄园主拿出部分利润为雇工购买进口玉米。这不仅为庄园雇工提供了基本的安全性，而且吸引了庄园以外的农民。当旱灾或蝗灾使农民的玉米绝产时，这在尤卡坦经常发生，村社农民前往西沙尔麻庄园劳动，成为庄园雇工，在这里获得生存的必需品。也有农民虽未离开自己的村社，但每年仍需抽出部分时间到庄园劳动，以获得庄园进口的玉米。在此过程中，他们发现，自己所欠庄园的债务不断上升，因微薄的工资不足以支付从庄园主那里购买的玉米以及其他生活用品。债务将他们束缚在庄园，失去了流动性自由，但是他们获得了安全性，庄园主提供充足的玉米、水和薪木成为农民生存的保障。1902年后，西沙尔麻经济出现危机，但这场危机仅表现为价格的下跌，而非产量下降。相反，为了弥补价格下跌带来的损失，庄园扩大了生产，西沙尔麻的产量在1910—1911年达到顶点。产量的增加意味着更多的劳动力需求。当然，在西沙尔麻价格下降的形势下，为维持利润，庄园主也降低了雇工的工资，但是，对绝大多数庄园雇工来说，工资下降仅仅意味着他们所欠庄园债务的增加，而这一债务早已超出其偿还能力了，只要西沙尔麻出口强劲，只要劳动力供应不足，庄园就不得不向雇工提供维持生存需要的玉米，雇工就拥有生存的安全性。①

在恰帕斯，索克努思科地区咖啡生产和出口的繁荣，也导致了对于劳动力的大量需求。与西沙尔麻不同，咖啡生产仅在收获季节需要大量劳动力，因此索克努思科的庄园主较少依赖长工，而是通过劳工经纪人向人口相对稠密的高地地区的村社农民预付工资，吸引他们在咖啡收获季节前往庄园劳动。但是庄园劳动所得工资不及预付工资数额，导致农民欠下庄园债务，迫使他们在下一个收获季节再次到庄园劳动。此外，与尤卡坦一样，索克努思科的咖啡庄园主也拿出部分利润购买进口玉米，满足庄园劳工的生存需要。因此，恰帕斯的庄园劳工虽然是被强迫的，虽然受到剥削，但是他们在高地地区仍保有自己的小块土地，拥有一定的自主性；当他们在低地地区的咖啡庄园劳动时，又得到庄园主提供的玉米供应，得到了很大的

① John Tutino, *De la insurrección a la revolución en México, Las bases socials de la violencia agrarian, 1750—1940*, p.250.

安全性。在 1910 年革命爆发前,恰帕斯的出口经济并未下降。1908 年,连接索克努思科和特旺特佩克的铁路完工,恰帕斯地区与墨西哥的铁路网连为一体,使得这里的产品可以出口到美国和欧洲。1910 年前的三年间,轮船运费下降,恰帕斯的咖啡出口数量增长了一倍,价值增长了两倍。劳动力需求增加,而供应依然不足,由此保证了恰帕斯庄园劳工的安全性。高地地区村社农民的自主性、低地地区庄园雇工的安全性,削弱了恰帕斯农民动员和革命的基础①。

总起来说,在迪亚斯时期,墨西哥南部,尤其是尤卡坦和恰帕斯,农业发展和农村社会关系发生了深刻的变革,传统的农村社会与世界经济融为一体。出口经济不断增长,而劳动力供应不足。为保证劳动力来源,庄园拿出部分利润,为雇工的生存提供安全性保障,从而缓和了农民的不满,正是这种安全性抑制了庄园雇工的革命性。当然,庄园雇工的生存条件是极其严酷的,但是,"在墨西哥,农村暴动不是因对强迫劳动、剥削、甚至残忍的不满而发生的。当农民面临着丧失生存自主性和当庄园雇工面临着丧失安全性的情况下,才会发生农民暴动。"②

(作者系北京大学历史学系副教授)

The Evolution of the Labor Relations in the South Lowlands of Mexico Before the Revolution in 1910

Dong Jingsheng

Abstract: In the late 19th century, the rapid development of commercial export agriculture in the Mexican south lowlands, especially in Yucatán and Chiapas, led to the great demand of labor force. The big land owners, collaborated with the local government, limited the mobility of the labors through coerce, such as debt peonage. However, due to the short-

① John Tutino, *De la insurrección a la revolución en México, Las bases socials de la violencia agrarian, 1750—1940*, p.252.

② John Tutino, *De la insurrección a la revolución en México, Las bases socials de la violencia agrarian, 1750—1940*, p.250.

age of labor supply, the big land owners also provided security to some extent to their labors by means of buying import maize and supplying to the labors. The security limited the mobilization and revolution of the labors. As a result, in spit of the brutal coerce on the labors, the revolution was not responded actively in the south in 1910.

Key words: debt peonage; ejido; Porfirio Diaz; Mexican Revolution

学术著作评介

一部具有中国特色的东南亚古史专著

——评梁志明等主编的《东南亚古代史》

余定邦

【内容提要】 梁志明等主编的《东南亚古代史》具有一些有学术价值的特点是：重视介绍东南亚古代史研究的学术史；较详尽地论述了该地区的史前文化；重视对公元初至16世纪初东南亚古国社会文化发展的研究；回应了东南亚古史研究中的不少热点问题并提出自己的学术见解；用中外史料互相补充，全面论述东南亚古代史和东南亚古国的政治、经济和历史文化情况以及它们之间、它们与中印两大文明古国的关系。《东南亚古代史》的不足之处是对东南亚古代史研究方面某些争议问题如：蒲甘阿奴律陀王到中国迎取佛牙、素可泰兰甘亨王入访中国、中国古籍中的暹国是否就是素可泰、“十三世纪危机”、东南亚古国土地所有制等作出回应时，论述过于简单，没有明确提出自己的考证结论。

【关键词】 《东南亚古代史》；中国特色；评论

早就听说北大东南亚研究中心要编写《东南亚古代史》[①]，我们也希望这本书能尽早写出来。2005年5月在北京大学举行的“古代东南亚历史文化”学术研讨会上，我提出的论文题目为“试论东南亚古史研究的中国特色”。文章首先指出，要编好一本有中国特色的东南亚古代史，我们应有使命感和责任感。其次，强调编写有中国特色的东南亚古代史，是教学工作的迫切需要。最后，是提出编写有中国特色的东南亚古代史应注意的几个问题。写那篇文章的目的是提出要编写一部有中国特色的东南亚古代史的建议。

值得高兴的是，经过六年多的努力，一部具有中国特色的东南亚古代

---

① 梁志明、李谋、杨保筠：《东南亚古代史》，北京大学出版社2013年版。

史专著面世了。梁志明教授等主编的《东南亚古代史》是一部具有中国特色的东南亚古史专著。它是一部东南亚地区的古国历史，而不是当代东南亚国家的古代史的凑合。它不是东南亚古国的王朝更迭史，而是东南亚地区古国的政治、经济、文化和对外关系史。它叙述的主体是东南亚古国的历史文化的发展史，而不是外来文化对东南亚影响的历史。正如作者所说，“这是一部全面系统地阐述从远古16世纪初叶东南亚历史发展的地区史，它既是地区史与国别史相结合的一种撰写尝试，也是将历史与文化发展相结合的写作尝试”。中国古籍有关东南亚古国的记述，在东南亚古史研究中起着不可替代的作用。梁志明教授等组成的科研团队利用丰富的中国资料，利用东南亚国家的历史资料，把两者相对照，互相补充，论述东南亚古国悠久的历史文化。在这方面，西方国家许多学者是无法做到的。本书较好地解决了东南亚古代史的分期问题，把古代东南亚历史分为三个发展阶段。全书结构合理，从研究观点、研究方法，史料运用等方面来看，颇多新意。

一

《东南亚古代史》是一个团队的研究成果，充分发挥各位参编者的专长，是集体智慧的结晶。书中具有学术价值的特点、亮点不少。

第一，重视向读者介绍东南亚古代史研究的学术史。书中的绪论部分向读者介绍了中外学者关于东南亚古代史的研究概况，探讨了古代东南亚的历史分期问题，使读者知道这个领域的研究现状，对读者深入阅读这本专著是有帮助的。

第二，与同类著作相比较，书中详尽地论述东南亚地区的史前文化，这是一大亮点。这一部分资料丰富，作者发挥了懂得当地语言文字的优势，收集了东南亚各国的考古资料，详述东南亚地区的旧石器时代、新石器时代、青铜器时代的历史文化，并在这个基础上总结出东南亚史前文化的四大特征。最后，作者明确指出：“在外来宗教与文化输入之前，东南亚并非文化的真空地带，它已有自己固有的独特文化。”运用本地区丰富考古资料详述东南亚的史前文化，在同类论著中还是第一次。

第三，针对有西方学者过于夸大印度文化对东南亚的影响，作者重视对公元初至16世纪初东南亚古国社会文化发展的研究，坚持把东南亚地区本土社会文化发展作为研究的主体,探讨东南亚早期国家的社会文化特征和东南亚中央集权王国时期的社会文化特征。由于古代东南亚是中印两大文明古国水陆交通和文化联系的桥梁,书中也能客观地评价印度和中国文化对东南亚的影响。用丰富的历史资料印证了陈序经教授在上世纪60年代说过的一段话:“在东南亚不只有文化,而且有很高的文化。不只有历史,而且有很长的历史。”

第四,书中能回应东南亚古史研究中的不少热点问题,并提出自己的学术见解。要做到这一点不容易,这是成熟的学术专著的一个标志。书中对学术界关注的问题,如应该怎样去评价印度文化对古代东南亚地区的影响?东南亚古国的土地所有制、占有制和对劳动力的控制问题、西方学者提出的东南亚古代史上的所谓十三世纪危机问题、郑和下西洋对东南亚的影响问题、缅王阿奴律陀、暹王兰甘亨是否访问过中国、中国古籍中所记的暹国是不是素可泰等问题,书中都作出不同程度的回应。在蒲甘王朝史研究方面,作者能参考缅甸学者的研究成果,提出与西方学者不同的新见解。哈威在《缅甸史》中把蒲甘王朝的起止年代定为1044—1287年,阿奴律陀成了开国之君。哈威还把1287—1531年定为掸族统治时代。在本书中,作者把蒲甘王朝起止年代定为1849—1368年,阿奴律陀则为王朝的中兴者。作者不同意掸族统治时代的提法,把蒲甘王朝灭亡后到1531年东吁王朝建立这段时间称为四族争霸的战国时代,颇有新意。读完这本书后,使读者对东南亚古代史的研究现状有一定的了解。

第五,本书内容较为全面,能使读者了解东南亚古代史发展的全貌。它能用中外史料互相补充论述东南亚古国的政治、经济和历史文化,又能兼顾论述这些古国之间的关系以及中、印两大文明古国与东南亚古国之间的关系。书中还较为系统地介绍十六世纪以前东南亚古国与中国、印度之间的经济文化交流,介绍早期华侨对当地经济发展和促进中国与东南亚古国之间文化交流所做出的贡献,力图消除“欧洲中心论”和过于夸大印度文化对东南亚影响的“印度化论”的影响。从研究观点、研究方法以及中外史料运用等多个方面考察,这确实是一部有中国特色的东南亚古代史专著。

二

对东南亚古代史研究方面一些有争议的问题作出回应时,是把不同的结论或观点告诉读者，还. 是把争议点及其来龙去脉告诉读者，让读者根据原始资料去进行鉴别？这是值得思考的一个问题。

这里可以举出几个例子加以说明。

其一，关于蒲甘国王阿奴律陀到中国迎取佛牙之事。哈威在《缅甸史》中说，阿奴律陀到云南大理，与大理王"互换礼物，倾谈殊欢"，虽然得不到佛牙，但得到一尊碧玉佛而归。但是，书中没有说这件事发生在那一年。而在《东南亚古代史》中提到此事时仅有一句话："阿奴律陀往妙香国迎奉佛牙之举虽然未有成果。"语焉不详，既无具体年代，又未注明资料出处。

缅甸方面有关此事的记述出自《琉璃宫史》。据该书上卷第39、135和138节记载，公元前543年，佛祖释迦牟尼涅槃火化，舍利均分为8份，分别给了8位国王。其中，左上牙给了羯陵伽国国王，左下牙给了妙香国国王。第三次佛经结集时，各国国王把取走的舍利带回印度献阿育王。后来，佛陀左下牙送到锡兰供奉，左上牙送到妙香国供奉。阿奴律陀执政后，为了能把在妙香国的佛牙迎请到缅甸让信众朝拜，他决定亲往妙香国奉迎佛牙。他尽起全国兵马，兵分水陆两路，每路3600万人，向妙香国进发。但是，妙香国王"紧闭城门，拒阿奴律陀于城外"。经过一番周折，阿奴律陀终于见到了妙香国王。"两王相处，交谈融洽亲密"。妙香国国王得知阿奴律陀来意后表示，"如佛牙愿巡幸贵国，只管迎去"。阿奴律陀"每日携许多贡品到安放佛牙之地虔诚礼拜"，佛牙却"升上太空，云游天际"。阿奴律陀"虽屡次头顶宝盘，虔诚求拜，但佛牙始终留于天际，不肯降于盘中"。后来，在天帝的帮助下，阿奴律陀才得到一尊碧玉佛回国。

作为一段完整的资料，这些记述有欠缺之处。一是未能记载事件发生的时间，具体年代不明；二是地点不清。公元前543年释迦牟尼涅槃火化以及阿育王于公元前252年前后在华氏城举行第三次佛经结集大会时，正值我国历史上的春秋战国时代，当时的妙香国在哪里？阿奴律陀在位时，正值中国宋代。阿奴律陀是到宋朝都城还是到云南大理？该书未记请楚。三是该书所记内容近于传说，可信度不高。最重要的一点是，至今尚未发现中国古籍对此事有记载。邻国的国君入访中国，有史学传统的中国竟然没有留下记载，这是一件难以想象的事。须知中国早已出现官修史书，宋代还有《宋会要》、《岭外代答》和《诸蕃志》等名著记述中外关系史事。只要我们把原始资料完整地向读者介绍，再考虑到佛教什么时候才开始传入中国，读者自然会想到从春秋战国到宋朝都存在的"妙香国"到底在那里。

至于阿奴律陀是否入访中国,读者心中自会有自己的结论。

其二,素可泰国王兰甘亨曾否入访中国这个问题。书中记述泰国学者说兰甘亨曾于1294年和1300年两次入访中国,作者认为是“错译中文造成的误会”。这样的回应也有点过于简单化了。

在今天泰国境内,古国罗斛、暹国与中国元朝有着密切的交往。由于南宋左丞相陈宜中井澳失败后到了占城,最后跑到暹国,所以元朝与暹国之间使者往来时间较晚。1292年,元军进攻爪哇,暹国才首次遣使入访元廷。据《元史》记载,元朝在1293年“诏遣使诏谕暹国”。作为友好的回应,1294年暹国王“必察不里城敢木丁遣使来贡”。对此,无朝决定:“诏招谕暹国王敢木丁来朝,或有故,则令其子弟及陪臣入质。”这段史料清楚说明,1294年年来华的是暹国王派遣的使者,而不是暹国王本人。当年元朝确曾要求暹国王敢木丁访华,但《元史》没有关于敢木丁来访的记载。泰国学者认为国王兰甘亨在1294年和1300年两度入访中国,不清楚他们的史料根据是什么,但在中国史书上没有这种记载。我们把《元史》的相关记载抄录出来,就是要说明敢木丁未到过中国。

其三,关于中国史籍中的暹国是不是素可泰的问题。作者在书中指出,“暹国是不是素可泰?日本学者山本直治郎曾花了很多时间进行仔细考证,得出肯定的结论,这也成为大多数学者一直以来的共识。泰国国务院属下权威组织泰国历史审查委员会有关泰国历史的意见也认为暹就是素可泰。”当有学者摆出中国古籍陈大震的《南海志》的相关记述对此表示疑问时,作者只引用别人的话作回应“这种误解主要是由于作者不懂中文,不能直接阅读中文史料所致。”这是没有充分说服力的。

当暹国与元朝有使者往来的时候,正是泰国历史上的素可泰王朝时期(1238—1349),当时素可泰的统治者是兰甘亨(1275—1317)。这很容易就引申出暹国是不是素可泰?敢木丁是不是素可泰的兰甘亨这些问题。的确有不少学者认为暹国就是素可泰。但是,已有学者对此存有疑问,提出疑问的根据正是中国古籍的相关记述。

日本京都大学教授石井米雄根据《南海志》的记载在1990年就提出暹国不是素可泰。陈大震在《南海志》说:“暹国管:上水、速孤底。”这段记载说明速孤底(素可泰)只是暹国的属国。泰国学者西萨.瓦立颇隆经过考证认为中国史籍所记的暹国不是素可泰,可能是素攀。

在中国的官方史书中,我们还可以提出两处记载为证,说明暹国不是素可泰。《元史》卷十八记载，在至元三十一年六月暹国王“必察不里城敢木丁遣使来贡”。这说明，这位敢木丁不是来自素可泰，而是来自必察不里（碧武里）。另外，《元史》卷二十又记，大德三年正月，“暹番、没刺由、罗斛诸国各以方物来贡。赐暹番世子虎符。”五月，“海南速古台、速龙探、奔奚里诸番以虎、象及桫椤木舟来贡。”同是在大德三年（1299 年），暹国与速古台（素可泰）都遣使到元廷朝贡，又一次说明暹国不是素可泰。总的来说，对有争议的问题，不宜简单下结论，而应把论据摆出来，让读者思考。对一个在部分学者中间有“共识”的问题提出质疑，会使对这一问题的研究引向深入。

其四，关于所谓“十三世纪危机”的问题，书中虽有提及并作了一定的回应，但未能抓住问题的根本点。

所谓“十三世纪危机”是法国学者赛代斯提出来的，他把蒙古军队进攻东南亚一些国家视为东南亚国家的危机。本书第 537 页所引赛代斯有关这个问题的一段论述，仅是十三世纪历史变迁的一般性记述，未涉及赛代斯这一学术观点的核心。引文说：“在湄南河流域和缅甸出现了泰族强国，并且因此而对柬埔寨、湄公河和马来半岛诸小国造成了严重的后果。”这怎么能算是造成“危机”？赛代斯在《东南亚的印度化国家》一书第 321—322 页宣称，“印度文化的衰落是十三世纪外印度的普遍现象。”“这种衰落现象的内部原因还可以作两点补充：一个原因是穆斯林入侵印度，造成知识分子外流之后，在印度的各个殖民地用以再沐浴的源泉一时枯竭了。另一个原因是蒙古人的征服，它导致了各个古老印度化王国的毁灭。”在第 417 页又说：“十四世纪下半叶蒙古王朝的衰落，为诸小国在两强一阿瑜陀耶和满者伯夷的势力范围之间重新建立提供了便利。”他提出“十三世纪危机”论主要是企图证明：东南亚的印度化国家“由于地理位置的关系，也受中国政治势力的制约”。“有一个值得注意的事实是，扶南、柬埔寨、爪哇和苏门答腊各王国鼎盛之际，一般均值中国各大王朝衰落之时。”按照这样的说法，只能引申出下面的结论：中国古代王朝强盛.之时，东南亚古王国就衰落，中国古代王朝衰落之时，东南亚就会出现强大的王国。这样的结论，是不符合历史事实的。怎样去理解和回应赛代斯的“十三世纪危机”论是一个值得深入研究的问题。毫无疑问，蒙古军队进攻东南亚一些国家会对这些国家造成一定的影响，对这个问题可以进行深入的探讨。但把它夸大为东南亚历史上的“十三世纪危机”，就不大恰当了。

其五，东南亚古国的土地所有制问题，曾是学术界研究的热点问题之一。本书花了不少篇幅论述古代东南亚各王国的土地所有制，并指出东南亚中央集权国家以土地国有制或王有制为经济基础，普遍实行租税合一的赋税制，劳役地租和实物地租是对农民剥削的基本方式。美中不足之处是对缅甸的谬沙制度、阿瑜陀耶王朝的萨克迪纳制、老挝的景孟制的论述过于简略，在关注国家对土地的控制的同时，未能充分关注到对劳动力的控制，未能较详细地介绍各国通过什么途径强化农民对领主的依附地位，把农民固定在土地上，以便于对农民的剥削。书中也没有很好地说明这些制度对各国社会经济发展所造成的影响。

最后还须说明一点是，重视对东南亚本土文化的研究是本书的亮点之一，但对本土历史上某些文化现象应有恰如其分的评价，评价过高会脱离实际。例如，作者引用中国古籍关于堕罗钵底的如下记载："盗贼重者死，轻者穿鼻及耳，并钻鬓。私铸银钱者截腕。"就得出结论说这个在6—11世纪存在的古国"有健全的刑法"这是不符合实际的。

《东南亚古代史》是一本有学术品位的专著，是一个科研团队经过多年的艰苦努力形成的学术研究成果。在研究理论、研究方法、中外史料的运用等方面都有所创新。阅读全书，获益良多。这样有分量、有水平的专著公开出版，可喜可贺。为进一步繁荣史学，希望我国东南亚历史学界将有更多有水平的专著问世。

（作者系中山大学历史学系教授）

A Monograph on An Ancient History in Southeast Asia with Chinese Characteristics
——Review on *Ancient History of Southeast Asia*

Yu Dingbang

Abstract: *A History of Ancient Southeast Asia*, edited by Liang Zhiming, has some academic value features, which include emphasis on academic review of the Southeast Asia history; more detailed describe of the region prehistoric culture; emphasis ancient social and cultural development in Southeast Asia from early 1 century to 16 century; response to the argues of ancient history in Southeast Asia and put forward his own academic insights; paying more attention to the research materials in original languages. comprehensive discussion about the ancient politics, economy culture in this region; the relationship between Southeast Asia and India. The downside of this book in some aspects of historical studies in Southeast Asia is relatively simple.

Key words: *A History of Ancient Southeast Asia*; Chinese characteristics; Comments

岁月回眸

众志成城，开拓进取

——北京大学东南亚学研究中心成立十一周年(2002—2013)

梁志明　杨保筠　包茂红

北京大学东南亚学研究中心是北京大学跨院系和跨学科的、从事东南亚地区和国家研究的学术研究机构，成立于2002年9月，今年是它诞生的11周年。

一、北大东南亚学研究的学术传统

北大东南亚学研究中心成立虽然只有11个年头，但东南亚学研究却不是从21世纪初才起步的。北大的东南亚学研究有着悠久的学术研究传统，至少可上溯到一百年前。

20世纪初叶，北大老一辈的学者开始对东南亚进行学术研究，他们在对中国古代史、中外关系史等的研究中已经涉及许多有关东南亚古代历史及其与中国关系的问题。新中国建立后，中国东南亚研究，包括史学研究受到国家的重视。在北京和东南沿海诸省，研究东南亚的机构在高等学校逐步成立。在国际问题研究中，教育部选定北大重点发展第三世界研究。以著名的东方学家季羡林为首的一些学者在北大创建东方语言文学系，培养东南亚语言和文化的教学和研究人才。1954年，北大历史学系建立以著名史学家周一良先生为主任的亚洲史教研室，开设亚洲史专门化课程，培养东南亚史的研究人才。1964年北大又成立了以赵宝煦先生为所长的亚非研究所，对东南亚政治发展等展开追踪研究，北大成为中国北方进行亚洲研究，包括东南亚教学与研究的基地。

季羡林先生等老一辈学者是北大东方学,包括东南亚学科的开拓者、领航员;他们的学生是新中国培养的第一批东南亚研究专家,是北大东南亚学科的学术带头人。20 世纪 50—60 年代,北大培养出新中国的第一批东南亚研究专家,为我国外交、科研部门和高等院校培养出一大批骨干,开始形成了我国研究东南亚问题的老中青学术梯队。其中有些人士不仅在国内东南亚学界是知名学者,在国际学术界也享有较高声誉。这些青年学子和他们的老师构成了新中国成立后北京大学从事东南亚研究的基本队伍,他们为北大和我国东南亚学科的建设做出了宝贵的贡献。

十年"文革",北大是"重灾区",北大的东南亚研究也与其他领域的科研和教学工作一样,在"文化大革命"中遭受严重的摧残和破坏,使已经初具规模的东南亚研究工作基本处于停滞状态。仅在学校开始复课后,才有几本适应国内政治及对外关系发展需要的著作或译著问世。

二、北大东南亚研究的进展和东南亚学研究中心的成立

改革开放以来,北京大学的东南亚研究逐渐步入正轨,蓬勃发展起来,取得前所未有的显著进展。

"文革"结束以后,一批东南亚教学和研究机构相继恢复和建立。1978 年,中国社会科学院北京大学南亚研究所建立,不久更名为北京大学南亚东南亚研究所,成为"文革"后北京大学的一个新的东南亚学术研究机构。季羡林先生被任命为所长。北大和社科院的一批以东南亚研究见长的教师和学者聚集在该所。同时,历史、东语、经济、国际政治与国际关系等院系和亚非研究所都开设了有关东南亚的课程,培养了一批东南亚专业方向的硕士生、博士生,这使北大各相关院系逐步形成了一支老、中、青三结合的东南亚研究队伍。

北大也开始与国内的东南亚研究机构和人员恢复和建立起密切的联系,并参与筹建全国性的东南亚学术团体——中国东南亚研究会的工作,1979 年中国东南亚研究会宣告成立,成为凝聚中国的东南亚研究力量、发展中国东南亚研究事业的重要学术机构。北大从事东南亚研究的教师和学者纷纷加入研究会,成了该学会的第一批会员。此后北大的不少教师先

后担任了学会理事、常务理事或副会长职务，或聘为学术顾问，这增强了北大与北京地区和全国各地的东南亚研究机构的合作。

在此期间，北京大学相继建立了一些与东南亚研究直接相关的研究中心，在相当长时期内，北大的全校性的东南亚研究活动往往是通过这些研究中心或研究所来组织完成的。

经过全校有关研究工作者的共同努力，到20世纪70年代末，北京大学的东南亚研究呈现"百花齐放，百家争鸣"的局面。研究成果增多，所涉及的内容非常广泛。北大的东南亚学者出版了一系列关于东南亚学研究的著作和译著，发表了许多学术论文；承担了关于东南亚政治、经济、语言、文学、文化、宗教、现代化、华侨华人、东南亚区域合作、东南亚国别情况、中国与东南亚关系等多方面的科研项目；承办或参与召开了有关东亚东南亚的多次国际或国内学术研讨会；创办了专业学术刊物，如：南亚东南业所的《南亚东南亚资料》，《南亚东南亚论丛》，亚非研究所的《亚非研究》，东语系的《东方研究》（年刊），《东方世界》（知识普及性的双月刊），亚太研究中心的《北大亚太研究》。

但由于北大的东南亚研究力量比较分散，有关东南亚的研究活动一直受到了制约。北大的文科院系，虽然拥有一些从事东南亚研究的学者和研究生，有的单位还建立了东南亚研究室和研究所，却没有一个全校性的研究东南亚历史与现实问题的专业学术机构，这不利于学科的建设，也与国内外东南亚研究迅速发展的形势不相适应。因此，组成北大东南亚学研究中心势在必行。

2001年11月初，中国东南亚研究会第六届年会暨学术研讨会在北京大学举行。这是东南亚研究会自成立以来首次在北方地区召开的年会，有来自全国各地的130多位代表参加，提交的论文达70多篇，成为中国东南亚研究会会史上的一次空前规模的盛会。这次代表大会的论文汇编成《面向新世纪的中国东南亚学研究回顾与展望》学术论文集出版。

当时，北大的东南亚研究学者是以亚太研究中心的名义来组织这次会议的，会议的成功，也推动了北大全校性东南亚学研究机构的建立。2002年9月13日，北京大学东南亚学研究中心成立大会在英杰交流中心召开，北京大学副校长，亚太研究院执行院长郝平教授，北大社会科学部部长程郁缀教授，以及校内从事东南亚研究、华侨华人研究的机构负责人和有关学者出席了会议。参加东南亚学研究中心成立大会的还有中国对外友好联络会、中国社会科学院亚太研究所、现代国际关系研究所、中国华侨历史研究所、北京外国语大学、中共中央高级党校等科研机构和兄弟院校的有关领导与学者，以及东南亚研究会在京理事和会员，共约 50 余人。与会者对中心工作提出了许多建议和希望。陈玉龙教授为中心书写了“众志成城”的条幅。

北京大学东南亚学研究中心的成立，是北大从事东南亚教学与研究的同行们多年辛勤耕耘和长期酝酿的结果。中心能够在 2002 年诞生，应归功于学校领导、校内外同行的大力支持，也与北大亚太研究院、历史学系诸位领导的重视和支持密切相关。

北京大学东南亚学研究中心是北大亚太研究院所属的十多个研究中心之一，也是中国东南亚研究会的集体会员之一。中心定位于“东南亚学”，将东南亚研究视为一门综合性的学科，因此，极力倡导在北京大学开展跨院系和跨学科的东南亚问题综合研究。中心的宗旨是，组织、协调本校各院、系（所、中心）有关东南亚学术研究，以推动东南亚学研究的发展并促进相关学科的建设。研究中心愿同国内外有关东南亚学术研究、教育、涉外机构以及有关专家学者建立联系，开展各种形式的合作；同时为探索北大文科新课程和专业设置与发展服务。中心也为国内外有关部门、机构、团体和企事业单位提供定题委托研究，开设研究班、专题讲座和咨询服务，以便为促进我国与东南亚各国和地区的合作、为我国改革开放和社会主义现代化服务。

中心的研究范围和内容，一是东南亚各国与地区的经济、政治、社会、华侨华人、历史文化、教育及综合问题的历史现状与发展趋势；二是东南亚各国（地区）之间，特别是中国及世界与东南亚各国（地区）之间在经济、政治、历史、文化、教育等方面发展态势；三是通过组织学术研究与交流开设东南亚学讲座，邀请国内外知名学者作专题讲座和进行学术交流，以便充分利用北大的资源，立足创新，多出精品，培养高质量人才，为我国的东南亚学研究做出贡献。

中心设主任一名，副主任若干名，秘书长一名，副秘书长、秘书若干名，组成北大东南亚学研究中心常务委员会讨论和决定本中心各项重大问题，聘请校内外有关学者任中心研究员，东南亚研究中心经费自筹，争取国内外社会各界团体或个人捐赠、资助。

三、北大东南亚研究中心工作的进展和成果

北京大学东南亚学研究中心成立11年来,在校内外兄弟单位东南亚研究工作者的共同努力下,各项工作取得了较大的进展和较丰硕的成果。

一 大力开展学术研究,出版学术著作

学术研究是高校人文社会科学学术机构存在和发展的基础,北大东南亚学研究中心一直把开展学术研究作为基本的立足点。中心成立后,东南亚研究有了新的发展,主要集中在历史、语言文化、政治经济发展、华侨华人、中国与东南亚国家关系等几个方面:

中心建立之初,2003年5月,北京大学东南亚学研究中心与郑州大学越南研究所共同倡议和筹办了《东南亚研究论丛》系列丛书,以适应国内外东南亚研究发展的需要。该丛书获得香港社会科学出版社的支持。北京大学东南亚学研究中心梁志明的《东南亚历史文化与现代化》学术论文集(2003年),郑州大学越南研究所戴可来、于向东主编、游明谦副主编的《21世纪中越关系展望》(2003年),游明谦的《当代越南经济社会发展研究》(博士学位论文,2004年),北京大学东南亚学研究中心杨保筠和郑州大学于向东主编的《变动世界中的奠边府战役与日内瓦会议——"奠边府战役暨日内瓦会议50周年"国际学术讨论会的论文集》(2005年),戴可来、于向东著《越南历史与现状研究》(2006年),北京大学东南亚学研究中心李谋、杨保筠任执行主编的《中国东南亚学研究:动态与发展趋势》(2007年),以及〔缅〕盛丁著、李秉年 赵德芳译《1945年缅甸人民反法西斯斗争史》(2006年)和北京大学东南亚学研究中心赵敬、李谋等合译的《英缅战争史》(2008年)等均选入《东南亚研究论丛》,由香港社会科学出版社出版。

在东南亚历史方面,中心多位成员梁志明、赵敬、杨保筠、傅增有参与修订和撰写《东南亚近现代史》两卷本入选"东方文化集成"丛书,于2005年8月由昆仑出版社出版。2006年10月,《东南亚古代历史与文化研究》论文集,也入选"东方文化集成"丛书,由昆仑出版社出版。2011年10月,梁志明、李谋、吴杰伟合著的《多元交汇共生——东南亚文明之路》,入选"世界文明之路丛书",由人民出版社出版。

在东南亚文化方面,2002年,李谋和姜永仁教授合著的《缅甸文化综

论》、梁敏和教授与孔远志教授合著的《印度尼西亚文化与社会》均在北大出版社出版。2012 年，姜永仁和傅增有教授主编的《东南亚宗教与社会》，由国际文化出版公司出版。

在国际政治经济发展与区域合作研究领域，中心成员张锡镇教授曾先后出版《当代东南亚政治》和《东南亚政府与政治》。梁志明教授主编的《东亚的历史巨变与重新崛起》于 2004 年出版，内容包含东亚与东南亚国家的现代化历程，这本专著获北京市人文社科优秀著作奖。2005 年，巫宁耕教授出版《世界格局变动中发展中国家经济》。2008 年，梁志明、张锡镇、韦民、吴杰伟编著的《东盟发展进程研究——东盟四十年回顾与展望》论文集，就中国与东南亚国家和东盟的关系、东南亚国际关系发展等提供了多篇具有前瞻性的论文。张锡镇教授任执行主编的《多视角下的东亚发展研究》论文集于 2010 年出版，该书从多维角度研讨了东亚地区和国家的发展，包括东亚一体化和区域合作及本地区国家双边关系等重要问题。

在华侨华人研究领域，北大华侨华人研究中心推出了三套大型丛书：《世界华侨华人词典》、《华侨华人百科全书》(十二卷)和《北京大学华侨华人研究中心丛书》，其中大部分内容都与东南亚有关。中心成员杨保筠、傅增有、梁志明、赵敬、吴杰伟等担任编委，参与编撰，做出了奉献。

2012 年，北大东南亚学研究中心与察哈尔学会合作，由包茂红教授与柯银斌先生任执行主编的《中国与东南亚国家公共外交》在新华出版社出版，这本文集的主要内容译成英文，发表在环球网上。值得提及的是，中心的青年学者拓展研究领域，以博士学位论文为基础，经过修订，出版了富有特色的专著：2008 年，包茂红博士在中国环境科学出版社出版《森林与发展：菲律宾森林滥伐研究(1946—1995)》；2012 年，吴杰伟博士在昆仑出版社出版《大帆船贸易与跨太平洋文化交流》。

在学术名著翻译方面，中心成员李谋、杨保筠、赵敬等教授主持或参与了《琉璃宫史》(商务印书馆，2005 年)和《东南亚的印度化国家》(商务印书馆，2008 年)等史学名著中译本的译校。中心成员还参与了《中国大百科全书》，《东南亚历史词典》，《世界外交大辞典》等多种重要辞书的编撰。

此外，东南亚学研究中心成员编辑和出版的《北大亚太研究》刊物，于 2009 年更名为《北大东南亚研究》，它是北大的亚太研究，包括东南亚研究的一个重要学术园地。

二　坚持课题项目研究，完成《东南亚古代史》的撰写

北大东南亚学研究中心在规划研究项目的过程中，坚持“重视基础研

究，加强应用研究”的战略方针，认为虽然现实政治与国际关系问题理所当是我们研究的重点与热点，但人文与历史考古等基础学科仍不可忽视，学科建设需保持全面、均衡的发展态势，研究有重点，但不可偏废。鉴于东南亚研究中出现忽视古代史研究的“今热古冷”的状况，中心成员商定集体撰写一部有关“东南亚古代历史与文化”的学术专著，并成立了由梁志明主持的课题组。课题组成员 8 人，由北大外国语学院东方语言文学系、国际关系学院和历史学系教师梁志明、李谋、杨保筠、梁敏和、赵敬、傅增有、吴杰伟组成，并邀中山大学历史学系教师牛军凯加盟。古代东南亚历史的研究课题成为中心相当长时间的工作重点。课题项目的研究获得北大亚太研究院和厦门大学东南亚研究基地的大力支持，美国康德基金会对本课题的研究经费给予了慷慨的资助。

为集思广益，密切与国内学界的合作，开展古代东南亚历史的研究。2005 年 5 月，在中国东南亚研究会的支持下，北大东南亚学研究中心举办了“东南亚古代历史与文化”学术研讨会，来自北京、厦门及全国各地的东南亚学者 40 多人与会，就东南亚古代历史与文化研究中的问题进行了深入探讨。在提交的论文基础上，编辑了《古代东南亚历史与文化研究》，并于 2006 年 6 月出版，这大大振奋了课题组成员的信心。《东南亚古代史》的编撰工作全面展开。

2009 年 7 月 17—18 日，中国东南亚研究会和云南大学国际关系研究院东南亚研究所在昆明联合举办“《剑桥东南亚史》评述与中国东南亚史研究”学术研讨会，有来自国内各大学、研究机构与新加坡的学者专家参加。中心成员梁志明、李谋、赵敬出席，并在会上宣讲了论文。会议以评论《剑桥东南亚史》为重点，同时也研讨了我们编写的《东南亚古代史》的大纲和一些有关问题，提出了许多宝贵的意见与建议，对于我们的写作很有助益。以此为契机，课题组的成员修改了写作大纲，并多方收集史料，反复切磋研究，几易所撰书稿，经历了六载春秋的共同努力，终于完成了 70 余万字的《东南亚古代史》全书的撰写。

《东南亚古代史》是一部全面系统地阐述从远古至 16 世纪初叶东南亚历史发展的地区史，既有对地区历史发展的综合性整体论述，又有对各主要国家和重要事件的具体分析与专题研讨；既有古代东南亚国家的经济、政治、国际关系的历史论述，又有对古代东南亚国家的各民族宗教文化的阐述，其中宗教文化方面的阐述是本书的一个特色。

2011 年,《东南亚古代史》获北京市社会科学理论著作的出版资助,交北京大学出版社出版,2012 年又入选“国家哲学社会科学成果文库”。《东南亚古代史》的编撰和出版,既是课题组成员之间互助协作、取长补短的成果,又是校内外学界同行多方支持的产物。特别是与北大亚太研究院、厦门大学东南亚研究基地和的以王立礼博士为执行长的康德基金会的大力支持密切相关。

三　创立“北京地区东南亚学术论坛”,积极开展国内外学术交流

北京大学东南亚学研究中心自成立之日起,就以开展和参与东南亚研究领域中的学术活动为工作重点之一。

2002 年 9 月 13 日,中心成立大会的当天,就倡议召开了中国东南亚研究会在京理事扩大会议,与会者一致同意设立“北京地区东南亚学术论坛”,决定在北大等单位轮流召开学术研讨会,开展学术交流,以加强北京地区东南亚研究同行专家的联系。2003 年 3 月 11 日,北京大学东南亚研究中心和北京大学亚太研究中心在北京大学英杰交流中心联合举办“北京地区东南亚学术论坛”的首次会议,中心议题为“东南亚经济发展与区域合作”。会议有在京各有关研究部门、国家机关、部队与高校的专家、学者共约 50 余人参加。此后“北京地区东南亚学术论坛”作为北京地区东南亚研究界的学术交流的一个平台,获得中国社科院亚太研究所、现代国际关系研究院和在京的高等学校等兄弟单位的大力支持,它们参与或承办东南亚研究学术论坛。“东南亚学术论坛”每年春季举行一次,一直坚持下来,迄今共举办了 10 余次。

2013 年“北京地区东南亚学术论坛”由北大东南亚学研究中心和北京外国问题研究会联合举办,4 月 25 日在北大英杰交流中心举行,中心议题为“当前东南亚的局势与热点问题”,邀请战略问题专家彭光谦少将、原驻文莱大使刘新生先生和云南大学人文学院副院长李晨阳教授分别以“建设海洋强国战略的一些思考”、“大国在东南亚的博弈及其影响”、“缅甸的政治改革与中缅关系”为题作主题报告。

北京大学东南亚学研究中心还与其他单位合作开展相关学术活动,每年举办学术研讨会是举措之一。重要的学术研讨会有:2003 年 10 日 17—18 日,东南亚学研究中心与北大非洲研究中心和国务院亚非发展研究所联合举办了“全球化与发展中国家学术讨论会”;2004 年 10 月,东南亚学研究中心接待云南大学学者,就“滇缅输油管道计划”进行了座谈和交流;2005

年5月28—29日,东南亚学研究中心主办“东南亚古代历史与文化”学术研讨会;2006年5月11日,东南亚学研究中心主办“东亚共同体:理想与现实”学术研讨会;2007年5月10日,北大东南亚学研究中心和国务院发展研究中心亚非发展研究所联合举办“东盟40年与东盟国家发展”学术研讨会,同年6月8日,东南亚学研究中心与校内东方学研究院、东语系等合作举办了缅甸史籍《琉璃宫史》专题学术研讨会。

此后,中心在每年冬季相继举办学术研讨会:“中国东南亚学研究状况与发展趋势”学术研讨会(2007年12月),“中日韩与东南亚:交流、合作与互动”学术研讨会(2008年11月),“东亚发展:历史与现实”学术研究会(2009年11月),“中国与东南亚国家关系六十年(1950—2010)”学术研讨会(2010年11月),东南亚学研究中心和察哈尔学会联合举办“中国——东南亚关系与公共外交”学术研讨会(2011年12月)。

2012年4月14—15日,北京大学东南亚学研究中心与广西民族大学东盟研究院合作在北大合办全国“第二届研究生东盟论坛”,评选有关东南亚的优秀论文。参加本次论坛的博士生21名、硕士生27名,北京大学、广西民族大学、云南大学、郑州大学和现代国际关系研究院的11名东盟研究专家作为论文的评议人参与论坛,其中北大有梁志明、李谋、杨保筠、梁敏和、包茂红和吴杰伟6位教师。原定于2012年12月由中国东南亚研究会与北大东南亚学研究中心联合主办的“《东南亚古代史》出版暨东南亚历史与文化”学术研讨会因故延期,于2013年4月26日在北大英杰交流中心举行。

北京大学东南亚学研究中心以国际问题和地区研究为己任,大力开展国际合作和交流,以推动研究工作的发展。在这方面,中心开展了走出去、请进来等多种对外合作活动。中心成员多次前往东南亚国家或其他亚洲或欧美国家进行学术访问、考察、参加会议等。2003年10月以来,中心接待了越南人文社会科学院中国学研究所代表团、越南理论工作者代表团、越南社科院东南亚研究所考察团等多批越南学者,就中越关系、亚欧合作、东亚共同体等多项议题进行交流。11月,东南亚学研究中心接待了来访的荷兰国际亚洲研究院院长施维明、法国社会和人文科学驻北京代表杜明先生,双方进行学术交流,并商讨合作事宜。

北大东南亚学研究中心举办或与兄弟单位合办了多次较大型的国际学术研讨会。2003年6月,中心成员参与了联合国教科文组织驻北京办事处委托的“东亚三国青年间对话”的调研项目,组成了由杨保筠教授负责主持的课题组。2004 年初调研项目顺利完成，并获教科文组织驻北京办事处肯定。同年 1 月 14 日在北大举行了联合国教科文组织“东亚三国青年间对话”国际学术研讨会，北大何芳川副校长、联合国教科文组织驻北京办事处主任出席，中日韩三国学书与三国在北京的留学生共 80 多人参会。

2004 年 4 月 19—20 日，北京大学东南亚学研究中心与郑州大学越南研究所合作，在北大召开“奠边府战役暨日内瓦会议 50 周年”国际学术研讨会。由河内国家大学社会与人文科学大学校长范春恒教授带队，包括越南历史学会会长潘辉梨教授组成的越南学者代表团一行 9 人，以及法国国防史研究中心和巴黎第一大学的 4 名法国学者出席了这次会议。来自北京、郑州、南宁、洛阳、南京等地各有关单位的 20 位中国学者和研究人员及越南驻华使馆政治参赞、武官、记者、留学生及法中交流中心主任等参加了会议，使这次研讨会成为中、越、法学者的国际性学术交流的一次盛会。会议对有关奠边府战役和日内瓦会议的各方面问题进行了深入的研讨，取得积极的成果。

2007 年，东南亚国家联盟成立 40 周年，北京大学亚太研究院与北京大学东南亚学研究中心于该年 11 月 15—16 日召开“东盟四十年：回顾与展望”国际学术研讨会。会议邀请国内外著名学者从多视角和多层面探讨东盟的发展历程，总结其发展经验，展望其未来发展趋势，并对中国与东南亚的关系进行全面、深入的研讨，主要议题有：东盟发展进程（东盟的发展道路与特点、基本经验与启示、改革与发展前景等综合性问题）、东盟成员国与东盟（东盟国家的经济、社会与文化的发展与问题）、东盟对外关系（东盟与东亚地区合作的问题）以及东盟与中国（东盟与中国之间的互助合作及发展趋势，尤其是中国—东盟自由贸易区的发展问题）等。

此外，2005 年 4 月，中心成员梁志明、杨保筠教授赴河内参加关于越南战争结束 30 周年学术会议，并分别在全体会议和分组会议上作报告；2003 年 11 月，中心成员张锡镇教授应邀赴新加坡参加“亚洲政治学和国际关系协会第二届年会暨学术研讨会”，在会上就“东南亚自由贸易区的困境及其突破”作了发言；2005 年 6 月，杨保筠教授赴法国参加了“东盟：中国、韩国和日本”学术研讨会，作题为“中国与东亚合作机制”的报告；2006 年 4 月，他又前往美国克里夫兰大学参加纪念万隆会议 50 周年的学术研讨会，并做了题为“中国与和平共处五项原则”的主题报告。2008 年 5 月 26—27 日，中心成员张锡镇、李谋、赵敬等教授应邀赴厦门参加厦门大学南洋研究院与国外多个机构合作召开的关于缅甸的专题国际学术研讨会。同年12月18日,中心成员巫宁耕教授赴香港参加了北大与香港树仁大学共同举办的“美国金融危机及对内地香港的影响”国际学术研讨会。

2010年12月6—10日,中心成员梁志明、杨保筠、吴杰伟出席在新加坡召开的“21世纪中华文化世界论坛”第六届(海外首届)国际学术研讨会,并分别在会上宣讲了论文。2012年11月24—30日,以“东南亚古代史”课题组的成员为主的北京大学东南亚学学者代表团访问了泰国朱拉隆功大学、清迈大学等学术机构,进行学术交流,与朱拉隆功大学合办“东南亚学和中泰关系”学术研讨会,并对曼谷、清迈和阿瑜陀耶的历史遗迹开展了学术考察。

举办“北京大学亚太名家讲座”,邀请国内外知名学者、专家和外交界人士来北大讲学是北大亚太研究院加强对外交流的又一重要举措,东南亚学研究中心协助承办了几次讲座。2005年11月23日,北大亚太研究院和东南亚学研究中心共同邀请时任越南驻华大使陈文律到校作“越南革新开放及其历程”的讲演,系统地介绍了越南革新事业的历程、成就和经验,畅谈中国与越南改革的比较及中越关系等问题。2007年11月15日,又邀请新加坡学者、儒商学会会长魏维贤博士作了“孔子学院:机遇与挑战”的演讲,主题是“使汉语、汉文化走向世界”。2008年10月24日,前中国驻印度大使程瑞声先生应邀来校谈“中印经济对比”问题。2010年9月17日,法国远东学院驻马来西亚分会主任蒲达摩教授主讲“占婆历史与文化研究——以法国学界研究成果为主”。2011年4月18日,北大东南亚学研究中心和华侨华人研究中心合作承办亚太“名家讲座”,厦门大学国际关系学院院长庄国土教授应邀作了“华侨华人与中国的国际化”学术报告。同年9月17日,北大东南亚学研究中心再次邀请蒲达摩教授作了“伊斯兰教在占婆王国的传播和影响”的讲座。2012年12月14日,泰国华人学者谢玉冰博士应邀主讲:“孙悟空、哈努曼在东南亚”。协助北大亚太研究院承办的“亚太名家讲座”受到师生的欢迎,获得热烈反响。

北大东南亚学研究中心也非常注重将科研与社会实践相结合,使科研成果能够为社会服务。中心人员多次应邀就与东南亚地区国家的合作、湄公河次区域开发等问题出谋献策。多次接受报刊、电台采访,回答国内群众所关心的有关东南亚地区的各类问题,并到中央电视台、凤凰台等新闻单位和中国网等网站就有关中国与东南亚关系等问题作在线访谈或直播点评,为普及东南亚知识、提高公众对东南亚的关注和兴趣作了应做的贡献。

11 年来，中心的学术研究与活动获得学校、院系和社科部的关心与支持，成为亚太研究院所属学术机构中活跃且富有成效的一个。

四、发挥中青年的生力军作用，进一步推进北大东南亚学研究

北京大学东南亚学研究中心虽然取得了一些成绩，但还存在不少困难和问题。其中有些是由于客观条件所限，有些则需要中心全体成员共同努力去改善和克服。中心成立 11 年的历程告诉我们，学术研究机构的生存发展，不仅需筹得一定的经费作为支撑学术活动的经济基础，更需要拥有一支热心、团结、实干，有奉献精神的队伍。回顾与展望北大东南亚研究走过的路程，我们认为，进一步推进北京大学东南亚学研究，需进一步联系和团结北京大学东南亚教学和研究方面的人员，集思广益，充分发挥大家的积极性，以共同推动北大东南亚研究的进一步发展。

由于中心的经费完全靠自筹，开展研究课题和学术活动的经费不足，日益成为制约中心开展对外交流和扩大活动范围的重要因素。因此，中心成员今后应采取积极措施，申报课题，争取获得必要的资助，为中心开展活动提供经济基础。

需要提及的是，在北大东南亚学研究中，青年学者在前辈学者的无私扶植下稳步成长，表现出良好发展势头。他们获得博士学位，都有比较长时间在东南亚国家学习、访问、讲学或深入基层，进行田野考察的经历；他们出版的著作，具有运用跨学科研究方法与研究复杂学术问题的较强能力；他们的研究内容，更注重专题研究，内容丰富多彩，有文学及其交流史、贸易与文化传播、政治发展、军人政权与威权主义、华人与民族国家建构、殖民主义与民族分离运动、东盟合作机制、环境史等。因而进一步团结和发动北大东南亚研究队伍中的青年教师，调动他们的积极性，让他们来接替老一代学者在东南亚学研究中心的工作，是迫切的需要。

（作者系北京大学东南亚学研究中心主任与副主任）

Review of 11th Anniversary of Southeast Asian Studies Center of Peking University (2002—2013)

Liang Zhiming Yang Baoyun Bao Maohong

《亚太研究论丛》十年

本刊编辑部

北京大学亚太研究院成立于2002年3月。《亚太研究论丛》是亚太研究院的学术年刊，于2004年创刊，每年一辑，至今已整整十年，先后出版了十辑。

任何一个学术机构，若想办好，就一定要有一个高水准、高品位的学术出版物，定期展示这一机构及其所能够聚合的学术实力。此类出版物若付阙如，该学术机构的生命空间，也就屈指可数。这一点，在近代以来的学术史上，几乎可成定论。为此，北京大学亚太研究院成立伊始，就着手筹办《亚太研究论丛》①。

在本刊创办之始，我们的首任院长、已故著名史学家何芳川教授在发刊的卷首语中就分析了办好这个刊物的主客观条件："客观条件，正是当今亚太地区涌动的大潮"，"这涌动的大潮，难道还不值得学人们倾心血、费心力去探查、去研究么?!""紧紧追踪这个涌动的大潮，从政治、经济方面全面剖析它，从历史文化方面深入探查它，是我们中华亚太学人义不容辞的责任，也是我们学术研究取之不尽的源泉。""主观条件，则是我们学人的责任心与使命感。""亚太研究的发展，中华学人舍我其谁!"②

《论丛》要聚合的，不仅仅是北大的亚太学者，还有国内外有关的学者；《论丛》要反映的，不仅是北大的亚太研究，还有国内外亚太研究。我们伸开双臂，竭诚呼吁北大同仁，也竭诚邀约国内外学人贡献出大家的心血结晶。③

十年来，我们刊物就是按上述想法去做的，在前后十辑刊物中发表过文章的共有154人（曾发表过多篇者不重复计算），其中有国内学者118人

① 何芳川：《卷首语》，载《亚太研究论丛》第一辑，北京大学出版社2004年版，第1页。

② 同上书，第1—2页。

③ 同上书，第2页。

（含北大校内68人，校外学者中也有校友若干人），约占全部作者的76%，国外学者36人（包括日本8人、韩国8人、越南2人、新加坡5人、美国5人、马来西亚2人、菲律宾2人、澳大利亚1人、法国1人、瑞典1人、哥斯达黎加1人，其中有的原是北大人后出国已成为外籍人士的，也有的是来北大求学深造或任教的外籍人士），约占全部作者的24%。

在这长长的作者名单中不乏名人、长者，也有不少是青年学子；其中有政府负责某方面事务的官员、驻外使节，有长年在科研单位从事研究的学者，更多的是在全国各地高校从事教学并关心某些领域变化发展的教师。细心人在这十辑《论丛》的作者名单中还可以看出有些作者是常客，且各辑的作者名单有着逐渐的改变，那就是经常有新面孔出现，有不少作者是当世活跃在相关研究领域的学术骨干，也有一些是刚刚迈入这一科研领域不久崭露头角的新秀。

在创刊之初，我们就设定了一个目标：要"力戒虚浮，倡导静气，认真打造亚太研究高水准、高品位的学术精品"。①

虽然不敢说我们已经做到了，但可以说，我们一直朝这个目标在努力着。回顾十年来《论丛》十辑中一共刊登了201篇文章（可参见本文所附《亚太研究论丛》第1辑至第10辑总目索引）。文章可按研究问题涉及地区或按研究领域来进行不同的分类，按刊载论文所涉及的地区区分，综述与专论30篇、中国19篇、东北亚52篇、东南亚67篇、南亚2篇、中亚5篇、拉丁美洲17篇、其他9篇。按论文的研究领域区分，文化31篇、政治22篇、国际关系14篇、华人华侨14篇、经济14篇、历史15篇、区域合作13篇、环境能源11篇、妇女7篇、人物7篇、民族7篇、社会思潮5篇、宗教5篇、社会5篇、安全5篇、教育3篇，另有书评21篇、其他2篇。

我们尊重每位作者，坚决贯彻"百花齐放、百家争鸣"的方针，所以凡本刊选登的文章，我们都没有做大幅的删减和观点上的修改。虽说撰稿人大多是所研究领域的行家里手，但古语说得好："智者千虑也难免一失。"为了力求所载文章是高水准高品位的，所以本刊一直在坚持"专家匿名审稿制"，必要时根据专家们的意见向作者提出一些修改、补充的建议，以保证刊物编辑工作的圆满完成。

在综述专论方面，发表过的文章有文化、经济、政治、社会等理论问题

① 何芳川：《卷首语》，载《亚太研究论丛》第一辑，北京大学出版社2004年版，第2页。

的探讨，其中有对历史性的“文明冲突”“文化交流”等问题的，有对当代热议的“现代化”“亚洲价值观”等问题的，还有对某些社会学理论提出个人的新见解或新视角的；有的文章则是对现实世界出现的某些问题或历史事件作出综合评述或分析的，譬如，“亚洲金融危机”“东亚合作机制”“15—16世纪世界性大航海”等等。

在有关中国问题的文章中有议论“文化融合”“郑和远航”等历史问题的；有研讨当今中国经济、社会、环境问题的；有评述西藏、台湾问题的；还有很大一部分是探究华人华侨问题的，其中有的是谈东南亚、拉美等地区华人华侨的，有的是讲某个国家甚至是某个城市的华人问题的。

东北亚研究方面的文章中既有综述本地区国际格局、安全机制、经济发展、社会文化等方面的论文；也有研究国别的文章，日本问题研究的文章最为集中，政治、经济、文化、教育、社会、环境、思潮以及与中国及其他国家的关系均有涉及；还有关于朝鲜半岛、蒙古的历史、安全、社会等方面的论文若干篇。

东南亚研究的文章也可分成综合与国别两大类，综合类文章涵盖了东南亚政治、历史、社会、文化、经济、环境以及东盟组织等诸多方面；关于国别的论文则包括论及越南、泰国、缅甸、马来西亚、印度尼西亚、新加坡、菲律宾等国以及各国与中国关系的文章。

中国问题和东北亚研究、东南亚研究的文章可以说是本刊的三大板块，这三方面的文章在本刊的每一辑中几乎都占据着全部篇幅的三分之二强。其他区域研究的论文则是我们刊物过去的弱项。今后是要注意加强的。

我们已刊载的有关南亚研究的文章只是从第八辑才开始有的，且至今仅仅刊出过两篇：一篇是关于印巴宗教冲突的，另一篇是关于中印政治制度对比的文章。

中亚研究的文章也只有研究中亚政治问题的几篇论文。拉丁美洲研究的论文不算很多，但本刊刊载的文章所涉及的方面还是比较宽泛，政治、经济、民族、文化、国别间双边关系的均有涉及。

本刊的一个特色栏目是书评。几乎每辑都有。我们想反映学界研究的新成果和新动态，把最近出现在亚太研究范畴内的一些著作（包括译作），尤其是我校学人的新作及时介绍给广大读者，做个导读。如世界名著：约翰·芬斯顿著《东南亚政府与政治》，北京大学出版社，2007年；

〔缅〕《琉璃宫史》上、中、下卷，商务印书馆，2007 年 3 月；〔澳大利亚〕安东尼·瑞德著《东南亚的贸易时代：1450—1680 年》第一卷、第二卷，商务印书馆，2010 年 4 月；〔澳大利亚〕费约翰《弥天大谎：华裔澳洲人在“白澳”》(John Fitzgerald: *Big White Lie: Chinese Australians in White Australia*, Sydney: University of New South Wales Press, 2007)等。我校学人的新作有：何芳川著《中外文明的交汇》，香港城市大学出版社，2003 年；何芳川著《世界历史上的大清帝国》，载《史学理论研究》2004 年第 1 期；何芳川主编：《中外文化交流史》上、下卷，国际文化出版公司，2008 年 5 月；林被甸、董经胜著：《拉丁美洲史》，人民出版社，2010 年；宋成有著《东北亚史研究导论》，世界知识出版社，2011 年；姜永仁等著《东南亚宗教与社会》，国际文化出版公司，2012 年；梁志明、李谋、杨保筠主编：《东南亚古代史》，北京大学出版社，2013 年等。

为了更好地促进北大亚太研究院院内各单位与国内外学界间的交流，本刊除了刊登上述各类论文或文章之外，每辑还专门编辑刊载过去一年内亚太研究院活动简报一篇，把过去一年中亚太研究院所做的一些主要工作与成果做一扼要的报告。

总结过去，以利再战；展望未来，信心更增。我们一定要坚持优点，克服不足，继续把这块大家共同的园地办好！也希望校内外、国内外的同行专家学者们继续关心、支持我们的工作！

附：《亚太研究论丛》第 1 辑至第 10 辑总目索引

综述·专论

中国问题研究

东北亚研究

东南亚研究

南亚研究

中亚研究

拉丁美洲研究

其　他

北京大学亚太研究院 2012 年活动简报

北京大学亚太研究院是北京大学跨院系（所、中心）、跨学科的综合性研究机构。其宗旨是：加强和促进北京大学的亚太研究；推进中国亚太研究发展以及各国学者及研究机构的交流；增强相互间的理解与友谊；促进人类社会的繁荣与进步。

◆与各亚洲研究中心开展交流和合作

◎第八届国内亚洲研究中心主任联席会议

“第八届中国国内亚洲研究中心主任联席会议”于 2012 年 11 月 23 日在广州举行，会议的主题是“亚洲研究中心十年工作回顾与未来展望”。北京大学常务副校长、亚太研究院院长吴志攀教授出席了会议，并在会上汇报了北京大学亚太研究院的工作。

◎北京大学亚太研究院理事会第十三次会议

2012 年 3 月 30 日下午在北京大学英杰交流中心星光厅举行。韩国高等教育财团朴仁国总长和北京大学校长周其凤院士出席会议并讲话，北京大学常务副校长、亚太研究院院长吴志攀教授就亚太研究院 2002—2011 年学术活动做了总结，同时就亚太研究院 2012—2021 年的十年规划以及 2012 年的学术活动计划做了汇报。北京大学副校长李岩松博士主持了会议。周其凤校长和朴仁国总长在讲话中指出，亚太研究院是北京大学和韩国高等财团共同搭建的推进北大乃至中国亚太研究的一个学术平台，并充分肯定了这个平台在促进亚太研究方面所起的作用。

◆亚太研究院各中心主任会议

2012 年 9 月 12 日，北京大学亚太研究院各中心主任会议在北京大学静园一院会议室举行。各中心主任出席了会议，研究院负责人就 2012 年上半年的工作做了总结，并布置了 2012 年下半年的工作。

◆学术会议

（一）国际学术会议

第六届亚洲女性论坛

2012年5月11—12日在武汉举行。由北京大学中外妇女问题研究中心与亚洲女性发展协会共同主办。论坛的主题是“婚姻家庭· 社会变革·性别文化”。中国大陆和香港、澳门地区以及韩国、日本、印度、美国等国家的近300位学者及嘉宾出席会议。

“全球化时代妇女与家庭的变迁”国际学术研讨会

2012年5月24—25日在韩国启明大学举办,会议由北京大学中外妇女问题研究中心、香港中文大学性别研究中心、韩国启明大学女性学研究所共同举办。来自中国、韩国、日本和美国的80余位学者应邀出席会议。

“中德性别研究的发展与趋势”学术研讨会

2012年6月29—30日在柏林自由大学举行,会议由北京大学中外妇女问题研究中心与柏林自由大学性别研究中心共同主办,40余位中德学者出席了会议。

中国与东南亚研究学术研讨会

2012年11月28日在泰国朱拉隆功大学举行,由朱拉隆功大学亚洲研究所与北京大学东南亚学研究中心等主办。与会学者围绕“东南亚研究的历史、现状及趋势”等议题展开讨论。

北京大学·樱美林大学学术会议(2012年):中日关系和教育、文化交流——中日邦交正常化40周年回顾

2012年12月15日在樱美林大学举行,由北京大学亚太研究院与樱美林大学共同主办,中日学者围绕中日教育及文化交流以及中日关系与民间舆论等议题展开讨论。

（二）国内学术会议

北京大学·复旦大学亚洲论坛(2012):亚太地区的文化共同体

2012年6月15—16日在英杰交流中心星光厅举行,会议由北京大学亚太研究院与复旦大学亚洲研究中心共同举办的,来自北京大学和复旦大学22名博士生出席了会议。

北京大学·吉林大学东北亚论坛(2012)

2012年10月27日在吉林大学举行,由吉林大学东北亚研究院与北京大学亚太研究院共同主办,论坛的主题是“东北亚人文交流与区域合作”。

50 余位专家学者出席了论坛。

“中韩合作交流的现状与未来”学术研讨会

2012 年 8 月 18 日在北京大学举办，会议由韩国学研究中心主办。会议是为纪念中韩建交 20 周年而举行的，与会专家学者围绕中韩建交以来各领域的交流与合作展开交流与讨论。

“东南亚问题”学术研讨会（2012 年度北京地区东南亚研究论坛）

2012 年 4 月 13 日在北京大学陈守仁国际会议中心举行，会议由北京大学东南亚学研究中心主办。与会者围绕“美国的战略重点东移和南海问题”“东南亚目前形势及其特点”等主题发表了各自的见解，并展开讨论。

一国两制与香港特区的对外法律事务研讨会（纪念香港回归祖国十五周年研讨会）

2012 年 7 月 4 日在北京大学举行，会议由北京大学港澳研究中心与外交部条约法律司共同举办。与会者围绕“香港特区的对外事务与国际法”“香港特区对外缔结与适用条约问题”“‘两岸四地’经贸关系中的涉外法律问题”三个议题展开讨论。

发挥智库作用，促进中蒙合作学术研讨会

2012 年 12 月 12 日在北京大学英杰交流中心星光厅举行，由北京大学蒙古学研究中心主办。与会者围绕“蒙古国议会选举与中蒙关系”“中蒙经贸合作”“中蒙历史、文化与人文交流”展开讨论。

交流与融合：清代民族文化学术研讨会

2012 年 11 月 24—25 日，在北京稻香湖酒店举行，由北京大学明清研究中心等主办。来自高校、中央及有关省社科院的专家和学者 50 余人出席了学术会议。会议讨论了清代民族文化、政治制度、档案文献、语言文学、宗教文化、中外交流等问题。

中国社会科学实证研究方法最新进展学术研讨会

2012 年 8 月 6—8 日在北京召开，由北京大学中国国情研究中心主办。出席会议的专家学者围绕抽样和测量等有关问题展开讨论。

◆名家讲座

第十三讲

时间：2012 年 10 月 23 日

地点：北京大学理科五号楼 133 教室

主讲人：Hilda Romer Christensen，丹麦哥本哈根大学性别研究中心主任

(Head of the Co-ordination for Gender Studies, DK-University of Copenhagen, Associate Professor)

讲演题目:21 世纪的性别、空间与居所(Gender, Space and Place in the 21st Century)

第十四讲

时间:2012 年由 12 月 14 日

地点:北京大学历史系 108 会议室

主讲人:泰国华侨崇圣大学人文学院谢玉冰博士

讲演题目:“孙悟空、哈努曼在东南亚——印、中、泰‘神猴故事’比较研究”。

◆编辑、出版《亚太研究论丛》(年报)

《亚太研究论丛》(第九辑),执行主编李谋、吴杰伟,北京大学出版社,2012 年 12 月出版。

◆学术著作出版

《未名亚太论丛》(第五辑),执行主编吴杰伟,社会科学文献出版社,2012 年 5 月出版。

《中日交流两千年:回顾与展望》,王晓秋主编,社会科学文献出版社,2013 年 2 月出版。

《中国与东南亚国家公共外交》(论文集),执行主编包茂红、柯银斌,新华出版社,2012 年 10 月出版。

《女性人力资源与开发》,岳素兰、魏国英主编,北京大学出版社,2012 年 5 月出版。

编 后 语

时光荏苒，转瞬间，从我们编好《亚太研究论丛》第九辑付梓到今天撰写《亚太研究论丛》第十辑的“编后”，又已一年了。

本辑我们共收录了19篇文章，分成专论、东北亚研究、东南亚研究、拉丁美洲研究学术著作评介和工作回眸等七个栏目刊出。其中有12篇是我校教师或研究生写的，占全书篇幅的三分之二略弱。校外学者的文章中还包括了两位外籍学者的论著。

在专论一栏中唯一的一篇文章是我们北京大学常务副校长兼亚太研究院院长吴志攀教授的文章。他的文章题目是“素质教育与大学的社会责任”，在他这篇3400余字的简短论文中首先厘清了“素质教育”和“什么是现代大学的社会责任”两个基本概念。然后，结合实例说明了“开展素质教育，应该主动适应科技发展所带来的教育环境变化，并且主动地应用新技术”“素质教育应该与社会经济发展状况紧密结合”“素质教育应该与田野实践应用相结合”“素质教育要与全球化的进程相适应”“素质教育还应该与可持续发展密切相关”等理念，认为只有大学勇敢地担负起自己的责任，教育才可能是有意义的。

本辑东北亚研究一栏中文章较多，涉及面也较广，共有9篇文章。第一篇是北京大学国际关系学院张小明写的题为《美国“重返亚洲”战略与东北亚安全局势的发展》的文章。作者对当今世界瞩目的美国“重返亚洲”战略进行了分析，论述了“天安号”事件等突发因素对于美国重返亚洲政策的促进性影响，认为：美国“重返亚洲”战略的提出与实施，在一定程度上导致了东北地区安全局势趋于紧张；美国只是导致东北安全局势变化的外因，东北亚地区内部存在的问题和矛盾是影响本地区安全局势发展的内因；美国“重返亚洲”战略的主要目标是应对中国的崛起，中美关系在很大程度上影响着东北亚局势的发展，中国也将长期面临来自美国以及某些周边国家长期压力。第二篇是北京大学国际关系学院博士生吴强的《试析东北亚能源合作中的平台缺失》的文章主要讨论能源合作问题。作者认为，伴随着

ESPO管道及中俄原油管道的建成运营，以及萨哈林岛 LNG 出口数量的稳定增长，本地区的能源合作已经形成了初步的基础。不过，与欧洲等能源关系较为成熟的地区相比，东北亚的能源关系仍缺乏坚实的利益纽带支持，特别是覆盖多国的地区性油气管网体系的缺失，使其仍不具备实施广泛的地区性能源合作的基本平台，从而直接影响到本地区能源合作的深入发展。第三篇是中共中央党校国际战略研究中心林晓光教授的题为《〈中日和平友好条约〉的签订与 20 世纪 70 年代的中日关系》的文章。作者回顾了 1972 年中日邦交正常化以后，中日双方于 1974 年 11 月开始关于中日和约的预备谈判，到 1978 年 8 月才签署了《中日和平友好条约》。随后联系 20 世纪 70 年代后期的国际环境和中日两国的对外政策，对中日和约谈判与签定的曲折过程进行分析，解读了签订中日和约的历史背景、国际环境和意义特点。以此纪念中日和约签署 35 周年。第四篇是北京大学国际关系学院博士生李洪权的文章。他在题为《新世纪中日高等教育国际化领域若干政府重大项目的比较与反思》的文章中，主要讨论在全球化的背景下，中日两国政府在人才培养和科学研究推出系列项目。人才的跨区域培养是综合利用全球教育资源，打造国际化人才的最优方式。作者认为，引进国外优秀人才是提高学科科学研究水平以及整体国际竞争力的重要手段，无论是人才的“送出去”还是“引进来”都将对社会发展产生积极而深远的影响。第五篇是北京大学亚太研究院副院长程郁缀教授题为《中日填词唱和交流研究》的文章。作者列举出古代中日作家填词唱和的几首作品，表明中日学者志趣相投，有共同的文学爱好和相近的文学修养根基。在唱和中增进了了解，增强了友谊，激发了智慧，弘扬了才华，既为各自国家的文化宝库增添了瑰宝，又推进了两国文化的交融和发展。第六篇是中国社会科学院亚太与全球战略研究院大国关系研究室李成日博士的题为《中国朝鲜族在中韩关系发展过程中的作用》的文章。作者认为 20 世纪 80 年代中国实行改革开放以来，许多中国朝鲜族人到境外发展，加入到国际经济发展与文化交流的这一大潮之中。中韩 1992 年正式建交进一步促进了这一潮流的发展。中国的朝鲜族在中韩关系发展过程中，经济合作上起着桥梁作用，文化交流上起着中介作用，且作用越来越大。第七篇是韩国西江大学国际大学院安世英教授的题为《强化中韩经济关系，加快缔结中韩自由贸易协定》的文章。作者回顾了谈判现状并展望了缔结协定的前景。并引用了不少数字和图表，说明中韩经济关系日渐重要，缔结中韩自由贸易协定,才有可能实现中韩经济的共同繁荣。第八篇系北京大学韩国学研究中心主任沈定昌教授题为《朴槿惠政府外交趋向》的文章。作者认为现任韩国总统朴槿惠深受其父前总统朴正熙的影响,将大力推行"实用主义"的外交政策,即继续推行前届政府的加强与周边四大国的外交政策,但重点排序调整为美、中、日、俄;变上届政府对朝鲜一味强硬施压做法,用"施压·对话"双轨并行政策,缓和南北关系。以期最大限度地得到有利于经济发展的外部环境,使韩国获得新的发展。本栏目的最后一篇即第九篇文章也是关于文学方面的论文,是北京大学外语学院硕士研究生郭艺华撰写的题为《反思与重构——浅析蒙古国当代文学批评的历史使命感》一文。作者分析 了20世纪90年代以来,蒙古国经历了社会政治、经济、文化等各方面的变革,蒙古国当代文学的发展面临着新的环境与挑战。蒙古国内文学批评家们也开始反思社会主义时期文学的经验教训,同时试图解释,民主改革以后为何一直未能出现像社会主义时期那样的扛鼎之作。在新的形势下,蒙古国文学应该沿着怎样的方向发展,文学能够为社会的进步承担怎样的责任,成为这一时期蒙古国文学批评家思索的主要问题。这也折射出蒙古国文学批评家们强烈的历史使命感。

东南亚研究一栏中选登了五篇文章。第一篇是中山大学余定邦教授的《关于东南亚历史"整体性"问题的思考》。东南亚历史的"整体性"问题是东南亚历史研究领域的一个值得深入探讨的课题。学术界有着不同的见解。作者梳理了关于东南亚历史"整体性"问题的缘起,论证了"整体性"的概念,认为对"整体性"的理解不应只停留在研究方法层面,还应涉及深层次的历史观问题。要看到各国历史的共同点和差异性,还要看到各国间的联系与交流。重点是本地区的发展,而不能放在关注外来文化影响上。既不能过高地估计印度文化的影响;也不能过分强调中国王朝势力对他们的"制约"。第二篇是北京大学东南亚学研究中心主任历史系梁志明教授的文章《东南亚古代地区史写作的一次尝试——关于〈东南亚古代史〉的分期、概要与写作特点》。这是梁志明教授对2013年3月北京大学出版社出版的、入选2012年度国家哲学社会科学成果文库的、他本人参与主编的《东南亚古代史》一书的写作说明和概要介绍。体现了作者在《东南亚古代史》写作过程中对于东南亚古代史若干重要问题的思考,也是对学界关于东南亚古代史一些争议问题的回答。论文除了涉及该书的主要章节分布问题外,在东南亚古代史的分期、研究视角等方面都提出了创新性的见解。

对读者了解《东南亚古代史》一书具有重要的指导意义。第三篇是北京大学外国语学院李谋教授题为《古代东南亚社会与文化的特征》的文章。论文主要从东南亚民众与自然之间的关系、东南亚制度所确定的人与人之间的关系和东南亚与各种外来影响之间的关系等角度,论述东南亚文化共生、融合、同化、发展的过程和文化相似性的特征。文章概括16世纪初叶以前的古代东南亚社会与文化的发展特征是:长期融合而成相似的基本民俗;赖以生存发展的栽培农业与稻作文化;广泛长期存在的社会基层单位——村社;妇女的社会地位特别受到尊重;重视境内外贸易的发展;多元宗教信仰的交织与传承;从“王权神授”到“君神合一”的政体;对外来文化的包容、吸纳与融合。在16世纪初叶前后形成了独具特色的、既多元又统一的、以多元—交汇—共生为特征的东南亚文化。第四篇是北京大学国际关系学院杨保筠教授的题为《关于印度与东南亚历史上文化交流的若干思考》的文章。该文是作者对东南亚印度教历史、表现形式和社会影响等方面长期思考的成果,是对东南亚印度教历史的一次全面总结,其中涉及的有“印度教化”的概念问题,佛教、伊斯兰教和印度教的关系问题,“十三世纪危机”问题,这些问题都是学界长期争论的问题。作者对这些问题的论述,既是单独的论述,也包含着内在联系,即印度教的影响是印度影响的一部分,但印度教为了在东南亚地区保持长期的影响力,已经进行了广泛而深入的调整,以适应东南亚的文化传统。在印度教逐渐被接受以后,传入东南亚的印度教发展历史便脱离了印度的影响,而成为东南亚内部文化传统的一个组成部分。第五篇是越南社科院东南亚所吴文营教授的文章《同阳的哒拉帕拉雕塑——占婆佛教艺术中独特的洛卡帕拉雕塑系统》。这是一篇关于占婆雕塑艺术的考证与研究的论文。作者对保存在越南岘港占婆雕刻博物馆的三尊同阳占婆门神雕像进行了考证。认定这些雕像基本上是按照中国唐朝洛卡帕拉像风格雕刻的。并推断现已无实物可寻的同阳寺院最靠外的四门前的那对哒拉帕拉像一定是独自站立的洛卡帕拉像;表明9—10世纪时,同阳已经出现了中国唐代的所有形式的洛卡帕拉像。而且同阳的洛卡帕拉系统还是占婆乃至东南亚地区佛教艺术中唯一的最全面的系列天王雕塑。该文阐述了古占婆雕塑艺术与中国唐朝时期雕塑艺术的联系,很有学术价值与意义。

拉丁美洲研究栏目中收录了一篇文章。北京大学历史学系董经胜副教授的题为《1910年革命前墨西哥南部地区农村社会关系的变化》的论文。

文章指出:19 世纪晚期,墨西哥南部低地地区,特别是尤卡坦和恰帕斯,商品性的出口农业迅速发展,引起了对于劳动力的大量需求。南部大地产主和政府合作,通过债务劳役等强制性的方式,限制来自国内其他地区和本地的劳工的流动性。但是,由于劳动力供不应求,大地产主又通过购买并向劳工提供进口玉米等方式,为劳工提供了很大程度的安全性。正是这种安全性,限制了劳工的动员和革命性。因此,尽管南部地区的劳动关系充满残酷的强迫性,但 1910 年革命爆发后,在南部低地地区没有得到积极的响应。

学术著作评介一栏中也只收了一篇文章,即中山大学的余定邦教授题为《一部具有中国特色的东南亚古史专著——评梁志明等主编的〈东南亚古代史〉》的文章。文章评论梁志明等主编的《东南亚古代史》具有一些有学术价值的特点是:重视介绍东南亚古代史研究的学术史;较详尽地论述了该地区的史前文化;重视对公元初至 16 世纪初东南亚古国社会文化发展的研究;回应了东南亚古史研究中的不少热点问题并提出自己的学术见解;用中外史料互相补充,全面论述东南亚古代史和东南亚古国的政治、经济和历史文化情况以及它们之间、它们与中印两大文明古国的关系。认为《东南亚古代史》的不足之处是对东南亚古代史研究方面某些争议问题如:蒲甘阿奴律陀王到中国迎取佛牙、素可泰兰甘亨王入访中国、中国古籍中的暹国是否就是素可泰、“十三世纪危机”、东南亚古国土地所有制等作出回应时,论述过于简单,没有明确提出自己的考证结论。

为了总结过去以利再战。本辑开辟了一个新栏目“岁月回眸”。刊登了两篇文章。一篇是北京大学亚太研究院下属的东南亚学研究中心的三位领导梁志明、杨保筠、包茂红合写的题为《众志成城,开拓进取——北京大学东南亚学研究中心成立十一周年(2002—2013)》的文章,把十一年来东南亚学研究中心的工作作了一个全面的小结。另一篇是本刊编辑部撰写的《〈亚太论丛〉十年》。通过几张图表和汇集成的“《亚太研究论丛》第 1 辑至第 10 辑总目索引”概要地把本刊经历的十年路程小结一下,向关心本刊的人士做一汇报。

按照惯例,在本辑最后刊登了北京大学亚太研究院 2012 年活动简报。

借此机会,我们要对支持本刊工作,不吝赐稿的、尤其是多次惠赐大作的、热情为本刊推荐文章的、默默无闻安于奉献拨冗为本刊匿名评审稿件的诸位国内外、校内外的专家学者表示由衷的谢意。

最后，在本刊即将付梓出版之际，还要向北京大学出版社的责任编辑胡利国先生表示本刊编辑部的诚挚谢意！感谢他能在十年之中，一直支持本刊物的按时出版。对在我们编辑过程中做了大量琐碎工作、进行联络事宜的亚太研究院学术秘书张岩，表示诚挚的谢意！

执行主编　李　谋　吴杰伟

2013 年 6 月 30 日

稿　约

《亚太研究论丛》是北京大学亚太研究院编辑出版的学术年刊。力求能集中反映国内外亚太研究领域的最新学术成果。竭诚欢迎校内外专家学者惠赐大作，现将征稿事项说明如下：

一、栏目设置（每辑视情况作适当调整）

1. 综论或专论（全球化与亚太发展、亚太与世界、区域主义、多边主义与多极化发展、其他综合性专稿）。

2. 区域合作（亚太区域合作、中国与亚太区域、东盟自由贸易区、东北亚地区合作、南亚区域合作、其他次区域合作）。

3. 地区与国家研究（亚太各地区或国别的政治、经济、社会、历史、民族、宗教、文化、教育、华人华侨、妇女等问题研究）。

4. 青年学者论坛。

5. 学术著作评述。

6. 本院年度学术活动简报和综合性学术动态评述。

二、要求

1. 本刊每年出版一辑，一般为每年 3 月底截稿，年内出版，凡 3 月底以后来稿，将考虑推迟至下一年度刊用。由于出版周期较长，本刊不接受时效性强的文章。

2. 本刊实行专家匿名审稿制，通过评审拟刊用的稿件，编委会将把评审中的重要意见或建议适时与作者沟通，作为作者进一步改稿参考；未能通过评审者，一律退稿。

3. 文稿字数以一万字左右为宜，来稿请通过电子邮箱发来电子版。

4. 请注重学术规范，稿件需附中文、英文的标题、关键词和内容提要。引文准确并请详细注明出处，注释一律采用脚注方式。

5. 来稿请附上中英文的关键词和内容提要。

6. 由于编辑、篇幅等诸多原因，本刊编辑对有些来稿可能做些适当删节，请作者谅解。

三、联系地址

北京大学校内静园一院216室 亚太研究院《亚太研究论丛》编辑部。

E-mail：apri@ pku. edu. cn。

电　话：010-62756800。